Ilany Kogan

# Der stumme Schrei
# der Kinder

## Die zweite Generation
## der Holocaust-Opfer

Aus dem Englischen von
Max Looser
Mit einem Vorwort
von Janine Chasseguet-Smirgel
und einer Nachbemerkung
von Margarete Mitscherlich
und Christian Schneider

S. Fischer

Die Originalausgabe erschien 1995 unter dem Titel
*The Cry of Mute Children. A Psychoanalytic Perspective
of the Second Generation of the Holocaust*
bei Free Association Books, London

Für die deutsche Ausgabe:
© S. Fischer Verlag GmbH, Frankfurt am Main 1998
Alle Rechte vorbehalten
Gesetzt aus der Sabon-Antiqua von
Stahringer Satz, Ebsdorfergrund
Druck und Bindung: Clausen & Bosse, Leck
Printed in Germany 1998
ISBN 3-10-040406-8

# Inhalt

Zum Gedenken an Prof. Hillel Klein,
den Lehrer und Freund

Einmal mehr beeindruckte mich die Wahrheit des alten
Sprichworts: Das Herz des Menschen ist eine blutgefüllte
Grube. Die verstorbenen Angehörigen legen sich an den
Rand dieser Grube, um das Blut zu trinken und so wieder
lebendig zu werden. Je teurer sie sind, desto mehr trinken
sie von deinem Blut.

Nikos Kazantzakis (*Alexis Sorbas*)

# Vorbemerkung

Mein Interesse der letzten zehn Jahren an der analytischen Untersuchung der Söhne und Töchter von Überlebenden des Holocaust ergab sich aus meiner Zusammen-
arbeit und der Freundschaft mit dem verstorbenen Prof.
Hillel Klein, der sein ganzes Leben der Erforschung des
Holocaust widmete.

Meine Verbindung zu Klein ergab sich gegen Ende meiner Ausbildung am Israelischen Institut für Psychoanalyse.
Ich hatte ihn schon als Studentin kennengelernt und wurde
dann rasch zu einer Freundin, die ihm während jenes Le-
bensabschnitts beistand, welcher der letzte und – nach der
Zeit im Konzentrationslager – der schwierigste wurde. In
dieser Zeit bildete sich bei ihm ein Hirntumor aus. Dank
einer Operation konnte er noch zwei Jahre weiterleben und
seine Arbeit fortführen.

In ebendieser Zeit bat mich Klein um meine Mithilfe
beim Schreiben, und ich wurde seine Koautorin. Angesichts
des bevorstehenden Todes lebten das Trauma des Holocaust, seine Verfolgung und die schmerzlichen Verluste, die
er erlitten hatte, in seiner Erinnerung wieder auf. Klein ließ
mich an seinen erschütternden Erlebnissen ebenso teilhaben
wie an seinem gefühlvollen Verständnis für andere Überlebende des Holocaust und ihre Kinder.

In meinen Augen war Klein ein begabter und scharfsinni-
ger klinischer Beobachter, der mit ungewöhnlicher Klar-
sicht manche Wahrheiten aufzudecken und zu kennzeich-
nen wußte, die das Seelenleben der Menschen bestimmen.
Seine eigenen traumatischen Erlebnisse und seine Verluste

drängten ihn dazu zu erforschen, in welchem Ausmaß die Überlebenden in ihrer Fähigkeit beeinträchtigt waren, anderen zu vertrauen, Nähe und Liebe zu empfinden, Mitgefühl für die Angehörigen aufzubringen und die empfindlichsten Eigenschaften des Menschen zu bewahren. Gleichzeitig empfand er tiefes Mitgefühl für die Überlebenden, mit denen er sich identifizierte. Ein Beispiel dafür war sein Kampf dafür, die Überlebenden von der negativen Bedeutung des Ausdrucks ›Schuldgefühl des Überlebenden‹ zu ›befreien‹ und ihn in etwas Positives umzuwandeln. Klein (1981) zufolge diente das ›Schuldgefühl des Überlebenden‹ dem Zweck einer Anpassung, wenn es die Überlebenden und die Nachkommen mit der Vergangenheit, mit den Verstorbenen und mit dem Gefühl der Zugehörigkeit zur jüdischen Welt in Verbindung brachte.

In den beiden letzten Jahren seines Lebens schrieben Klein und ich zwei Aufsätze gemeinsam. Der erste hieß »Some observations on denial and avoidance in Jewish Holocaust and post-Holocaust experience«. Klein konnte trotz seiner schweren Krankheit diese Arbeit auf der *Conference on Denial* im Januar 1985 in Jerusalem vortragen. Der zweite, »Identification and Denial in the shadow of Nazism«, sollte auf dem Hamburger Kongreß der International Psychoanalytic Association als einer der Plenumsvorträge zum Thema Nazismus vorgestellt werden. Dieser Kongreß war für alle israelischen Teilnehmer ein emotional höchst belastendes Ereignis, weil es seit dem Zweiten Weltkrieg der erste analytische Kongreß in Deutschland war. In diesem Stadium seines Lebens in Deutschland einen Vortrag zu halten, hatte für Klein eine besondere Bedeutung. Er hatte niemals vergessen, wie er als ein körperlich und emotional geschädigter Mensch aus dem Konzentrationslager entkommen war.

Sein ganzes Leben lang quälten ihn die Gedanken an seine Angehörigen, die umgekommen waren. Viele Jahre lang weigerte er sich, Deutschland zu besuchen und Deutsch zu sprechen. Erst gegen Ende seines Lebens änderte er seine Haltung und willigte ein, die häufigen Einladungen zu Vorträgen und Supervisionen nach Deutschland anzunehmen. Dort wurde er wegen seiner Begabung als Analytiker und Lehrer sehr geschätzt, und er wurde geliebt als das, was er war – ein Überlebender.

Klein sprach häufig über seine Beziehung der Haßliebe zu Deutschland, und zweifellos schätzte er die jungen deutschen Analytiker ebensosehr wie seine Schüler in Israel. Wenn er als begabter und redegewandter Analytiker vor sie trat, ließen seine Worte die Vergangenheit ebensowenig vergessen wie die auf seinem Arm eintätowierte Nummer. Gleichzeitig war er für ihren Schmerz und ihre Schuldgefühle überaus empfindlich. Auf eine paradoxe Weise befreite er sie von einem übergroßen Schuldgefühl dadurch, daß er sie auf eine ganz persönliche Weise verantwortlich machte für das, was sie waren – Söhne und Töchter derjenigen, die seine Familie getötet und ihn verfolgt hatten. Bei meinen späteren Besuchen in Deutschland hatte ich Gelegenheit zu erfahren, in welchem Ausmaß die deutschen Analytiker ihn als einen geistigen Vater betrachteten. Die Liebe und die Bewunderung, die sie ihm zuteil werden ließen, waren ein Teil seiner ›Vergeltung‹.

Leider wurde Klein zwei Monate vor dem Hamburger Kongreß gelähmt. Da er deshalb nicht mehr in der Lage war, den Vortrag zu halten, der zum Höhepunkt seiner Laufbahn geworden wäre, bat er mich, als Koautorin, unsere gemeinsame Arbeit zu präsentieren. Ich möchte hier die Gelegenheit nutzen, um meinen Dank an Janine Chasseguet-Smirgel, die Vorsitzende des Wissenschaftlichen Komitees, zu richten, die ebenfalls darauf bestand, daß ich den Vortrag hielt. Außerdem möchte ich Martin Wangh danken, einem engen und loyalen Freund Kleins, der mir half und mich ermutigte, als Ausbildungskandidatin des Israeli-

schen Instituts für Psychoanalyse vor dreitausend Zuhörern
aufzutreten. Wanghs Botschaft war sehr klar: »Sie sind die
zweite Generation – jetzt sind Sie an der Reihe.« So erhielt
ich an Kleins Sterbebett und in Anwesenheit anderer Studen-
ten, die mit ihm im Krankenhaus und an verschiedenen Kli-
niken zusammengearbeitet hatten, den »Auftrag zur Fortsetzung«. Dieser Auftrag wurde den deutschen Zuhörern in
einer Weise vermittelt, die kaum in Worte zu fassen ist. Es
war so, als ob die deutschen Analytiker Hillel Klein, den
Überlebenden, zusammen mit mir betrauerten und erwarteten, daß die »zweite Generation« seinen Platz übernehme.

Nach meiner Rückkehr nach Israel hatte ich noch die
Gelegenheit, Klein vom Erfolg unseres Aufsatzes zu berichten, den der Kongreß überaus teilnahmsvoll aufgenommen
hatte. Klein war sehr krank und hatte große Schmerzen. Es
war ganz typisch für ihn, trotz der konflikthaften Todeswünsche (die ihm schon seit langem bewußt waren) bis
zum letzten Atemzug zu kämpfen.

Etwa sechs Monate vor seinem Tod las Klein das erste
Kapitel des vorliegenden Buches, »Reise durch das Eisschloß«, dem das klinische Beispiel für den Hamburger
Vortrag entnommen wurde. Nachdem er es gelesen hatte,
rief er mich lächelnd an sein Bett (an das er inzwischen gefesselt war) und sagte: »Schaut, was wir hier haben. Eine
Schrifstellerin!«, worauf er mir in einem etwas ernsthafte-
ren Ton vorschlug, darüber nachzudenken, ein Buch zu
schreiben. In den letzten Lebensjahren hatte Klein Material
für ein Buch gesammelt, von dem er wußte, daß er es leider
niemals würde vollenden können. Als ein wahrhafter Über-
lebender-Vater vertraute er mir das Erbe an, dieses Buch zu
schreiben.

Ich brauchte einige Zeit, um die starken emotionalen Erlebnisse dieser letzten beiden Jahre zu verarbeiten. Ich hatte
einen geliebten Lehrer und Freund bis zum Tod begleitet
und war bis fast zum Ende bei ihm gewesen. Seine Familie

betrachtete mich als Freundin und schätzte die Hilfe, die ich ihm in dieser schwierigen Zeit hatte geben können. Wenn ich meine Trauer durcharbeitete, empfand ich häufig das, was Kinder von Überlebenden empfinden – sowohl eine starke Bindung an die Vergangenheit als auch den Wunsch, mit ihr zu brechen.

Ich stellte fest, daß ich mich meinen Patienten der zweiten Generation immer näher fühlte und für ihre Leiden empfänglicher wurde. Ich gewann den Eindruck, daß es meine analytische Aufgabe war, ihnen bei der Last der Vergangenheit zu helfen, die ihnen auf eine Art und Weise aufgebürdet worden war, welche sich den Worten entzieht. Der schöpferische Vorgang des Schreibens, so schmerzlich und schwierig er war, half mir ebensosehr, die Trauer zu verarbeiten wie das Leben zu bejahen.

Janine Chasseguet-Smirgel
## Vorwort

Seit der Befreiung der Konzentrationslager sind nun fünfzig Jahre vergangen, und eben dieses Anlasses wird gedacht, während ich schreibe. »Fünfzig Jahre danach, und wir denken immer noch daran und sprechen darüber?« seufzen manche ungeduldig. Und das Seltsame ist, daß die Schmähungen der extremen Rechten, die in meinem Land, Frankreich, von Le Pen und seinen Freunden herrühren, inzwischen den Gedanken einiger Israelis nahekommen. Es gibt eine aktuelle israelische Ideologie, rationalisiert als das Bedürfnis, eine neue Ära der Politik nach dem Friedensvertrag einzuleiten (auch wenn es diese Ideologie schon lange vor den Friedensgesprächen gab), die die Massenmedien benutzt, um die Bedeutung der Shoah an den Rand zu drängen.

Nach den Vorführungen des Films von Claude Lanzmann organisierte die Universität von Bar-Ilan zu seinen Ehren eine Konferenz. Ein junger Mann, der heute eine wichtige Position an der Hebräischen Universität Jerusalem innehat, behauptete, es sei »obszön«, die Shoah von anderen Völkermorden, die in der Geschichte stattgefunden haben, abzugrenzen.

Vor einigen Jahren besuchte ich Claude Domenach, den damaligen französischen Kulturattaché in Tel Aviv, der mich im Gespräch empört fragte: »Können Sie denn das ganze Getue glauben, das sie darüber machen, was ihnen angetan wurde? Haben Sie Yad Vashem gesehen?« Ich schrieb dies damals seinem virulenten Antisemitismus zu, den er vor der frankophonen Gemeinschaft Israels (damals über 20 % der Bevölkerung), die Domenach für ihren Freund hielten, sorgfältig verheimlichte. Und trotzdem entspricht es mehr oder weniger genau dem, was die Israelis heutzutage selber sagen. »Hütet euch vor Museen«, sagt eine Figur in dem neuen Stück von Hasfari, einem Kritiker der »jüdischen Paranoia« (es wurde besprochen von Rachel Israel, einer Psychoanalytikerin in Tel Aviv, die für das französische Magazin *Information Juive* schreibt). Ein weiteres Theaterstück, das vor kurzem verfilmt wurde – *Do not touch my Shoah* (israelische Fassung) oder *Bolagen* (deutsche Fassung) –, vermittelt eine ähnliche Botschaft. Die Hauptdarstellerin wurde vom Fernsehen des französisch-deutschen Kulturkanals *Arte* interviewt. Diese junge Frau – ihr Vater ist ein Überlebender des Konzentrationslagers – erzählte, wie sexuell anregend sie das nazistische Horst-Wessel-Lied findet, wie ähnlich es israelischen Liedern und Märschen sei (was freilich nicht auf den Text zutrifft und auch nicht auf die Musik, da die israelischen Lieder direkt von russischer und jiddischer Musik beeinflußt sind). Als Tochter eines Überlebenden formulierte sie die Gleichung: Israelis = Nazis. Sie sagte: »Fuck the six million dead.« Das Stück wird von Israelis und einem Araber gespielt, was großartig sein könnte, wenn es nicht ein Konzentrationslager schilderte, wo die Gefangenen nackt und gefesselt sind, kopfüber, in der tödlich abschreckenden Atmosphäre einer ekelerregenden Erotisierung. Wovon das Stück auch handeln mochte, die oben erwähnte Schauspielerin erzählte auf dem Bildschirm, daß sie in der Adoleszenz anorektisch war und daß sie die Gewohnheit hatte, Speisen in ihrer Vagina zu verstecken.

Ilany Kogan (eine israelische Analytikerin, die auf der ganzen Welt Vorträge gehalten hat) erzählt uns, daß sie in der Begegnung mit den Kindern von Überlebenden des Holocaust einen anderen, stummen Schrei hört. So schmerzlich es sich auch anhören mag, wir wollen ihn uns zu Her-

zen nehmen, so wie sie es vermag. Mit außergewöhnlicher
Geduld bringt sie uns bei, in umfassenden Episoden aus
dem Leben der Patienten, aus ihrem sprachlichen Material
und häufiger noch aus ihren Handlungen die Scherben der
elterlichen Geschichten zusammenzulesen.

Häufig wurde das Kind von den Eltern unbewußt als
›Container‹ für ihr fragmentiertes Selbst und ihr Leid benutzt. Somit ist die Wahrnehmung der Gegenwart durch
die Hüllen einer Vergangenheit deformiert, die nicht ihre
eigene ist, sondern ihnen auferlegt wurde. Ihr Verhalten ge-
horcht einem Zwang, der ihnen nicht bewußt ist und der
sie dazu verleitet, in einem überheizten Zimmer ein kleines
Kätzchen zu töten, einen Unfall herbeizuführen, bei dem
ihr Kind stirbt, einen Vater zu verletzen, der bei einem
Selbstmordversuch zu Hilfe eilt... Zuweilen ist es die äußere Wirklichkeit, die sich scheinbar mit finsteren Bedeutungen und unglaublichen Koinzidenzen aufbläht, welche das
Unbewußte des Patienten imitieren. So für Rachel, deren
junger Liebhaber unversehens in ihren Armen stirbt. Das
Unbewußte dieser Patienten, das belagert, überfallen und
besetzt wurde, beginnt nun seinerseits zu töten, zu verletzen und zu verstümmeln. Meist wendet es sich jedoch
gegen die Subjekte selbst. Beziehungen fallen auseinander,
Liebe wird unmöglich, Glück ist verboten. Das Dunkel der
polnischen Wälder bricht über die Söhne und Töchter der
Überlebenden herein. Noch immer bringen die Stacheldraht-
zäune den elektrischen Tod, wird ein Familienschlafzimmer
zur Gaskammer...

Die Fallgeschichten sind durch Zeichen und Symbole
interpunktiert: ein totes Eichhörnchen, der Kadaver einer
trächtigen Katze, der Geruch von Fäulnis, ein Eisschloß,
ein Glas Milch, in dem Asche schwimmt...

Ein Glas Milch, in dem Asche schwimmt...

Ilany Kogans Arbeit mit ihren Analysanden ist ein fein-
fühliger, geduldiger und schmerzlicher Vorgang. Häufig lei-

det die Analytikerin an dem, was die Patienten nicht für sich selbst zur Erfahrung bringen können, sondern entweder endlos ›agieren‹ oder auf die Analytikerin projizieren, um es loszuwerden. Indem Ilany Kogan den Patienten jene Teile ihres Selbst, die von den Bruchstücken ihrer Elterngeschichten durchsetzt waren und die sie besetzt gehalten hatten, in einer schlüssigeren Form zurückgibt, ermöglicht sie es ihnen, sich von einer Milch zu ernähren, die nicht mehr durch Asche vergiftet ist. Die Toten können betrauert werden, ohne daß ihre Todeskämpfe nachvollzogen werden müssen. Das vormals von den Eltern absorbierte Selbst findet nun seine Autonomie. An die Stelle einer tödlichen Wiederholung tritt der Weg ins Leben.

Jenen, die ausrufen »Hütet euch vor Museen« antwortet der Ruf dieser Kinder: »Wir sind die Museen, in denen unsere Eltern und Großeltern ihre Erinnerungen, Erfahrungen und Alpträume eingeschlossen haben. So wie sie sterben wir tausend Tode; wie für sie gilt: ›Ss'brent! Briderlech, ss'brent!‹ Und wie sie können wir durch den Rauch hindurch keinen Sonnenschein sehen.«

Wer jedoch ausruft: »Hütet euch vor Museen« oder »Fuck the six million dead«, ist ebenfalls in die Falle einer erbarmungslosen Schlacht gegen die Macht seiner Elterngeschichte und der Geschichte unseres Jahrhunderts geraten. Diese Schlacht, die in eine selbstzerstörerische Ideologie mündet, ist die Manifestation des untersten, kümmerlichsten Regressionsniveaus. Ilany Kogans Patienten, wie krank sie auch sein mögen, machen sich nicht daran, immer wieder die Gespenster der Vergangenheit zu töten, weil die Gespenster sich nicht bloß als Verfolger, sondern auch als schmerzlich geliebte Menschen erweisen. Diese Patienten sind gekommen, weil sie um Hilfe ersuchten, um ihre Gespenster zu besänftigen und ihnen eine Grabstätte zu geben. Jedem sein eigenes Schicksal.

Wenn Sie sich auf dieses Buch einlassen, werden die Geschichten von Gabrielle, Rachel, Kay, Isaac und Sara Sie fesseln und tiefe Spuren hinterlassen, die sich in lange anhaltende Narben verwandeln. Wenn Sie mit der Lektüre zu Ende gekommen sein werden, so werden Sie in der »Milch der Menschlichkeit« auch Trost und Beruhigung finden.

# Einleitung

Im Laufe der Zeit, als der Holocaust für alle zur fernen Geschichte wurde, ausgenommen für wenige einzelne und Familien, wuchs in den Familien von Überlebenden eine neue Generation von Kindern heran. In der psychiatrischen oder psychoanalytischen Literatur trat jedoch kaum etwas über die schrecklichen Auswirkungen des Holocaust auf diese zweite Generation zutage, obwohl viele Kinder von Überlebenden sich zu feinfühligen und gebildeten Erwachsenen entwickelten, die Zugang zu manchen therapeutischen Möglichkeiten hatten. Vielleicht waren sie ebenso wie ihre Eltern der psychologischen Behandlung gegenüber vorsichtig, oder der Holocaust wurde, wenn sie sich darauf einließen, weder vom Patienten noch vom Therapeuten als verantwortlich für die emotionalen Probleme des Patienten angesehen (Jucovy, 1992).

Erste Berichte über die zweite Generation resultierten aus den beruflichen Erfahrungen von Sigal (1971, 1973), Rakoff (1966, 1969) und Trossman (1968), die Kinder und Jugendliche aus Familien von Überlebenden behandelten. Ihre Untersuchungen wiesen darauf hin, daß die Nachkommen von Überlebenden im Hinblick auf die Entstehung emotionaler Probleme besonders gefährdet waren, auch wenn es sicherlich zutrifft, daß nicht alle Familien von Überlebenden psychisch beeinträchtigte Kinder hatten.

Weitere Beiträge zur psychoanalytischen Behandlung der Kinder von Überlebenden erschienen in einem von Anthony und Koupernik (1973) herausgegebenen Band. Ich werde einige dieser Fälle hier kurz beschreiben, da sie in der damaligen Literatur nur selten vorkommen.

Laufer (1973) berichtete über die Analyse eines Adoleszenten, dessen Vater in einem Konzentrationslager starb, bevor der Junge geboren wurde. Mutter und Sohn emigrierten nach England. Die Mutter heiratete wieder, als der Junge vier Jahre alt war. Als sie starb, war er halbwüchsig. Laufer zufolge wies das analytische Material darauf hin, daß Kinder von Überlebenden in bestimmten Bereichen wohl besonders verletzlich sein könnten. So sind zum Beispiel die Phantasien des Jungen, daß die Mutter während des Holocaust vielleicht eine Prostituierte war und daß er ein uneheliches Kind sei, für Kinder von Überlebenden typisch.

Furman (1973) beschrieb ihre analytische Arbeit mit einem vierjährigen Jungen, der weder sprechen noch selbständig essen konnte und dem die Fähigkeit zur Selbst-Differenzierung fehlte. Die Behandlung wurde dadurch unterstützt, daß die Therapeutin bei der Erziehung der Mutter beistand. Dazu gehörten Hinweise über die Bedeutung altersgerechter Informationen über den Holocaust für ihren Sohn.

Ein Aufsatz von Brody (1973), der die Analyse des Sohnes eines Überlebenden beschreibt, weist auf den Zusammenhang zwischen der Flucht des Vaters vor der Naziverfolgung und den Adoleszenzkonflikten des Sohnes hin.

Weitere Fortschritte der Forschung im Blick auf die Folgen des Holocaust für die Angehörigen der zweiten Generation wurden durch Kestenbergs (1972a) analytische Arbeit mit dem Sohn eines Überlebenden erzielt, der ein bizarres Verhalten an den Tag legte und seine Analytikerin als feindselige Verfolgerin betrachtete.

Schließlich erschien 1982 ein ganzes Buch zu dem Thema, herausgegeben von Bergmann und Jucovy, *Generations of the Holocaust*. Dieses Buch, das Psychotherapien, Analysen und Forschungsberichte enthält, bereicherte durch die Beiträge von Jucovy, Bergmann, Kestenberg, Gampel, Oliver, Herzog und anderen sowohl den theoretischen als auch den klinischen Behandlungsbereich für Überlebende und ihre Kinder.

In den vergangenen zehn Jahren wurde die Forschung über die zweite Generation erweitert durch die Arbeiten von Auerhahn und Prelinger (1983), Grubrich-Simitis (1984), Laub und Auerhahn (1984), Jucovy (1992). Die Forschungsarbeit über die erste Generation war durch die Arbeiten von Wangh (1968a, 1968b) sowie von Felman und Laub (1992) vorangetrieben worden; die Forschung über die vom Holocaust nicht direkt Betroffenen wurde von Moses (1993) dokumentiert.

Der Beitrag des vorliegenden Buches über die vorhandene Literatur hinaus liegt darin, daß eine ausführliche Beschreibung der Analysen von Kindern Überlebender und der wiederkehrenden Probleme und Konflikte in ihrem Leben geboten wird. Einmalig ist es darin, daß es das einzige Buch ist, das sich ausschließlich mit den psychoanalytischen Aspekten der Arbeit mit diesen Söhnen und Töchtern befaßt. Es bietet eine ausführliche Beschreibung des Materials aus acht verschiedenen Analysen, die häufig durch wortgetreue Gesprächsausschnitte aus den Sitzungen illustriert wird. Die Leser werden somit eingeladen, bei den Sitzungen ›präsent‹ zu sein, und sie können den engen und vertraulichen Dialog zwischen Patient und Therapeutin ganz aus der Nähe verfolgen.

Auf intellektueller Ebene kann der Leser die wiederkehrenden Themen und Konflikte im Leben der Kinder von Überlebenden ebenso beobachten wie die Probleme, auf die die Analytikerin bei ihrer Behandlung stößt. Auf einer emotionalen Ebene wird der Leser einbezogen sowohl in die Geschichte der Behandlung als auch in die Lebensgeschichte der Patientin oder des Patienten. Er kann mit eigenen Augen verfolgen, wie diese Geschichten sich in der Analyse entfalten. Auf diese Weise lernt der Leser sowohl die Patien-

ten als auch die Therapeutin auf einer überaus menschlichen Ebene kennen.

Hier nun eine kurze Beschreibung der einzelnen Kapitel:

*Kapitel 1* untersucht die Übertragung des Traumas von den
Eltern auf das Kind bis zur dritten Generation. In jeder Generation sehen wir, wie die Mutter Gefühle der Depression
und der Schuld auf ihre Tochter projiziert, die aufgrund der
Identifizierung mit ihnen unfähig wird, eine Selbstdifferenzierung zu erlangen.

*Kapitel 2* illustriert in einer Beschreibung der Analyse mit
der Tochter eines Überlebenden den Sieg des Lebens über
den Tod. Während der Analyse hat die Patientin eine dra-
matische Begegnung mit dem Tod, als ihr Liebhaber beim
Liebesakt in ihren Armen stirbt. Dieses Ereignis löst eine
Wiederkehr von Trauer- und Schuldgefühlen aus, die ihr
Leben bedrohen.

*Kapitel 3* präsentiert die Analyse einer jungen Frau als
einen Entwicklungsprozeß, in dem das Selbst immer besser
integriert wird. Das Wachsen des Selbst läßt sich in der
Analyse an der Entwicklung der Kommunikationsmodi der
Patientin von der nichtverbalen Kommunikation eines
Säuglings über die weiter entwickelte Kommunikationsweise eine Kindes und schließlich zu einer Form der Verbalisierung des Erwachsenen verfolgen.

*Kapitel 4* untersucht die Wiederherstellung der Fähigkeit,
Schmerz und Schuld zu empfinden, illustriert durch Material aus der Analyse einer Frau, deren vier Monate alter
Säugling bei einem Autounfall starb, den sie durch ihre
rücksichtslose Fahrweise selbst verursacht hatte.

*Kapitel 5* dokumentiert das Verhaltensproblem der Konkretisierung durch Material aus den Anfängen der Analyse eines jungen Mannes, der seinen Vater – einen Überlebenden – anschoß und verletzte, als dieser ihn vom Selbstmord abhalten wollte.

*Kapitel 6* erkundet am Fall einer Patientin der zweiten Generation, deren Mutter den Holocaust als Kind miterlebte, die Schwierigkeiten bei der Entwicklung der Fähigkeit, sich zu verlieben und dauerhaft zu lieben.

*Kapitel 7* präsentiert den Versuch, einen angemesseneren therapeutischen Zugang zu Kindern von Überlebenden des Holocaust anläßlich einer Situation existentieller Bedrohung zu finden, bei der die Therapeutin sich im selben Boot wie die Patientin befindet. Dieses Kapitel unterscheidet sich von den übrigen Kapiteln dieses Buches, bei denen Patienten der zweiten Generation auf persönliche Traumen im eigenen Leben stoßen: Es befaßt sich mit der traumatischen Begegnung von Patienten der zweiten Generation sowie der jüdischen Bevölkerung Israels insgesamt mit einer lebensbedrohlichen Situation.

Das *Nachwort* befaßt sich mit zwei Hauptthemen, die für die im Buch beschriebenen Fallstudien typisch sind: Das erste ist die Wechselwirkung zwischen Phantasie und Realität im Leben von Patienten der zweiten Generation, das zweite das Bemühen um den Aufbau eines neuen, selbständigen und stimmigeren Selbst mit Hilfe der therapeutischen Beziehung.

Das vorliegende Buch beruht auf meiner klinischen Erfahrung, die mir die anachronistische Macht bewußtmachte, welche die Vergangenheit der Eltern auf die Gegenwart des Kindes ausübte. Zum Ausdruck kam dies besonders in der

häufigen Fortsetzung der elterlichen Gefühle, unter einem
Todesurteil zu leben, so daß das Kind es sich aus Angst
oder aus Loyalität nicht gestatten konnte, anders zu leben.
Die Art, wie die Ereignisse im Leben der Eltern nacherlebt
wurden, zeigte häufig, daß nicht nur der Inhalt des Traumas, sondern auch dessen Stil agierend wiederholt wurde.
Die Charakterstruktur dieser Kinder, die abwehrenden und
adaptiven Stile und die lebenswichtigen Entscheidungen de-
monstrierten häufig die destruktive Wirkung eines traumatischen Ereignisses, das sich nicht angemessen erkennen,
verstehen und erinnern ließ. Das Trauma wurde als stören-
des und eingekapseltes Ereignis festgehalten, außerhalb der
Reichweite des Verstandes, der Einsicht oder der Reflexion.
Es besaß die Kraft, das Leben zu verdunkeln oder einen
Bruch zu bewirken, indem es zu einsamen agierenden Wiederholungen führte oder das Lebens insgesamt durchdrang.
Diese Art von Übertragung störte die allgemeinen Anpas-
sungsfunktionen wie das Verstehen, das Fühlen, die Aufnahme von Beziehungen und insbesondere die Übernahme
von Verantwortung für das eigene Leben und Schicksal
(Peskin et al., 1995).

Weitere Forschungen haben gezeigt, daß Kinder von
Überlebenden zu Angst und Mißtrauen gegenüber der Welt
neigen (Freyberg, 1980; Fogelman, 1988; Shoshan, 1989);
zu Problemen im Bereich der Affektregulierung und Affekttoleranz (Adelman, 1993; Wilson, 1985) und zum Erleben
von Depression und einem langanhaltenden Gefühl der
Trauer (Shoshan, 1989; Fresco, 1984; Freyberg, 1989). Einige Autoren haben sich besonders mit den Problemen im
Zusammenhang mit der psychoanalytischen Behandlung
der Kinder von Überlebenden befaßt. Wilson (1985) schreibt,
Kinder von Überlebenden könnten in der Therapie eine
größere Affekttoleranz erwerben, wenn sie gemeinsam mit
dem Analytiker »eine historische Erzählung konstruieren,
die das Erbe des Holocaust einschließt«.

Die Konstruktion einer ungebrochenen Erzählung – einer Erzählung, die beim Kind die Lücken jenes Wissens ausfüllt, welches das Unaussprechliche auszusprechen erlaubt und das Wissen von der Vergangenheit und der Gegenwart mit den Realitäten und den Schrecken des Holocaust verknüpft – ermöglicht dem Kind der Überlebenden, allmählich eine gewisse Beruhigung über die zuvor abgespaltenen und unerkannten Affekte und Ängste zu erlangen. Diese Konzeptualisierung des therapeutischen Rahmens für die psychoanalytische Behandlung der Kinder von Überlebenden spiegelt sich im vorliegenden Buch hauptsächlich in der fortgeschrittenen Behandlungsphase des Durcharbeitens, das ein gemeinsames Bemühen von Patient und Analytikerin ist.

Bei dieser Phase beeindruckte mich der innere psychische Wandel, der dann zustande kam, wenn die therapeutische Intervention ein neues Bewußtsein bewirkte und das Durcharbeiten von Holocaust-Wiederholungen zwischen Eltern und Kindern ermöglichte. Das Ergebnis war, daß in der therapeutischen Begegnung häufig die verborgenen Ressourcen der Nachkommen aktiviert wurden, wie die verschiedenen Kapitel zeigen.

Um der überwältigenden Gegenwart des Todes standzuhalten, die in den einzelnen Fällen oft zum Ausdruck kam, mußte ich von den Patienten während der gesamten Therapie als jemand wahrgenommen werden, der das Leben aktiv besetzt, und zwar auch noch nach einer Erfahrung, die eine Negation des Lebens bedeutete. Um dem negativen Ergebnis entgegenzuwirken, das durch zwanghafte Wiederholungen zustande kommen konnte, mußte ich nachdrücklich die Möglichkeit eines anderen Ergebnisses vor Augen führen. Häufig konnten diese Kinder nur durch einen tiefen Glauben an ein neues Ergebnis und an die Nicht-Absolutheit der Zerstörung durch den Holocaust den Gedanken zulassen, daß es eine solche Möglichkeit überhaupt geben könnte. Meine Anerkennung einer Lebenskraft, die selbst noch in der tödlichen Prägung durch eine zweite Traumatisierung verborgen war (eine Traumatisierung, die im gegenwärtigen Leben des Patienten geschah) oder sich dahinter offenbarte, ließ mich oft in einer Weise intervenieren, die die Spur des Todes in den Versuch verwandelte, das Leben zu bejahen. Mein Engagement für das Leben – die Sorge um das Leben und dafür, daß es zur Welt kam – kennzeichnet meine Arbeit mit diesen Patienten ebenso wie den gesamten Tenor dieser Analysen.

Ich möchte hier noch eine kurze Bemerkung über die Relevanz meiner Behandlung für traumatisierte Patienten im allgemeinen anfügen.

Im Schlußkapitel befasse ich mich mit dem Schicksal der psychoanalytischen Behandlung während einer Krise von existentiellem Umfang – dem Golfkrieg. Nach meiner Ansicht antwortet man in Zeiten einer globalen Krise auf die umfassende Unsicherheit und den regressiven Zug, von dem die Patienten erfaßt werden können, zunächst am besten damit, daß man als Analytiker die eigene reale Gegenwart im Kontext einer emphatischen therapeutischen Bindung bestätigt, statt durch Deutung von Abwehr eine weitere Regression zu fördern. Ich glaube, daß sowohl diese Einsicht als auch die aktive Besetzung des Lebens nicht nur bei dieser besonderen Patientengruppe wichtig ist, sondern auch bei Patienten, deren Leben von der Realität des Krieges, der Gewalt und des Traumas betroffen wurde.

# 1 Eine Reise durch das Eisschloß[1]

»Die Väter haben saure Trauben gegessen,
und der Kinder Zähne sind stumpf geworden.«
(Jeremias 31, 29)

In diesem Kapitel wird mittels Analyse der erwachsenen Tochter eines Holocaust-Überlebenden untersucht, wie sich ein Trauma von den Eltern auf das Kind bis zur dritten Generation überträgt. Erst nach vielen Jahren der Analyse wurde es möglich, die verschiedenen Persönlichkeitsschichten der Tochter zu entwirren, unter denen das Trauma lag, das dem Kind durch die überlebende Mutter vermittelt worden war. In den ersten Abschnitten befaßte sich die Analyse mit der Abwehr der Tochter und den zugrundeliegenden Wünschen, ohne diese innerlich mit dem Holocaust in Verbindung zu bringen. Erst nachdem die manifeste Ebene durchgearbeitet war und wir eine »auf die Wiedergeburt des wahren Selbst gerichtete therapeutische Regression« (Winnicott, 1958) erreichen konnten, vermochten wir jene Schichten freizulegen, die auch die Einstellungen und die Phantasien der Patientin im Zusammenhang mit dem Holocaust umfaßten.

## Falldarstellung

Gabrielle, eine attraktive fünfunddreißigjährige Frau, ersuchte um ärztliche Hilfe, weil sie in ihrem Leben und in ihren persönlichen Beziehungen keine Erfüllung und keine Zufriedenheit finden konnte. Sie war seit fünfzehn Jahren verheiratet, hatte zwei Söhne und eine Tochter (da-

mals vierzehn, zwölf und acht Jahre alt) und arbeitete als
Sekretärin in einem medizinischen Labor. Ihre Ehe stand
kurz vor dem Zusammenbruch, und auf ihr lastete die Aufgabe, ein behindertes Kind großzuziehen. (Bei ihrer Tochter
waren im Alter von zweieinhalb Jahren emotionale Probleme diagnostiziert worden.)

Gabrielle war 1946 in der Nähe der polnischen Grenze
als Kind einer überlebenden Mutter und eines behinderten
Vaters (der seit der Kindheit hinkte) zur Welt gekommen.
Die Familie verbrachte drei Jahre auf Wanderschaft in Polen, bevor sie nach Israel emigrierte, wo sie die ersten Jahre
unter sehr schwierigen Bedingungen lebte. Die Eltern, beide
arm und ungebildet, kämpften um den Lebensunterhalt.
Die Ehe war unharmonisch und ohne jede gegenseitige Unterstützung und Freundschaft.

Gabrielles Mutter war die einzige überlebende Angehörige einer großen Familie aus Brüdern und Schwestern (Gabrielle wußte nie, wie viele sie wirklich gewesen waren), die
zusammen mit den Eltern im Holocaust umgekommen
waren. Ihrer damals erst siebzehnjährigen Mutter gelang
es, im Wald zu entfliehen und ihr Leben zu retten. Nach
dem Krieg tauchte sie aus dem Wald auf, hinkend, abge-
zehrt und an einem rheumatischen Fieber leidend, das sich
nach Gabrielles Geburt zu einer Nierenkrankheit entwik-
kelte. Im Alter von fünfzig Jahren, als sie ihr behindertes
und eingeschränktes Leben nicht mehr ertragen konnte,
entschloß sich die Mutter zu einer Nierentransplantation.
Sie starb auf dem Operationstisch. Zehn Tage später brachte die einundzwanzigjährige Gabrielle ihren ersten Sohn zur
Welt.

Gabrielle hatte ihren Ehemann während des Militärdienstes kennengelernt. Er war gutaussehend und bei Frauen
beliebt. Sie war von seinem Interesse an ihr geschmeichelt,
hatte aber kein wirkliches Vertrauen in langfristige Beziehungen. Sie plante zunächst, ihn zu verlassen, Medizin zu

studieren und sich in Pathologie zu spezialisieren. Dann heiratete sie ihn aber und gab ihre Träume von einer beruflichen Karriere auf.

Gabrielles Söhne wurden in den ersten drei Jahren ihrer Ehe geboren. Sie waren angenehme und ruhige Kinder, die sich normal entwickelten. Drei Jahre später entschlossen Gabrielle und ihr Mann sich zu einem dritten Kind. Dieses Kind schien sich von den ersten beiden zu unterscheiden. Es schrie unaufhörlich, lächelte nie, wies die Mutter zurück; im Alter von zweieinhalb Jahren wurden Gefühls- und Entwicklungsprobleme diagnostiziert.

In der Zwischenzeit wurde Gabrielles Ehemann, der Armeeoffizier war, eine Stelle im Ausland angeboten. Er nahm sie an, und die Familie verbrachte einige Jahre im Ausland. Während dieser Zeit entschied sich das Paar für eine ›offene Ehe‹, in der jeder der beiden außereheliche Beziehungen suchte. Während des Auslandsaufenthaltes waren das jüngere Kind und das Paar in einer Therapie. Das kleine Mädchen unterzog sich einer Spieltherapie, Gabrielle besuchte dreimal in der Woche Mutter-Kind-Erfahrungsgruppen, und das Paar suchte für seine Probleme eine Eheberatung auf.

Als Gabrielle zur Behandlung kam, lebte sie von ihrem Ehemann getrennt. Sie beschrieb ihre eheliche Beziehung als pervers und sadomasochistisch, einschließlich schmerzvoller und demütigender Episoden. Der Ehemann lebte und arbeitete in derselben Stadt und sorgte zwar finanziell für die Kinder, war sonst aber im Leben Gabrielles und der Kinder völlig abwesend. Das fortwährende Leiden im Zusammenhang mit der alleinigen Erziehung ihrer gestörten Tochter, der bevorstehende Zusammenbruch der Ehe und ihre früheren Erfahrungen mit Therapien im Ausland veranlaßten Gabrielle dazu, Hilfe zu suchen.

## 1. Phase – Die manifeste Ebene

In der Anfangszeit sah ich Gabrielle zweimal wöchentlich in einer psychoanalytisch orientierten Psychotherapie. Unser Ziel bestand in dieser Phase darin, ihre Angst vor der therapeutischen Beziehung dadurch zu überwinden, daß ihr Hauptwiderstand gegen die Psychotherapie durchgearbeitet wurde: a) ihre hemmungslose Darbietung von analem Material, b) ihre offenkundig ödipalen Wünsche und c) die Erotisierung ihrer Übertragung.

a) In der ersten Sitzung erzählte Gabrielle einen Traum, der als Mittel diente, um ihre Erwartungen mir und der Therapie gegenüber auszudrücken. Im Traum brachte sie ihre Tochter in das Haus, wo der Vater seine Kindheit verbracht hatte. Sie ging achtlos vor dem Kind her, als dieses plötzlich verschwand: Das Mädchen war in einen Abwasserkanal gefallen und im Begriff zu ertrinken.

Gabrielle wollte die Polizei holen, um das Kind zu retten, aber schließlich gelang es ihr, das Mädchen am Kopf herauszuziehen. Bei ihren Assoziationen sprach Gabrielle über ihre wiederkehrenden Träume, die sich um Abwasserkanäle und Toiletten drehten. In ihren Träumen geht sie in die Toilette, um ihren Darm zu entleeren; die Umgebung ist schmutzig, und von überall her schauen ihr Menschen zu. Sie brachte den Abwasserkanal mit ihrer Vagina in Verbindung, die sie als häßlich und schadhaft ansah, besonders nach den Geburten.

Mir schien, daß Gabrielle sich vor meinen Augen entkleidete und mir ihre Vagina zeigte. Sie defäzierte in meiner Gegenwart und bat mich, als Beobachterin zu wirken – wie ein Kind, das seiner Mutter alles zeigt, um die Sicherheit und Wertschätzung bestätigt zu bekommen, die es braucht.

Außerdem spürte ich, daß Gabrielle mich bat, sie zu retten, indem ich sie aus dem Abwasserkanal herausholte, in dem sie ertrinken könnte. Ihre Forderung, gerettet zu wer-

den, war lebenswichtig, und falls ich mich als unfähig erweisen sollte, sie »am Kopf« – mittels der Therapie – herauszuholen, damit sie wiedergeboren werden konnte, wäre
sie zum Tode verurteilt.

b) Gabrielles ödipale Wünsche, die mit dem analen Material zusammenhingen, traten in der Therapie auf einer
manifesten Ebene zutage. Gabrielles Kindheitserinnerungen
an ihren Vater waren begleitet von Gefühlen der Angst, des
Ekels und der libidinösen Erregung, die mit Freuds Beschreibung in »Ein Kind wird geschlagen« (1919e) übereinstimmt.
Ihr Vater beaufsichtigte gewöhnlich ihre Hausarbeiten voller Ungeduld; er schrie sie an und schlug sie gelegentlich
mit einem breiten Gürtel. Sie erinnerte sich daran, wie ihr
Vater eine Leiter hochstieg und sie seine Hoden baumeln
sah. Die Gefühle des Ekels und der Abscheu, die sie damals
erlebte, übertrug sie dann auf ältere Männer; eine Übertragung, die bis heute anhält.

Ihr Vater hatte ständig mit Problemen des Verdauungs-
trakts zu schaffen und beschäftigte sich mit Fragen der Ernährung und der Verdauung. Gabrielle hörte ihn manchmal
in der Toilette neben der Küche furzen. In einem wiederkehrenden Kindheitstraum rutscht sie auf Schmutz und Kot
aus und ertrinkt darin.

In dieser Therapiephase unterzog sich Gabrielles Vater
einer Darmoperation, um einen Tumor entfernen zu lassen,
von dem Gabrielle nachdrücklich behauptete, er sei gut-
artig. Die ödipale Bedrohung trat in einem anderen Traum
aus dieser Zeit auf: Ein großer Stier verfolgte ihre Mutter,
und sie, das kleine Mädchen, versteckte sich in der Toilette.

Gabrielle verglich die Beziehung zu ihrem Ehemann mit
der zu ihrem Vater; sie nahm ihren Mann als einen brutalen Menschen wahr, der sie ebenso wie ihr Vater zugleich
ängstigte und anzog. In dieser Analysephase bat sie häufig
darum, während und nach den Sitzungen die Toilette benutzen zu dürfen. Die Toilette in meiner Praxis diente

einem doppelten Zweck: Sie war zugleich ein schmutziger Ort, an dem sie vor der Therapeutin die »Scheiße« loswerden konnte, und ein sicherer Ort, wo sie sich vor dem phallischen Verfolger, der in ihr selbst anwesend war, verstecken konnte. Die Therapie wurde auf dieser Stufe somit zur »Toiletten-Brust« (Melzer, 1967), die sie so dringend brauchte.

c) Die erotisierte Übertragung mit ihren perversen Untertönen war eine weitere Abwehr gegen eine echte therapeutische Beziehung. So bat Gabrielle mich um die Adresse meiner Gynäkologin, unter dem Vorwand, sie wolle einen häßlichen vaginalen Ausfluß loswerden, an dem sie schon seit vielen Jahren leide. Darin kam ihr Wunsch zum Ausdruck, mich über die Hände meiner Gynäkologin zu berühren.

Gabrielle erging sich in der Beschreibung ihrer Masturbationsphantasien, bei denen sie von einem Knaben vergewaltigt wird, der seinerseits von älteren Männern gezwungen wird, sie zu vergewaltigen, während sie festgebunden ist. Mir wurde klar, daß Gabrielle meine Neugier und mein Interesse an perversen Geschichten zu wecken versuchte, während sie gleichzeitig prüfte, ob der manifeste anale Inhalt, den sie mir zur Schau stellte, mich abstoße.

*Übergang auf eine tiefere Ebene –*
*Die Entscheidung, mit der Analyse zu beginnen*
Mein Rat, die Behandlungsform zu ändern und mit einer Analyse zu beginnen, löste bei Gabrielle eine schreckliche Angst davor aus, ihr altes Selbst im Prozeß seiner Wiedergeburt zu verlieren. Zwei Träume aus dieser Zeit machen dies deutlich. Im ersten Traum wachte Gabrielle nachts auf und hatte nur das Oberteil ihres Schlafanzugs an. Sie ging die langen Korridore eines Spitals entlang, die wie ein Labyrinth aussahen, dem sie nie mehr entfliehen konnte. Am Anfang waren ihr Mann und ihre Kinder da, doch danach blieb sie allein und fürchtete, den Rückweg nicht mehr zu finden. Im zweiten Traum wanderte Gabri-

elle auf einen schneebedeckten Berg zu. Niemand begleitete
sie auf diesem Weg. Die Aussicht war atemberaubend:
ringsum Schnee, Eis und unmarkierte Wege. Im Tal sah sie
einen Friedhof. Sie fühlte sich verloren wie im ersten
Traum, bis sie plötzlich einen Schatten hinter sich sah,
einen Fremden, der ihr den Rückweg zu finden half. Während in der Phase der Psychotherapie die analen und ödipalen Ebenen ohne allzu große Angst zutage traten, war diese
Phase von Depression und einer starken Furcht vor dem
Wahnsinn geprägt. Gabrielles Angst, verbunden mit Todeswünschen gegenüber sich selbst und gegenüber mir, als Verkörperung der Mutterfigur, die sich um sie sorgen sollte,
begann sich zu zeigen.

In diesem Analyseabschnitt wurden Realität und Phantasie aufgrund eines Ereignisses in meinem eigenen Leben zu-
sammengezwungen: Ein chirurgischer Noteingriff zwang
mich dazu, für zwei Wochen aus dem Leben Gabrielles zu
verschwinden, ohne daß sie in irgendeiner Weise darauf hätte vorbereitet werden können. Als diese Erfahrung später in
der Analyse durchgearbeitet wurde, kamen bei Gabrielle Erinnerungen daran hoch, wie sie ihre Mutter auf dem Operationstisch verloren hatte und wie sie nach dem Tod der
Mutter der Trauer ausgewichen war. Gabrielle hatte den
Eindruck gewonnen, daß ihre Mutter den Tod einem Leben
voller Leiden vorzog. Sie nahm mich als eine »lebendige«
Mutter wahr, die in der Lage war, sich einem chirurgischen
Eingriff zu unterziehen und zu überleben, und das gab ihr
die Hoffnung, daß auch sie sich ihrer »Operation« – der
Analyse – unterziehen konnte, ohne dabei umzukommen.

Gabrielle überwand ihre Furcht, sich während dieses
Vorgangs zu verirren, und sie fällte die Entscheidung, die
lange Reise, die vor ihr lag, fortzusetzen.

## 2. Phase – Das schizoide Stadium

Nachdem Gabrielles Widerstände auf analer und ödipaler Ebene geduldig durchgearbeitet waren, fühlte sie sich hinreichend verstanden und unterstützt, um die letzte Prüfung zu bestehen: das von Ängsten gequälte kleine Kind in ihr selbst in die analytische Beziehung einzubeziehen. Auch wenn sie ihre Gefühle nicht offen zu zeigen vermochte, war klar, daß sie ein verängstigtes, schwaches und hilfloses Kleinkind war, das sich auf ihre Analytikerin verlassen mußte, um Hilfe und Schutz zu bekommen, wobei sie gleichzeitig befürchtete, ausgelacht und abgelehnt zu werden, wenn sie dies deutlich machte. Entscheidend war, daß sie diese Stufe überwand, bevor sie sich dem starken Einfluß der mütterlichen Vergangenheit auf sie und auf die Beziehung zu ihrer eigenen kleinen Tochter stellen konnte.

In der Übertragung brachte Gabrielle ihr schizoides Dilemma – ihr Hin und Her zwischen Distanz und Nähe – sprachlich und nichtsprachlich zum Ausdruck. Gelegentlich wurde sie zu einem Säugling, zog sich eine Decke bis zum Hals und bezeichnete ein Stück Plastik, das als Schoner auf der Couch lag, als »meine Windel«. Dann wieder lag sie während der ganzen Sitzung mit einem Fuß auf dem Boden da, bereit aufzuspringen und davonzulaufen. Sie brachte den Wunsch zum Ausdruck, pünktlich zur Therapie zu kommen, unternahm jedoch alles mögliche, um zu spät zu kommen. Gabrielle zog in meine Stadt und in meine Nachbarschaft, um der »Analyse« nahe zu sein, vergaß dann aber, zu bestimmten Sitzungen zu kommen. Sie wehrte sich gegen ihr starkes Abhängigkeitsbedürfnis mit analen Kämpfen um die Kontrolle.

Sowohl innerhalb als auch außerhalb der Sitzungen brachte Gabrielle orale Wünsche zum Ausdruck. Nach der Sitzung ging sie gewöhnlich Lebensmittel für ihre Kinder einkaufen. »Ein Kind, das Liebe annimmt, kann auch Liebe

geben«, erklärte sie. In der Analyse klagte sie über Kopfschmerzen und bat häufig um eine Tablette, »um den
Schmerz abzutöten«. Sie forderte von mir das Verschreiben
von Medikamenten, um die schmerzlichen Gedanken zu
überwinden, die sie fortwährend quälten. Ihre Forderung
entstammte dem Wunsch, Nahrung von der »guten Brust«
(Klein, 1932) zu erhalten. Gleichzeitig nahm sie mich als die
allmächtige phallische Mutter wahr, die bei ihr körperliche
und psychische Schmerzen verursachte. In der Übertragung
hielt sie mich dafür für verantwortlich: »Leben und Tod
sind der Psychoanalyse ausgeliefert. Allmählich komme ich
auf den Gedanken, daß meine Kopfschmerzen von der
Analyse verursacht werden; ich weiß nicht, was mich sonst
so aus dem Gleichgewicht bringen könnte.« Der Schmerz
hatte somit die doppelte Funktion, zugleich ein Schrei um
Hilfe und deren Ablehnung zu sein.

Die Analyse deckte Gabrielles fortwährendes Schwanken
auf: zwischen Abhängigkeit und Unabhängigkeit, zwischen
dem Akzeptieren und dem Ablehnen der Behandlung, zwischen dem Bedürfnis nach einer Beziehung, die Sicherheit
gewährte, und der Angst, alle Beziehungen könnten ihre
selbständige Existenz bedrohen. Die Analyse war für sie
das, was Guntrip als »The In and Out Program« bezeichnete (Guntrip, 1980): ein unablässiger Versuch, sich von etwas loszureißen, an dem sie mit aller Kraft festhielt.

In diesem Abschnitt der Analyse war Gabrielle bereit,
über die Krankheit ihres Vaters zu berichten. Offenbar hatte sie die ganze Zeit gewußt, daß der Tumor ihres Vaters
bösartig war, auch wenn sie dies leugnete. Der Vater, dem
sein schrecklicher Krankheitszustand bewußt war, versuchte
sich mit einer großen Menge von Beruhigungsmitteln und
Kognak umzubringen. Er wurde unverzüglich ins Krankenhaus eingeliefert und gerettet, erholte sich jedoch nie mehr
richtig. Gabrielle pflegte ihn während der letzten Lebens-
abschnitte – und half ihm sogar bei seinen intimen körper-

lichen Verrichtungen, was sie libidinös erregend fand. Sie
hatte den Eindruck, der Umstand, vom Krankenbett des
Vaters sexuell erregt nach Hause zu kommen, sei auf ihre
Begegnung mit dem Tod zurückzuführen und auf ihren
Wunsch, das Leben zu bejahen und den Tod auf omnipotente Weise zu besiegen. In der Analyse konnte sie ihre Gefühle gegenüber dem sterbenden Vater durcharbeiten, wobei ihr bewußt war, welche Mischung von Liebe und Haß
sie ihm gegenüber empfand. Sie suchte auch nach der väterlichen Liebe, die sie verloren hatte, und nach dem Vater
ihrer Kindheit, der ihr bis zum Alter von sechs Jahren Liebe
und Zuneigung gewährt hatte. Gleichzeitig fühlte sie aber
auch, daß sie an ihrem Vater Vergeltung übte, indem sie
ihm so beflissen half und ihn völlig abhängig von ihr machte. Gabrielle stellte sich vor, daß ihre Fürsorge und Liebe
bei ihm Schuldgefühle für das weckten, was er ihr nicht gegeben hatte. In der Übertragung projizierte sie das Bild des
brutalen und sadistischen Vaters auf mich. Als sie mich bei
einer der Sitzungen einen breiten Gürtel tragen sah, suchte
sie hinterher in der Kleiderkammer des Vaters nach dem
Gürtel, mit dem sie geschlagen wurde, als sie ein Kind war.
Sie fand den Gürtel und sah, daß er viel schmaler war als
der Gürtel, der sich ihrer Erinnerung eingeprägt hatte. Das
Durcharbeiten dieser Erinnerung minderte ihre Angst mir
gegenüber.

Während der üblichen Trauerzeit nach dem Tod ihres
Vaters versuchte sie mit Hilfe der Onkel und Tanten väterlicherseits ihre Familiengeschichte zu rekonstruieren. Sie
fand heraus, daß der Vater politisch links orientiert gewesen war und während des Holocaust eine Gruppe von
fliehenden Kindern in den Wald geführt hatte. Der private
»Holocaust« des Vaters kam mit der Geschichte über die
Ursache seines Hinkens ans Tageslicht. Während eines
Streits mit dem eigenen Vater hatte er nach einem Hammer
gegriffen, um ihn damit zu schlagen, verletzte sich dabei

aber selbst und beschädigte sein Knie. Diese Geschichte der
Gewalt und Bestrafung löste bei Gabrielle eine tiefe Angst
aus.

Gabrielles Vater lernte seine Frau über einen Heiratsver-
mittler kennen, als er etwa dreißig Jahre alt war. Das Hinken
der Mutter rührte von der Flucht durch den Wald. Der Vater
galt seines Hinkens wegen als sehr unansehnlich. Die Ehe
war offensichtlich eine Begegnung zweier Behinderter, die
beide ihre eigene Last des Leidens, der Depression und der
Wut trugen, welche sie an ihre Nachkommen weitergaben.

In der Zeit nach dem Tod ihres Vaters kamen bei Gabrielle
Gefühle zum Ausdruck, ein Waisenkind geworden zu sein,
und ihre Sehnsucht nach mir als einer Figur, die ihre Eltern
ersetzen könnte. Als die jüdischen Feiertage und ihr Geburtstag näher rückten, äußerte Gabrielle ihr Verlangen nach einer
warmherzigen, liebevollen Familie, hinter dem sich ihre unbewußten Phantasien einer Wiedergeburt verbargen.

An diesem schmerzlichen und empfindlichen Wendepunkt ihres Lebens mußte ich Gabrielle über meine bevorstehenden Sommerferien informieren. Mir war nicht bewußt, welche traumatischen Folgen von Ereignissen diese
bevorstehende Trennung auslösen würde. Gabrielle äußerte
zwar ihre Unzufriedenheit über die Trennung, verließ dann
jedoch die Sitzung, ohne mir deutlich einzugestehen, wie
wütend sie auf mich war. Statt dessen fuhr sie mit dem
Auto wild drauflos, hielt nicht bei einem Zebrastreifen und
fuhr eine alte Frau an, die über die Straße ging. Gabrielle
hielt nicht gleich an, sondern fuhr noch ein Stück weiter,
um dann zum Unfallort zurückzufahren, voller Zorn auf
die Frau, die »an ihren Wagen gestoßen war«. Sie fuhr mit
der Frau, die Rippenverletzungen hatte, in das nächste Spital, ohne ihr gegenüber irgendwelche Schuld zu empfinden.
Auf dem Rückweg vom Krankenhaus sah sie eine kleine
kranke Katze auf der Straße und nahm sie mit nach Hause,
um sie zu retten.

In der Analyse versuchten wir den Unfall im Lichte der therapeutischen Beziehung verständlich zu machen. Da sie offenbar unfähig war, ihren Zorn gegen mich wegen meiner bevorstehenden Ferien auszudrücken, agierte sie ihre aggressiven, unbewußten Impulse auf eine gewalttätige Weise aus. Die alte Frau diente als Ersatz für mich, als Symbol der »verlassenden« Mutter, die Gabrielle zum Tode verurteilte.

Als Reaktionsbildung auf ihre Tat nahm sie die kleine Katze zu sich, die sowohl ihre behinderte Tochter als auch den Aspekt des kleinen Mädchens bei ihr selbst symbolisierte, und versuchte sie ins Leben zurückzuholen. Gabrielle versuchte das kleine Mädchen in sich durch den Akt des »Tötens« zu retten. In ihrer Phantasie waren das behinderte Mädchen (sie selbst) und die alte Frau (die Mutter) durch eine magische und allmächtige Verbindung miteinander verknüpft, und das Leben des einen war an den Tod der anderen gebunden.

Der Versuch, Gabrielles Verhalten in der Analyse zu verstehen und durchzuarbeiten, stieß auf starken Widerstand. Gabrielle weigerte sich, irgendeinen Zusammenhang zwischen ihren aggressiven Wünschen und dem Unfall zu sehen, der ihr »zugestoßen« war, und sie beschuldigte mich, sie zu »verurteilen«. Unsere Suche nach den Gefühlen hinter ihrem aggressiven Verhalten erbrachte, daß ihr gewalttätiges Agieren ein Mittel war, um den Schmerz, die Frustration und die Enttäuschung wegen unserer bevorstehenden Trennung zu neutralisieren. Das komplizierte Durcharbeiten dieser Gefühle erleichterte das Wiederauftreten von Gabrielles Über-Ich in Form von Schuldgefühlen. »Ich habe Angst davor, meinen Führerschein zurückzubekommen, weil ich Angst habe, daß ich jemanden töten könnte. Wie können wir nur eine solch tödliche Waffe in unseren Händen halten, ohne jemals in diesem Sinne darüber nachzudenken?«

Erst später gelang es uns in der Analyse, eine Verbindung herzustellen zwischen diesem einen Unfall und anderen Unfällen, die Gabrielle »zugestoßen« waren, und Gabrielles Verhaltensmuster zu untersuchen, ihr nahestehende Menschen unbewußt zu verletzen.

### 3. Phase – Rekonstruktion des Traumas und seine Übertragung vom Kind bis zur dritten Generation

Die Wiederbelebung des Traumas der ursprünglichen Trennung von der Mutter, das erst jetzt eine offenkundige Qualität gewann, half uns, die konflikthaften und leidvollen Beziehungen Gabrielles zu Primärobjekten und deren Preisgabe aufzudecken. Als erstes brachte Gabrielle die Beziehung zu ihrem gestörten Kind zur Sprache.

Gabrielle erzählte mir, wie sehr sie sich um ihre damals neunjährige Tochter sorgte, die in einer Phantasiewelt zu leben schien, in der sich ihre Todesangst mit Todeswünschen vermischte. Zu Hause und in der Schule erzählte das Kind bizarre Geschichten von einer Familie (Vater, Mutter und junge Tochter), die in ihrem Hals wohne. Sie beschrieb das kleine Mädchen als gelähmt und an den Rollstuhl gefesselt. Die Mutter des kleinen Mädchens nahm es auf einen Spaziergang mit und schob den Rollstuhl vor sich her. Der Rollstuhl kam leer zurück; das Kind war herausgefallen und dann überfahren worden. In der Geschichte wurde das Kind ins Spital gebracht, wo niemand wußte, ob es leben oder sterben würde. Die Tochter neigte zu der Ansicht, daß das Kind sterben werde. Gabrielle stimmte der Empfehlung der Schule zu, das Kind erneut psychologisch untersuchen zu lassen, um ihm zu helfen.

In der Analyse, als Gabrielle auf die Untersuchungsergebnisse wartete, »flirtete« sie heftiger denn je mit dem Gedanken, die Behandlung aufzugeben. Die Bedeutung dieses

Aufgebens wurde klarer, als Gabrielle während dieser angsterfüllten Zeit das »schreckliche Geheimnis« enthüllte, das kleine Mädchen im ersten Lebensjahr verlassen zu haben. Als ihre Tochter vier Monate alt war, ließ Gabrielle sie mit einer Babysitterin zu Hause, um wieder zur Arbeit zu gehen. Die Babysitterin hatte vier eigene Kinder; das jüngste war selbst noch ein Säugling.

Gabrielle wußte zwar, daß dies keine ideale Umgebung für ihre Tochter war, gelangte dann aber zu der Überzeugung, daß ein Säugling nichts anderes als Nahrung und Schlaf brauche. Die einzige Information, die Gabrielle über die damalige Entwicklung des Säuglings liefern konnte, war, daß er kaum an Gewicht zunahm, obwohl kein organischer Schaden festzustellen war. Das Kleinkind begann im Alter von einem Jahr dann erwartungsgemäß zuzunehmen, als Gabrielle ihre Arbeit aufgab, um sich um das Kind zu kümmern, aber es entwickelte sich nicht normal. Gabrielle hatte das Gefühl, daß das »Verlassen« der Tochter der Hauptgrund für deren anormale Entwicklung war. Sie projizierte ihre schroffe, aburteilende Haltung auf mich, aus Angst, ich würde ihre Handlungsweise verurteilen und sie dadurch bestrafen, daß ich sie zurückweise und verlasse. Sie befürchtete, durch die Enthüllung ihres »Verbrechens« unser therapeutisches Bündnis gebrochen zu haben. Ihr ständiger Wunsch, die Analyse an diesem Punkt abzubrechen, war ein Versuch, die aktive Kontrolle über das passive Trauma zu gewinnen, das sie bedrohte. Während der Sitzung, in der Gabrielle mich in einem Tonfall ohne jede Rührung über die Ergebnisse der psychologischen Untersuchung ihrer Tochter informierte, verkündete sie ihren endgültigen Entschluß, die Analyse zu beenden. Der Bericht ergab, daß das Kind kognitiv unterentwickelt sowie sehr empfindlich war und in verschiedenen Entwicklungsbereichen Lücken aufwies. Der Bericht enthielt auch die Vermutung, daß das Kind im Alter von einigen Monaten ein

schreckliches Trauma erlitten haben mußte. Weil das Kind
sich sehr ängstlich verhielt, wurde eine psychologische Behandlung empfohlen.

Gabrielle behauptete nachdrücklich, ihre Entscheidung,
mit der Analyse an diesem Punkt aufzuhören, sei rein finanzieller Natur. Ich versuchte vergeblich, dieses Aufhören
mit den Gefühlen der Schuld und des Schmerzes zu verbinden, welche die Untersuchungsergebnisse bei ihr ausgelöst
haben mußten. Gabrielle stand abrupt auf und ging.

Gabrielles Abbruch der Behandlung war für mich eine
schwierige Erfahrung. Ich versuchte die Gedanken und Gefühle, die ihr heftiges Agieren bei mir auslösten, aus der
Sicht der therapeutischen Arbeit zu analysieren sowie meine damit verbundenen Bedürfnisse und Konflikte durchzuarbeiten.

Zunächst beschäftigte mich das Problem, das dem Bruch
des therapeutischen Bündnisses vorhergegangen war. Hatte
ich einen Fehler begangen, als ich den Gedanken einer neuen
psychologischen Untersuchung des Kindes unterstützte, der
dann bei der Mutter unerträgliche Schuldgefühle auslöste?
Mir war vollkommen klar, daß ich mit der Verschlechterung
der Lage des Kindes gar nicht anders hätte umgehen können.
Gabrielles Gefühle diesem Kind gegenüber aufzudecken
war der einzige Weg, um die Analyse richtig durchzufüh-
ren. Gabrielle hatte der Empfehlung von seiten der Schule,
das Kind erneut untersuchen zu lassen, zugestimmt. Dies
zeigte, daß auch sie ihrer Tochter helfen wollte und ebenso
dem kleinen Mädchen in ihr selbst. Ich fragte mich, wie ich
denn eine Patientin behandeln sollte, die es ablehnte, sich
mit dem schmerzlichen Thema zu befassen, ihr Kind im
Stich gelassen zu haben. Und wenn ich diese aktive Rolle
nicht übernommen hätte, wäre ich nicht zur »Komplizin
des Verbrechens« geworden, weil ich Schuldgefühle igno-
riert hätte, zu deren Durcharbeitung wir dann überhaupt
keine Chance gehabt hätten? Auf einer anderen Ebene löste

Gabrielles »Im-Stich-Lassen« bei mir heftige Schuldgefühle aus, die in einer verstörenden Frage zum Ausdruck kamen: »Was habe ich ihr nur angetan, daß sie meine Praxis so abrupt verließ?« Später verstand ich, daß Gabrielle dieses Gefühl durch eine massive projektive Identifizierung vermittelt hatte. Gabrielle empfand ähnliche Gefühle für ihre Tochter, und sie fragte sich, was sie denn getan hatte, um ihr diese dauerhafte Beschädigung zuzufügen.

Außerdem mußte ich mich mit meinen Gefühlen der Wut wegen der narzißtischen Kränkung befassen, die Gabrielle mir zugefügt hatte. Sie verließ die Analyse nach einem Jahr intensiver Psychotherapie und zweieinhalb Analysejahren. Die emotionale Besetzung unserer Arbeit war sehr groß gewesen. Indem Gabrielle die Analyse verließ, versuchte sie sowohl mich als auch die Analyse zu zerstören, ohne uns die Gelegenheit zu geben, das Geschehene durchzuarbeiten. Ich begann zu zweifeln, ob die Analyse für sie die richtige Behandlung sei. Außerdem untersuchte ich das Bedürfnis, daß ich etwas zu »retten« und zu »reparieren« hatte, sowie meine Allmachtgefühle, die vermutlich zu meiner Entscheidung geführt hatten, diese Patientin mittels Analyse zu behandeln.

Aus einem anderen Blickwinkel verhalf mir die narzißtische Kränkung dazu, mich in diese Patientin einzufühlen, die mit einem behinderten Kind belastet war. Meine Gefühle der Gegenübertragung halfen mir zu verstehen, wie ein solches Kind das Selbstwertgefühl eines Elternteils verletzen konnte, weil es eine fortwährende Erinnerung an ein »Versagen« verkörperte. Ich spürte auch die Enttäuschung, die darin lag, weil das Kind den Eltern keine Befriedigung geben konnte, obwohl die Eltern alles taten, um dem Kind eine »ausreichende Bemutterung« (Winnicott, 1965) zu geben.

Auf einer anderen Ebene sah ich ein, daß, Gabrielle ohne Klärung der Ereignisse gehen zu lassen, bedeuten würde, bei ihrer magischen Allmachtsphantasie der »Mörderin-Mutter« mitzuspielen – einer Mutter, die ›im Stich läßt‹ und dadurch dauerhaften Schaden zufügt.

In ihrer Beziehung zu mir würde Gabrielle durch ihr Weggehen entweder mich vernichten – so wie sie sich vorgestellt hatte, ihre Tochter im Stich gelassen zu haben –, oder ich würde sie zerstören, indem ich ihr eine schwere Last von Schuldgefühlen aufbürdete, die sie allein zu tragen hätte. Deshalb entschloß ich mich, ihr unbedingt zu zeigen, daß ich auch dann »überlebte«, wenn sie mich verließ, und daß sie unsere therapeutische Beziehung nicht zerstören sollte, ohne uns eine Chance zu geben, sie zu retten (Winnicott, 1971).

So schrieb ich nach zehn Tagen an Gabrielle und lud sie zu mir in die Praxis ein, um die Gründe für ihren abrupten Aufbruch zu klären. Sie akzeptierte meinen Vorschlag, die Therapie fortzusetzen, und in den folgenden drei Sitzungen, in denen sie ihre Gefühle bei dem traumatischen Ereignis untersuchte, die Behandlung zu »verlassen«, konnten wir das therapeutische Bündnis wiederherstellen, das seither intakt geblieben ist. Gabrielle erklärte, sie habe das Verlassen der Analyse erlebt als Verlassenwerden durch mich, und zwar an einem entscheidenden Punkt ihres Lebens. Erst nach dem Weggehen erkannte sie, daß die Schuldgefühle, die auf ihr lasteten, sie überforderten. Sie empfand zwar schon seit Jahren ein fortwährendes Schuldgefühl ihrer Tochter gegenüber, doch erst jetzt »kam es ans Licht«, und nun konnte sie es nicht länger verleugnen. Sie war sich gewiß, daß ich sie für den psychischen Krankheitszustand ihrer Tochter verantwortlich hielt. Ihre Wut auf mich rührte daher, daß ich sie aus der Analyse mit einem solchen Schuldgefühl hatte weggehen lassen. »Das war keine Art, die Behandlung zu beenden.« Erst nachdem sie in die Analyse zurückgekehrt war, konnten wir auf einer tieferen Ebene das Trauma verstehen, ihre Tochter im Stich gelassen zu haben und von der eigenen Mutter im Stich gelassen worden zu sein.

In dieser Phase begannen wir Gabrielles Angst im Hinblick auf die besondere Bindung zwischen ihr und dem Kind nachzugehen. »Ich glaube, sie empfindet das, was ich empfinde, und in gewisser Weise liest sie meine Gedanken.« Mir wurde deutlich, daß zwischen Gabrielle und ihrer Tochter wohl eine symbiotische Beziehung bestand und daß die Mutter über das Kind vielleicht Gefühle ausdrückte, die ihr nicht bewußt waren. Möglicherweise brachte das Kind in der Identifizierung mit den aggressiven und destruktiven Seiten der Mutter durch sein Verhalten und seine Geschichten Suizidneigungen zum Ausdruck, die im Grunde die Mutter und nicht das Kind hegte. Diese Hypothese wurde durch die folgenden Vorkommnisse bestätigt:

a) eine lange Reihe von Suizidträumen, in denen Gabrielle ihre Todesangst äußerte, vermischt mit Todeswünschen, die gegen ihre Tochter und nur selten gegen sie selbst gerichtet waren.

In Gabrielles Träumen wird das Mädchen von einem Auto überfahren, oder es ertrinkt. Gabrielle ermahnte das Kind zur Vorsicht, weil sie das Gefühl hatte, es erfülle ihren eigenen inneren Wunsch, zu verschwinden. Ein Beispiel: »Ich hatte einen Traum, in dem meine Tochter Talli von einem Auto überfahren wurde. Das Auto war voller Kinder, und sie fiel heraus. Ich war völlig überwältigt, und als ich endlich reagierte, kam ein anderes Auto und überfuhr sie.« Bei den Assoziationen zu diesem Traum sagte sie: »Heute morgen sah ich vom Fenster aus zu, wie Talli die Straße überquerte. Plötzlich sah ich ein Auto heranfahren, und ich hatte fürchterliche Angst. Ich fragte mich, was wohl geschehen wäre, wenn das Auto sie überfahren hätte. Gleichzeitig dachte ich, daß mein Leben vielleicht einfacher sein würde.«

b) Ein Vorgang der Identifizierung (Verschmelzung) mit mir in der Übertragung. Gabrielle geriet über ihre eigene

Identität in Verwirrung und verlor die Fähigkeit zur Unterscheidung zwischen dem, was sie war, und dem, was ich war. So meinte sie zum Beispiel, mich in provozierender Kleidung in der Nachbarschaft spazierengehen zu sehen, um dann plötzlich zu erkennen, daß es in Wirklichkeit ihre eigenen Kleidungsstücke waren, die sie vor kurzem getragen hatte.

Diese Vermischung der Identitäten, die in der Analyse ziemlich lange andauerte, wies darauf hin, daß möglicherweise in einem früheren Stadium von Gabrielles Entwicklung ein ähnlicher Vorgang zwischen ihr und der Mutter stattgefunden hatte. Ich möchte diesen Punkt durch einen Auszug aus der Analyse illustrieren (I = Ilany; G = Gabrielle):

G: Letzte Nacht habe ich von Ihnen geträumt. Im Traum sahen Sie völlig anders aus – kurzes schwarzes Haar, schmales Gesicht. Ich war überrascht, wie sehr Sie sich verändert hatten. Sie saßen schweigend da und reagierten nur mit Gesichtsausdrücken. Plötzlich verwandelten Sie sich in Ihr gewöhnliches Selbst zurück. Ich spürte große Angst – wie konnte ich nur jemand anderen gesehen haben, und dann sind Sie es? Es ist wie Wahnsinn; ich habe die Kontrolle verloren.

I: Das Bild im Traum – an wen erinnert Sie die Frau?

G: An ein Mädchen, das ich vor kurzem in der Universität gesehen habe. Schmales Gesicht, fein geschnittener, kleiner Mund. Im Traum hatte ich das Gefühl, als ob ich es wäre. Es ist so, als ob ich mich mit Ihnen identifizieren würde; als ob Sie und ich uns miteinander vertauschten, und das erschreckte mich. Bewußt will ich nicht, daß Sie mir gleichen, und ich will nicht wie Sie aussehen. Die Frau im Traum erinnerte mich an eine Aufseherin im Labor, wo ich früher arbeitete, eine ernste Frau, die für

ihr Alter gut aussah. Irgend etwas im Gesicht der Aufseherin erinnerte mich an meine Mutter. Es ist so, als ob
ich in jedem Menschen nach meiner Mutter suchen würde. Sie erinnern mich zwar nicht an meine Mutter, weder
in Ihrem Aussehen noch in Ihrem Verhalten, aber vielleicht gibt es Dinge, über die ich mir nicht bewußt bin.
Die Frau in meinem Traum erinnerte mich an meine
Mutter.

I: In Ihrem Traum verwandle ich mich in eine Frau, die
Sie an Ihre Mutter erinnert.

G: Gestern stellte mir meine Tochter eine Frage im Zusammenhang mit einem Buch, das sie gerade las: »Welches
Tier würdest du gerne sein?« Ich antwortete: »Ein kleines
Huhn.« Sie sagte: »Was, ein Hühnchen, das so abhängig
ist und noch gar nichts Selbständiges tun kann?« Sehen
Sie doch nur, was ich sein wollte – ich wollte, daß man
sich um mich kümmert und mich verwöhnt.

I: Sie wollen, daß ich mich um Sie kümmere, Sie möchten mein verwöhntes kleines Huhn sein. Deshalb verwandelten Sie mich in eine Frau, die Ihrer Mutter ähnlich sieht.

G: Ja, das Gesicht der Frau im Traum war eine Mi-
schung aus meinem Gesicht und dem Gesicht meiner
Mutter. Ich habe noch eine Assoziation. Sie werden sich
die Lippen lecken, wenn Sie sie hören. Das Mädchen im
Traum – es erinnerte mich an einen Filmstar, die in
Western spielt, die Hure, der die Kneipe gehört.

I: Und warum sollte ich mir die Lippen lecken?

G: Weil darin etwas Sexuelles enthalten ist. Das Mädchen im Traum scheint zwar eine gute Seele zu sein, aber
es ist auch ein Flittchen. Gestern hörte ich einen Vortrag
über erschreckende Dinge, Homosexualität zum Beispiel.

I: Ich glaube, Sie spielen darauf an, daß Sie sich sexuell hingezogen fühlen zu der Frau in Ihrem Traum – das heißt, zu mir.

G: Ja, es stimmt, was Sie da sagen. Manchmal gibt es junge Frauen, von denen ich denke, daß ich eine Affäre mit ihnen haben könnte, wenn ich ein Mann wäre. Ich bin nicht immer so offen. Wenn Sie wie die Frau in meinem Traum ausgesehen hätten, dann hätte ich mich zu Ihnen hingezogen gefühlt. Ich habe Ihnen ja schon von meinem Mann erzählt, der mit allen meinen Freundinnen flirtete. Ich suchte mir gutaussehende aus. Als ich zwanzig war, sah ich den Film *Sister George*. Das war der erste Film über Lesbierinnen, den ich je gesehen habe. Er erregte mich, und ich bekam Angst. Hinterher las ich, daß jede Frau eine lesbische Seite hat, jeder Mann hat eine homosexuelle, und mir wurde dies an mir bewußter. Wenn ich mich bei einer Frau wohl fühle, möchte ich sie berühren.

I: Ich höre Sie sagen, wie sehr Sie mich berühren möchten.

G: In meinem Traum bekam ich Angst, weil ich begriff, daß die Person, mit der ich sprach, Sie waren. Das Schrecklichste für mich war jedoch, Sie als die Hure aus dem Film zu sehen, da ich mich in ihrem Bild sah. Und das ist absurd, weil sie so liebenswürdig und hübsch erschien, aber sie erinnerte mich an ein Flittchen, an mich selbst und an meine Mutter.

So entdeckten wir, daß Gabrielle neben ihrer homosexuellen Neigung zu mir sich selbst und mich (oder sich selbst und ihre Mutter) zu einem einzigen Bild verschmolzen sah, das sich in ihrem Traum widerspiegelte. Dieses Bild, das sie in sich entdeckte, enthielt zwei Aspekte: Einerseits besaß sie Schönheit und Zärtlichkeit, andererseits war sie von einer »flittchenhaften« Leidenschaft getrieben.

Zu Beginn der Analyse sagte Gabrielle kaum etwas über ihre Mutter; nur beiläufig erwähnte sie das Leiden der Mutter während des Holocaust und die Geschichte ihres Überlebens mit der Flucht durch den Wald (ihr erster »Überlebensmythos«[2]). Die Geschichte gab die Begegnung der Mutter mit einem deutschen Soldaten wieder, der sie so stark gegen den Fuß trat, daß sie für immer verkrüppelt blieb.

In der Pubertät las Gabrielle sehr viel über den Holocaust, was bei ihr sadistische Phantasien über die erwähnten Erlebnisse ihrer Mutter auslöste. Ihr Unbewußtes übersetzte den brutalen Akt des Tretens in einen Akt sexuellen Mißbrauchs, und sie bildete sich ein, daß ihre Mutter auf der Flucht durch den Wald von deutschen Soldaten vergewaltigt worden war. Gabrielle verband ihre sadistischen Masturbationsphantasien mit dem, was sie als »meine Naziperiode« bezeichnete. Sie sah sich selbst zum »arischen« Typ des Mannes hingezogen, den sie als »blond, mit blauen Augen, grausam und gewalttätig« beschrieb.

Der Wunsch, in der Analyse von mir vergewaltigt zu werden, kam in der Übertragung zum Ausdruck. »Mich zieht Stärke an, hauptsächlich intellektuelle Stärke; ich möchte, daß Sie mich irgendwie aufrütteln, so daß ich mich wirklich verändern kann. Ich weiß, daß Sie das schaffen, Sie haben ja schon schmerzhafte Dinge in meinem Kopf eingepflanzt.« Andererseits versuchte sie mit aller Kraft, mich in die Falle zu locken und mich dadurch zu ihrem ›Opfer‹ zu machen, daß sie immer wieder aggressive Forderungen an mich stellte, ihre Wünsche zu erfüllen (beispielsweise durch das Verschieben von Sitzungsterminen, durch den Aufschub der Bezahlung oder durch den Versuch, von mir eine Rückmeldung über sich selbst zu bekommen). Immer wenn sie den Eindruck hatte, ich stimmte einer ihrer Forderungen zu, feierte sie ihren »kleinen Sieg« über mich.

Allmählich stellte sich heraus, in welcher Weise Gabrielle sich mit den Erlebnissen ihrer Mutter identifizierte, nämlich einerseits mit der Rolle des Opfers, das auf sadistische Weise mißbraucht und vergewaltigt worden war, andererseits mit dem gewalttätigen und brutalen Aggressor, der ihre eigenen sadistischen Phantasien weckte.

Bei meinen Gefühlen der Gegenübertragung spürte ich, daß ich in eine sadomasochistische Beziehung verwickelt war, in der mir abwechselnd die Rolle des Aggressors und des Opfers zugewiesen wurde.

Erst in diesem Behandlungsstadium wurde sich Gabrielle des Einflusses bewußt, den die Vergangenheit ihrer Mutter auf sie ausübte. Die Träume und Geschichten vom Holocaust, die jetzt in der Analyse auftauchten, beschrieben ein Trauma, das historisch gesehen nicht ihrer Vergangenheit angehörte, sondern der ihrer Mutter. Die Gefühle ihrer Mutter hatten sie völlig überwältigt, und sie konnte zwischen ihrem eigenen Selbst und der Mutter nicht mehr unterscheiden. Gabrielle beschrieb Kindheitssituationen, in denen die Identifizierung mit der Mutter eine absolut vollständige war, so zum Beispiel, als sie zusammen mit anderen Schülern aufgefordert wurde, bei einer Schulaufführung ein Lied zu singen. Als sie an der Reihe war, sang sie unversehens ein jiddisches Lied, ein Lied, das einem Hilferuf in aussichtsloser Lage gleicht und das ihre Mutter oft sang – »Ss'brent! Briderlech, ss'brent!« (Gebirtig, 1992) –, ohne zu wissen, warum sie das tat.

Gabrielles Einbildung, schon vor ihrer Geburt mit der Mutter zusammengewesen zu sein (Klein, 1973 a), beruhte auf ihren Träumen, ihren Phantasien und dem Agieren. Offenbar sah die depressive und kranke Mutter ihren Gatten nicht als einen Partner an, mit dem sie ihren Kummer teilen konnte. Statt dessen benutzte sie ihre Tochter als jemanden, dem sie entweder durch Erzählen oder durch Agieren Andeutungen ihrer Erlebnisse vermitteln konnte. Gabrielle bestätigte dies beim Durcharbeiten ihrer Gefühle gegenüber der Mutter. »Wo kommen meine schwarzen Gefühle her? Ich weiß, daß sie von meiner Mutter kommen. Nicht wegen ihrer Krankheit, sondern wegen des Krieges, den sie durchmachte. Sie übertrug ihre Depression auf mich, ständig war ihr trauriges Gesicht vor mir, das Gefühl des Unglücklichseins, die stille Verzweiflung.« Durch die vollständige Identifizierung mit der Mutter ging die traumatische Vergangenheit der Mutter ebenso wie ihr Schuldgefühl des Überlebens auf Gabrielle über.

In der Analyse erinnerte sich Gabrielle an eine weitere Geschichte zum Überleben ihrer Mutter (ihren zweiten »Überlebensmythos«): »Mutter erlitt schreckliche Dinge, sie lief davon und ließ die ganze Familie zurück. Ich bewundere ihren Überlebenswillen sehr; ich hätte nicht mehr den Wunsch zum Weiterleben gehabt.« Sie erzählte mir, sie habe zweimal einen Suizidversuch unternommen, und als sie den Strick um den Hals legte, sah sie das Gesicht ihrer Mutter vor sich, die zu ihr sagte: »Wenn du bis jetzt gelebt hast, dann mußt du für alle anderen weiterleben.«

Wir sehen hier die polarisierten Rollen der Mutter – die der »Mörderin«, die sich schuldig fühlt, ihre Verwandten »ermordet« zu haben, welche sie nicht vor der Vernichtung retten konnte, und die der »Retterin«, die Mutter, die den Befehl zum Weiterleben erteilt.

Gabrielles Identifizierung mit der »Mörder«-Mutter kam während der Analyse in ihren wiederholten Träumen über den Holocaust zum Ausdruck, deren Hauptthema war, daß sie durch den Wald lief und sich rettete, während sie ihre beiden Kinder oder den Kleinen in Todesgefahr zurückließ. Gabrielle offenbarte ihr Schuldgefühl, weil sie ihre Mutter nicht vor dem Holocaust oder vor der Krankheit und der Depression hatte retten können. Sie fühlte sich schuldig, weil sie ihre Tochter nicht vor der emotionalen Störung hatte bewahren können. Auf einer anderen Ebene fühlte sie sich allein schon deshalb schuldig, weil sie überlebt hatte, während so viele andere umgekommen waren.

Die Identifizierung mit der »Mörderin«-Mutter zeigte sich auch in dem Thema, unter den Kindern eine Wahl treffen zu müssen: das eine sollte leben, das andere sterben (dieses Thema stand im Zusammenhang mit Geschichten, die sie gelesen hatte, und mit dem Film *Sophie's Choice*[3]). Auf der einen Ebene verstehen wir dies als ihre widerstreitenden Wünsche, die gesunden Kinder zu behalten und das problematische Kind loszuwerden; auf einer tieferen Ebene lag die Identifizierung mit der doppeldeutigen Botschaft der Mutter, die sie gleichzeitig aufforderte, am Leben zu bleiben und zu sterben.

Gabrielle fühlte, daß sie ihre kleine Tochter sowohl retten als auch loswerden wollte. Außerdem fühlte sie, daß sie das kleine Mädchen in ihr selbst sowohl heilen als auch umbringen wollte.

## 4. Phase – Konstruktion des Selbst

Im letzten Abschnitt der Analyse befaßten wir uns mit zwei Hauptpunkten:

1. Mit der Rekonstruktion von Gabrielles Kindheit, die zu Veränderungen in der Beziehung zur Repräsentanz innerer Objekte und schließlich auch zu Veränderungen gegenüber äußeren Objekten und der Welt insgesamt führte.

2. Mit der Konstruktion von Gabrielles Selbst, die aus zwei Schritten bestand: a) Gabrielles Verinnerlichung des stützenden und hoffnungsvollen Bildes der Analytikerin, das zu positiven Veränderungen in der Selbstwahrnehmung führte und ihren Glauben an die Zukunft wiederherstellte; b) dem Erlebnis der Geburt eines neuen Selbst in der Analyse.

Dieser Abschnitt begann mit Gabrielles Wunsch, mehr über ihre Kindheit herauszufinden. Gabrielle erfuhr, daß ihre Mutter wegen des schlechter werdenden Gesundheitszustandes sich nach der Geburt nicht selbst um sie kümmern konnte. Versorgt wurde Gabrielle statt dessen von der Großmutter väterlicherseits – eine schweigsame Seele, abgetrennt von der Realität und ohne Beziehungen zu anderen Menschen –, die in einer Welt für sich lebte. Gabrielle erfuhr noch eine weitere wichtige Einzelheit, die Gefühle betreffend: daß ihre Mutter nämlich im Ghetto Lieder über ihre Kindheit geschrieben hatte. Als ihre Geschichte durchgearbeitet wurde, veränderte sich Gabrielles Beziehung zur inneren Repräsentanz ihrer Mutter. Gabrielle fühlte sich ihr gegenüber weniger schuldig, und sie spürte eine größere Nähe.

Gabrielles Angst vor ihren passiven Abhängigkeitsbedürfnissen verringerte sich. Als ich ihr Verlangen, in der Behandlung mein Baby zu sein, als den Wunsch deutete, von mir umsorgt zu werden, konnte sie dies ohne Widerstand akzeptieren. Ich möchte diesen Punkt mit einem Auszug aus der Analyse verdeutlichen:

G: Heute wachte ich früh auf, weil ich an der Universität eine Prüfung hatte. Ich fand auf meinem Schreibtisch ein weißes Blatt Papier, auf dem geschrieben stand: »Für Mutter, viel Glück!« Mein großer Junge, der versteht mich. Ich war so gerührt, er hatte das Blatt mit schönen Buchstaben geschmückt. Der Junge gibt mir emotional eine ganze Menge. Ich weiß nicht, vielleicht hat es mit seiner Kindheit zu tun. Wenn es etwas gibt, wonach ich mich sehne, dann sind es die ersten fünf Jahre, die wir zusammen hatten. Ich hatte damals so viel Befriedigung. Ich zog diesen Jungen nach den Ratschlägen von Dr. Spock auf, ihn alle vier Stunden zu stillen, klare Grenzen zu ziehen, Liebe zu geben.

I: Ich denke, Sie wollen zu verstehen geben, daß Ihre Art, den Jungen aufzuziehen, der Analyse gleicht; den fünf

Jahren, die wir miteinander verbracht haben, vier Stunden jede Woche, und der emotionalen Geborgenheit innerhalb klar gezogener Grenzen.

G: (lacht) Es ist tatsächlich ähnlich. Mein Sohn gibt jetzt die Liebe zurück, die er von mir während der vielen Jahre bekommen hat. Wie drücken Sie denn das warmherzige Gefühl aus, das Sie für jemanden empfinden? Durch Geben! Das ist die schönste Art. Die Dinge sehen für mich nun anders aus. Dasselbe gilt für Sie, daß ich die Schönheit in Ihnen sehe, ist nichts Neues, es begann, als wir damals diese Krise hatten. Offensichtlich haben Sie sich nicht verändert, und doch erscheinen Sie mir anders.

I: Ich spüre, daß Sie mir jetzt die warmherzigen Gefühle schenken, die ich nach Ihrem Empfinden während der ganzen Jahre Ihnen gewährt habe.

Die Stärkung von Gabrielles Selbst, erkennbar in ihrer Fähigkeit, eigene Schwächen zu ertragen, kam darin zum Ausdruck, daß die Beziehung zu ihrer Tochter sich veränderte; diese Veränderung läßt sich auch als eine Hinwendung zu der beeinträchtigten Seite ihres Selbst wahrnehmen: »Ich kann nun die Schönheit meines Kindes schätzen, weil sich in mir etwas verändert hat. Etwas in meiner Selbstwahrnehmung und in der Wahrnehmung meiner Tochter. Ich bin nun sehr viel zufriedener mit den guten und schlechten Dingen in mir.«
Der Wandel in Gabrielles Beziehung zu inneren und äußeren Objekten ging mit Veränderungen in der Beziehung zu ihrem Selbst einher. Diese Veränderung äußerte sich durch die Übertragung in ihrer Beziehung zu mir. »Jahrelang wußte ich nicht, ob die Analyse für mich gut oder schlecht sei. Jetzt weiß ich, was die Analyse für mich getan hat. Ich habe weniger Angst vor Leuten, weniger Angst, ihnen zu glauben. Ich bin mir meiner selbst immer

noch nicht ganz sicher, und ich weiß auch nicht, ob mein Urteil oder meine Intuition immer richtig ist, doch selbst wenn sie es nicht sind, wird nichts Schlimmes passieren. Ich habe von Ihnen eine Menge erhalten, und ich möchte es erwidern können.«

Der Wandel in Gabrielles Beziehung zu mir ging auf das Wachstum eines neuen, reiferen Selbst zurück, das zu einem anderen Individuum als selbständige Person eine Beziehung herstellen konnte. Das psychische »Eis«, das Gabrielle vor der Bedrohung einer feindlichen Welt schützen sollte, war fast schon geschmolzen: »Früher war ich eine sehr verschlossene Person«, sagte Gabrielle. »Ich sehe die Leute nun nicht mehr als bedrohlich an, und ich kann meine Gefühle zeigen.«

Im Anschluß daran brachte uns eine Kindheitserinnerung an den Anfang unserer analytischen Reise – des Weges durch das »Eisschloß« – zurück. Als Kind bezeichnete Gabrielle ihr Elternhaus als »Eisschloß«, weil es dort sehr kalt war. Wegen der Kälte litt sie häufig unter Ausschlägen an Händen und Beinen, die sie in »stinkende Bandagen« hüllte. In der Analyse deuteten wir die stinkenden Bandagen als Abwehr, die ihre beschädigte Haut vor dem Schmerz schützen sollte, den die Berührung mit der Außenwelt verursachte. Als Gabrielle mir von dem »Eisschloß« erzählte, klagte sie über eine Taubheit in den Händen, als ob sie erfroren wären. Sie reagierte darauf spontan. »Ich will nicht erfrieren. Ich weiß jetzt, daß ich zu Beginn, als ich zur Behandlung kam, am meisten Angst davor hatte zu erfrieren. Heute habe ich diese Angst nicht mehr, und ich will nicht erfrieren.« Ich erkannte, daß Gabrielle immer noch Angst vor ihrem Wunsch hatte, taub oder empfindungslos zu werden, doch im Vergleich mit der Vergangenheit war sie sich jetzt dessen bewußt und bereitete sich darauf vor, mit aller Macht dagegen zu kämpfen.

Ein weiterer vorherrschender Aspekt dieser Behandlungsphase war Gabrielles Konstruktion eines Gefühls für die Zukunft. Offenbar hatte ihre Fixierung auf die traumatische Vergangenheit der Mutter ein Gefühl für eine Zukunft in einer besser gesicherten Welt für sie unmöglich gemacht. Die Rekonstruktion ihrer Geschichte und ihrer Kindheit, die Verminderung ihrer tiefreichenden Ängste und die Wiederbelebung ihrer eingefrorenen Empfindungsfähigkeit als Ergebnis einer weitreichenden analytischen Regression verschafften ihr die Fähigkeit, gleichzeitig über die Vergangenheit und die Zukunft nachzudenken. Gabrielle schrieb dies dem Umstand zu, daß sie mich als eine Quelle der Hoffnung verinnerlicht hatte. »Sie haben mir Mut gegeben, Sie haben mir das Gefühl gegeben, daß die Behandlung für mich eine Zukunft offenhält, daß das Leben eine Zukunft für mich offenhält. Ich spüre jetzt, daß ich mehr Mut habe als früher. Jetzt klingen Ihre Worte in meinem Kopf nach, ich denke, daß ich mich Ihretwegen um fünfzig Prozent mehr schätze.«

Gabrielles Wunsch nach der Geburt eines neuen Selbst, der in ihrem ersten Traum während der Behandlung deutlich wurde, trat während der jetzigen Phase mit größerem Nachdruck wieder auf. In ihren Träumen beschrieb Gabrielle die Geburt von zwei neuen Aspekten ihres eigenen Selbst durch die Geburt ihrer beiden Kinder: »Ich träumte, daß mein jüngeres Kind im Wasser lief. Das Wasser war voller Pflanzen. Es erinnerte mich stark an die Geburt, an das Heraustreten aus der Vagina, die von Haaren umgeben ist. Ich träumte, daß mein Kind geboren wurde. Diesmal war es kein angsterfüllter Traum, das Kind war nicht am Ertrinken.« Ein anderes Mal ging es im Traum um den Sohn. »Da war ein mit schmutzigem Wasser, mit Regenwasser gefüllter Kanal. Mein älterer Sohn ging hinein, bis er nicht mehr stehen konnte, und dann kam er heraus, und ich wartete auf ihn.«

Gabrielles Wunsch nach der Geburt eines neuen Selbst,

der im Traum vorkam, zeigte sich auch in ihrer Beschreibung von Bildern, die neue innere Strukturen symbolisier-
ten. Gabrielle beschrieb ihre Gefühle, als sie beim Weggehen aus einer Analysesitzung in der Straße ein neues
Haus entdeckte, das sie zuvor nicht bemerkt hatte. Später
träumte sie, daß sie durch das Fenster ihrer Wohnung
schaute und eine wunderbare Aussicht sah, blauen Himmel
und den Schatten eines schneebedeckten Berges, auf dessen
Spitze ein altes Gebäude stand. Im Gegensatz zu ihrem
Traum am Anfang der Analyse, bei dem ihr Gang auf einen
schneebedeckten Berg von der Angst begleitet war, sich zu
verirren, betrachtete sie die Ansicht jetzt aus ihrer eigenen
Wohnung heraus, aus einem inneren Haus, wobei der kalte,
gefrorene Aspekt draußen blieb.

## Diskussion

Die dargestellte Analyse läßt sich wie zwei kon-
zentrische Kreise betrachten, deren gemeinsames Zentrum
die Übertragung des Traumas ist. Der äußere Kreis besteht
aus einer manifesten Schicht der Abwehr, zum Beispiel der
Entleerung von analem Material, überlagert von offenen
ödipalen Wünschen und Phantasien. Auf dieser Ebene war
die Übertragung erotisch, mit Anklängen der Perversion,
und sie wurde als Abwehr gegen eine echte therapeutische
Beziehung benutzt. Die Exploration der manifesten Ebene
führte uns zu dem inneren Kreis, zu einer tieferen Schicht
der Persönlichkeit, gekennzeichnet vom Kampf der Patientin, ihr Selbstgefühl aufrechtzuhalten. Hier entdeckten wir
eine phantasierte Innenwelt voller innerer, böser Objekte
und einer Objektspaltung. In diesem Zeitabschnitt hatte
die Beziehung zu mir eine schizoide Qualität; sie bewegte
sich zwischen Distanzierung und Nähe hin und her. Das
Selbst der Patientin war nicht fest integriert, und somit war
seine Fähigkeit, eine gute Beziehung zu mir einzugehen,

zwar beeinträchtigt, aber es durfte nicht allein gelassen werden, ohne daß sich Angst und Unsicherheit zeigten. Aufgrund meines Eindrucks, daß die akute Schwierigkeit in dem undifferenzierten Selbst der Patientin lag, begannen wir nach dessen Herkunft zu suchen. Als erstes entdeckten wir die symbiotische Beziehung der Patientin zu ihrem jüngeren Kind und ihre Unfähigkeit, zur Ausdifferenzierung ihres Selbst zu gelangen. Diese ungewöhnliche Beziehung und die Art der Beziehung (Fusion), die sich während dieser Analysephase in der Übertragung mir gegenüber entwickelte, veranlaßte uns, die Beziehung der Patientin zu ihrem mütterlichen Objekt zu untersuchen. Im Kern des undifferenzierten Selbst der Patientin entdeckten wir die Übertragung des Traumas von der Mutter auf die Tochter in zwei aufeinanderfolgenden Generationen. Ich möchte nun das Muster des Traumas, das von der einen Generation auf die andere übertragen wurde, genauer betrachten:

1. *Traumatisierung durch den Verlust des eigenständigen Selbstgefühls.* Gabrielle war der schweren Traumatisierung ihrer Mutter schon sehr früh ausgesetzt, in einem Stadium, wo der Mechanismus der Introjektion–Projektion vorherrscht. Sie erlebte deshalb das Trauma ihrer Mutter beinahe so, als ob es ihr selbst widerfahren wäre, weil sie von den Gefühlen der Mutter völlig absorbiert wurde, und zwar zu einer Zeit, als ihr die Fähigkeit des Erwachsenen fehlte, eine solche Traumatisierung zu organisieren, zu konzeptualisieren und zu artikulieren.

Wir fanden heraus, daß das Trauma in beiden Generationen durch den unbewußten Prozeß der Identifizierung und durch die Unfähigkeit der Mutter, ihrer Tochter zu einer Differenzierung zwischen Selbst und Objekt zu verhelfen, übermittelt worden war. Als Ergebnis davon empfand die Tochter es als notwendig, in der Vergangenheit ihrer Mutter zu leben (Kestenberg, 1980; Auerhahn und Prelinger, 1983).

*2. Traumatisierung durch die Benutzung des Kindes als
›Lebensretter‹.* In beiden Generationen bestand die Traumatisierung darin, daß das Kind unbewußt als ein Mittel
zur Wiederholung des Traumas eingesetzt wurde. Da die
aggressiven und destruktiven Aspekte im Zusammenhang
mit ihrer eigenen Traumatisierung das physische und psychische Überleben der Mutter gefährdeten, wurden sie auf
das Kind projiziert, das somit unbewußt als Lebensretter
eingesetzt wurde.

*3. Im-Stich-Lassen des Kindes als Traumatisierung.* Geburt und Verlassenwerden hingen in Gabrielles Leben zusammen. Zuerst wurde sie von ihrer Mutter nach der Geburt
im Stich gelassen, und später wurde sie von ihr für immer
verlassen, als sie ihren älteren Sohn zur Welt brachte. Daß
Gabrielle ihr eigenes Kind im ersten Lebensjahr im Stich
ließ, war das Ergebnis des Wiederholungszwangs, der mit
ihrer eigenen Lebenserfahrung zusammenhing.

Der Vorfall, der uns dazu veranlaßte, das Trauma des
Verlassenwerdens genauer zu untersuchen, war die bevorstehende Trennung wegen der Sommerferien an einem höchst
empfindlichen Punkt der Analyse. Die ursprüngliche Trennung wurde dadurch wiederbelebt und nahm in der Übertragung eine traumatische Bedeutung an.

Gabrielles Verlassenwerden als Säugling, das sie in der
Analyse rekonstruierte, war dem schlechten Gesundheitszustand der Mutter nach der Geburt Gabrielles zuzuschreiben. Sehr wahrscheinlich ließ es der stark geschwächte körperliche und seelische Zustand der Mutter nicht zu, daß sie
im ersten Jahr nach der Geburt dem Kind die notwendige
»ausreichende Bemutterung« (Winnicott, 1965) bieten konnte. Dieses Trauma des Verlassenwerdens im ersten Lebensjahr wurde in Gabrielles Beziehung zu ihrer jüngeren Tochter wiederholt. Es gab viele Gründe, weshalb sie dieses
Kind, im Gegensatz zu ihren anderen Kindern, nicht aufziehen konnte. Zum Beispiel: a) dieses Kind verkörperte

eine narzißtische Kränkung. Vermutlich hatte es einen or-
ganischen Geburtsfehler, der für Gabrielle den mangelhaften Teil in ihr selbst darstellte, den sie unbedingt loswerden
wollte; und b) das Kind war die Verkörperung von Gabrielles Hoffnungslosigkeit. Gabrielle fühlte, daß sie ihren
älteren Söhnen deshalb eine Mutter sein konnte, weil sie
blond und blauäugig waren; die »arischen« Typen, die eine
Chance zum Überleben hatten. Die behinderte Tochter, die
ihrer eigenen Mutter glich, war in ihren Gedanken zum
Tod und zur Vernichtung verurteilt. Somit hatte der Versuch, sie zu retten, keinen Sinn.

4. *Das Kind wird traumatisiert, weil ihm die Möglichkeit der Hoffnung und der Zukunft genommen wird.* Die
Geschichte der Traumatisierung der Mutter – ihre Begegnung mit dem deutschen Soldaten, der ihr gegen den Fuß
trat und sie für immer zum Krüppel machte – war eine Geschichte der körperlichen Verletzung und des Bösen. Die
Mutter, die eine Botschafterin der Hoffnung hätte sein sollen, wurde vom Kind mit der traumatischen Botschaft identifiziert, die sie als Mutter vermittelte. Die Bedeutung dieser
Geschichte für das Kind lautete somit: Die Welt ist ein böser, unsicherer Ort, voller Schmerz und Leid, ohne Hoffnung und Zukunft.

Eines der Therapieziele lag bei diesem Fall darin, die Differenzierung zwischen den Erlebnissen der Mutter und den
kindlichen Phantasien über Vernichtung und Verlust zu ermöglichen. Gabrielles wachsende Fähigkeit, im Zusammenhang mit der Traumatisierung ihrer Mutter zwischen
innerer und äußerer Realität zu unterscheiden, steigerte
auch ihre Fähigkeit, zwischen Gegenwart und Vergangenheit zu unterscheiden, ohne die es keinen Begriff der Zukunft geben kann (Grubrich-Simitis, 1984).

Die Objektrepräsentanz der Mutter als Mörderin und als
Retterin änderte sich und ließ sie dadurch ihrer Tochter gegenüber als weniger allmächtig und gefährlich erscheinen.

Als Folge davon fühlte sich Gabrielle sowohl weniger schuldig gegenüber ihrem eigenen, problematischen Kind als auch weniger destruktiv sich selbst gegenüber. Die Tochter, die sich einer eigenen Behandlung unterzieht, lebt jetzt in einer besser gesicherten Welt, sie kann Zorn nunmehr sprachlich zum Ausdruck bringen, und als Folge davon verschwinden ihre Suizidgedanken.

## 2 Tod im Liebesakt

>»Die Begegnung mit dem Tod – und die knappe Errettung
>vor ihm – läßt alles so kostbar, so heilig, so schön aus-
>sehen, daß ich stärker denn je die Regung verspüre, ihn zu
>lieben, zu umarmen und mich von ihm überwältigen zu
>lassen ... Der Tod, mit seiner immerwährenden Wahr-
>scheinlichkeit, macht die Liebe, die leidenschaftliche Liebe,
>noch wahrscheinlicher. Ich frage mich, ob wir leidenschaft-
>lich lieben könnten, ob Ekstase überhaupt möglich wäre,
>wenn wir wüßten, daß wir niemals sterben werden.«
>Aus einem Brief von Abraham Maslow

Dieses Kapitel beschreibt das Thema des Wachstums und der Differenzierung in der dritten Analyse eines
»unendlichen« analytischen Prozesses. (Der hier beschriebenen Analyse gingen zwei frühere Analysen voraus.) Die
Patientin ist die Tochter einer Mutter, die Jüdin und gebür-
tige Amerikanerin war, und eines Vaters, der den Holocaust überlebt hatte und dessen frühere Frau zusammen
mit ihrem gemeinsamen Kind, einem kleinen Mädchen, im
Holocaust umgekommen war. Die erste Begegnung der Patientin mit der Analyse fand in den USA statt, als sie zwölf
Jahre alt war und Symptome einer Anorexie zeigte. Sie
suchte erneut eine Analyse auf, als sie einundzwanzig war,
und unterzog sich der Behandlung neun Jahre lang. Die
Patientin beendete diese Analyse, um nach Israel zu emigrie-
ren, wo ihre Fallanalyse zum Hauptthema eines psychoanalytischen Aufsatzes wurde (Kestenberg, 1982). In Israel war
die Patientin fünf Jahre lang bei mir in einer Analyse, in deren Verlauf wir uns hauptsächlich mit der Differenzierung
gegenüber den Repräsentanzen von Primärobjekten und

mit der Festigung ihrer Identität befaßten. Der erste Teil der Analyse drehte sich um die Trennung von der traumatischen Vergangenheit ihres Vaters. Diese Trennung erreichten wir, indem wir die Übertragungsbeziehung im Hinblick auf zwei Themen durcharbeiteten: a) das Geheimnis des Vaters (den Verlust seiner ersten Familie im Holocaust), das die Patientin kurz vor Beendigung ihrer vorherigen Analyse in den USA entdeckte, und b) ihre Benutzung des Holocaust als Abwehr. In der Zeit dieser Analyse starb der Freund der Patientin während des Liebesakts an einem Herzanfall. Die Thematisierung dieses traumatischen Ereignisses machte es der Patientin möglich, ihre sadomasochistischen Phantasien im Zusammenhang mit dem Tod der ersten Familie ihres Vaters wiederzubeleben und zu revidieren.

Im zweiten Teil der Analyse ging es darum, den Individualisierungsprozeß der Patientin zu fördern, indem die Beziehung zur Mutter durchgearbeitet wurde. Als die Patientin ihr eigenständiges Selbst wiederhergestellt und die Fähigkeit erlangt hatte, ein eigenes Leben aufzubauen, beendeten wir die Analyse.

### Falldarstellung

Rachel ist das älteste von sieben Kindern. Die Atmosphäre zu Hause war von Depression und von Schuldgefühlen geprägt. Rachels Vater hatte den Verlust seiner ersten Familie vor seiner zweiten Frau und den Kindern verheimlicht. Über seine Verluste und Verletzungen sprach er nie; er arbeitete hart und kam in seiner Gemeinde voran. Auf seine Frau, die wie sein Schatten wirkte und ihn für einen Helden hielt, sah er herab. Die Ehefrau entwickelte eine besondere Beziehung zu Rachel, die sie wie eine Zwillingsschwester ansah, von der sie sich nur schwer trennen konnte.

Rachel war sich immer wie eine »Puppe aus Pappma-
ché« vorgekommen, ein lebloses Spielzeug in der Hand ihrer Eltern, das ausschließlich deren Wünschen gehorchte.
Die Ursachen für den Beginn ihrer Anorexie-Symptome
im Alter von zwölf Jahren waren folgende: a) Rachel lebte
in einer Phantasiewelt, die der traumatischen Vergangenheit ihres Vaters angehörte (sie spielte mit dem Gedanken,
den Tod zu besiegen, indem sie versuchte zu hungern und
trotzdem zu überleben, ähnlich den Menschen, die das
Konzentrationslager überlebt hatten), b) Rachels Verach-
tung und ihr tiefreichender Zorn gegen die Mutter, mit
der sie eine symbiotische Beziehung verband. Indem Rachel das Essen verweigerte, wies sie nicht nur die kalte
und frustrierende Mutter zurück, die unfähig war, sie
emotional zu ernähren, sondern erfüllte auch unbewußt
den mütterlichen Wunsch, Diät zu halten. Die fehlende
Differenzierung zwischen Mutter und Tochter äußerte sich
in der Zustimmung der Mutter zu ihren »Diäten« und in
der ständigen Kontrolle ihres eigenen Gewichts, während
das Mädchen hungerte. Als Rachels Gesundheitszustand
kritisch wurde, griff ein Arzt (ein Freund der Familie) ein,
und Rachel wurde zuerst zur ärztlichen Beobachtung und
dann zur psychiatrischen Behandlung eingeliefert. Die Eltern beendeten Rachels Analyse nach einem Jahr, als die
Symptome nachließen.

Rachel nahm die Analyse wieder auf, als sie einundzwanzig war. Sie ging wieder zu ihrer früheren Analytikerin, die
ihr schon in der Kindheit geholfen hatte und von der die
Eltern sie zu früh getrennt hatten. Die Beschwerden, die sie
äußerte, hatten mit Körperfunktionen, mit zwischenmensch-
lichen Beziehungen und mit Arbeitsstörungen zu tun (Kestenberg, 1982).

Kurz bevor sie die Analyse beendete, um nach Israel zu
gehen, erfuhr Rachel von der früheren Familie ihres Vaters,
und zwar durch einen Verwandten, der während des Holo-

caust mit ihm zusammengewesen war. Diese Entdeckung versetzte sie in einen Schockzustand, sie fand ihr Auto nicht mehr, das auf einem nahegelegenen Parkplatz stand; dann fiel sie im Autobus, mit dem sie nach Hause fahren wollte, vom Trittbrett und wurde beinahe von einem vorbeifahrenden Wagen angefahren. Trotz ihrer psychischen Notlage beschloß sie, die Analyse wie geplant zu beenden.

In Israel verliebte sie sich in einen Maler, der kurz vor der Scheidung stand und Vater eines zweijährigen Kindes war, das er zusammen mit der Mutter im Ausland zurückgelassen hatte. Die Beziehung hatte eine sadomasochistische Färbung, und sie endete abrupt. Zurückgewiesen und im Stich gelassen, hatte Rachel den Eindruck, ihre Welt zerfalle. Sie war sehr niedergeschlagen und konnte mit dem Leben nicht mehr fertig werden. Sie hatte einen Anfall von Wirklichkeitsverlust. Rachel fand, daß sie die Analyse brauchte, um zu überleben, und suchte deshalb nach professioneller Hilfe. Von Kollegen ihres früheren Analytikers in Israel wurde sie an mich verwiesen.

### 1. Phase – Die Ergründung des väterlichen Geheimnisses

Rachel stürzte sich mit einer Hingabe, die ich selten gesehen habe, in eine Analyse mit fünf Wochenstunden. Wie dringlich ihre Bedürfnisse waren, vermittelte sie mir durch das Gefühl, daß ihre Analyse für sie lebenswichtig war.

Allmählich wurde ich gewahr, daß Rachel mich als Lebensretterin benutzte, wobei sie sich abwechselnd an mir festklammerte, um zu überleben, und mich von sich stieß, wenn sie sich sicher fühlte. In Rachels Worten war ich »eine Decke, um mich einzuwickeln, wenn ich friere«, ein Objekt, das man nach Gebrauch beseitigen konnte. Erst später in der Analyse konnten wir verständlich machen, daß dieses Verhalten eine Widerspiegelung der eigenen Beziehung zu ihren inneren Primärobjekten war.

Im ersten Abschnitt der Analyse versuchten wir Rachels Schuldgefühle, ihren Neid und die ödipalen Strebungen durchzuarbeiten, die die Aufdeckung des väterlichen Geheimnisses bei ihr ausgelöst hatten.

Auf der Grundlage von Rachels bewußten und unbewußten Phantasien erkannten wir, daß ihre unglückliche Liebesbeziehung ein Versuch war, die Rollen im Drama der väterlichen Vergangenheit zu spielen. Sie war in jener Beziehung ihr eigener Vater, seine Frau und sein kleines Mädchen, und in der Übertragungsbeziehung schrieb sie mir komplementäre Rollen zu. Rachel beschrieb ihre Phantasie, daß sie sich mit ihrer Ankunft in Israel den eigenen Wunsch erfüllt habe, mit dem Vater identisch zu werden. Sie hatte den Eindruck, daß sie alle seine emotionalen Ressourcen mobilisieren mußte, um sein Leben nach dem Verlust von Frau und Kind neu aufzubauen. In ihrer Phantasie mußte auch sie den Verlust einer potentiellen Familie erleiden (durch den Verlust ihres Liebhabers und seines Kindes), um sich selbst neu aufzubauen.

Die gleiche Episode diente auch dazu, ihr ödipales Verlangen auszudrücken. Indem sie einen Mann wählte, der Frau und Kind in einem fernen Land zurückgelassen hatte, wiederholte Rachel die Vergangenheit ihres Vaters in ihrem eigenen Leben. Auf diese Weise versuchte sie zur Partnerin ihres Vaters zu werden und ihm Trost zu spenden. Als sie bei diesem Unternehmen scheiterte, fühlte sie sich gekränkt und zurückgesetzt und wollte sterben, wobei sie unbewußt die Rolle der ersten Frau des Vaters spielte.

Rachel erlebte das Geheimnis ihres Vaters als eine narzißtische Kränkung. Sie sah sich nunmehr als ein »Ersatzkind« an. Da sie beim Vater ihren Platz als ältestes Mädchen verloren hatte, fühlte sie sich zwischen dem toten Mädchen und ihren jüngeren Geschwistern »eingeklemmt«. Andererseits fühlte sie, daß sie jetzt etwas verstand, das sie immer schon intuitiv gewußt hatte: daß ihr Vater sich der zweiten Frau und den Kindern niemals ganz hingeben konnte, weil ein Teil von ihm bei der verlorenen Familie geblieben war. Sie behauptete, zwischen dem Vater und ihr bestehe eine besondere Bindung; sie hatte den Eindruck, daß sie das väterliche Geheimnis immer schon geteilt hatte, ohne es jedoch wirklich zu kennen.

Rachel litt unter der Spannung widerstreitender Wünsche. Einerseits wäre sie gerne die Frau ihres Liebhabers geworden, andererseits stellte sie sich vor, ihn wieder mit seiner ihm fremd gewordenen Gattin und dem Kind zu vereinen. So war sie darauf vorbereitet, ihr ödipales Verlangen aufzugeben und wieder das Kind ihres Vaters zu spielen und ihn glücklich zu machen, indem sie seine verlorengegangenen Objekte wiederherstellte.

Durch die Übertragungsbeziehung wies Rachel mir verschiedene Rollen zu. Die erste Rolle läßt sich mit einer Episode aus Elie Wiesels Erzählung »The Accident« (Wiesel, 1961) verdeutlichen, die sie mir in einer Sitzung berichtete. In dieser Episode fragt ein junger Arzt seinen Patienten, der sich dagegen wehrt, sich von seinen Verletzungen zu erholen: »Warum wollen Sie denn nicht leben?« Der Arzt, der immer der Verbündete des Patienten gegen den Tod gewesen war, muß in diesem Fall gegen den Wunsch des Patienten den Tod bekämpfen. In der Übertragung verstanden wir Rachels Wunsch so, daß ich die Ärztin werden sollte, die sie vor ihren eigenen destruktiven Neigungen schützt. Danach sah mich Rachel als Ersatz für ihre Schwester an, zu der sie eine sehr enge emotionale Beziehung unterhalten hatte. Rachel nahm mich so wahr, daß ich ihrer Schwester sowohl dem Alter als auch dem Aussehen nach ähnlich war. Diese Schwester hatte eine sehr schwere Krankheit durchgemacht und überlebt. Mit ihrem Bild projizierte Rachel Eigenschaften der Stärke und der

Einmaligkeit auf mich, die zu ihrem eigenen idealen Selbst
gehörten.

Auf einer unbewußten Ebene suchte Rachel in mir die
junge und geliebte Ehefrau ihres Vaters. Rachel war in
ihren Phantasien nach Israel gekommen, um nach ihr zu
suchen. Da die Frau ohne Begräbnis und ohne Grabstein
verschwunden war, glaubte Rachel, sie habe vielleicht den
Holocaust überlebt und sei nach Israel gekommen. Rachel
beschrieb sie als ideale Mutter, feminin, klug und ihrer
eigenen Mutter weit überlegen. Manchmal spielte sie mit
dem Gedanken, daß diese Frau vielleicht sogar wirklich
ihre eigene Mutter sein könnte. Rachel stellte sich vor, die
Frau ihres Vaters sei etwa in meinem Alter gewesen, als sie
verschwand. Nach ihrem Eindruck war ich der Typ der
Überlebenden und hätte sicherlich überlebt. Sie brachte den
Wunsch zum Ausdruck, sowohl von mir als auch von dieser
Idealmutter die Geheimnisse der Weiblichkeit zu lernen, die
ihr nach ihrem Empfinden fehlte.

Nach dem Durcharbeiten ihrer ödipalen Strebungen und
ihres Schuldgefühls und des Neides gegenüber dem Vater
und seiner ersten Familie konnte Rachel auch die Enttäuschung überwinden, die das Verlassenwerden durch ihren
Liebhaber verursacht hatte. Ihr wurde bewußt, daß diese
Beziehung ihre tatsächlichen Bedürfnisse als junge, in der
gegenwärtigen Welt lebende Frau nicht einmal ansatzweise
befriedigen konnte. Damit wurde für sie der Weg frei für
die Suche nach einer neuen, anderen Beziehung.

Ich werde nun Rachels sadomasochistische Neigungen
und ihre Schuldgefühle untersuchen, wie sie in der Übertragungsbeziehung zum Ausdruck kamen. Hinter ihrem
bewußten Wunsch, mich in eine Retterin zu verwandeln,
lauerte Rachels verborgener, aggressiver Wunsch, zu meiner
Verfolgerin zu werden. Ihre oralen und sadistischen Wünsche mir gegenüber kamen in der Übertragung mittels
Phantasien und Träumen zum Ausdruck.

Rachel nahm sich selbst als jemanden war, der Gift ist für jeden, der sie liebt. Ihr Selbstbild war das eines Stachelschweins — »wer mir nahekommt, wird verletzt«. Sie erinnerte sich an die Affäre mit einem Mann, der geisteskrank wurde und den man in die Psychiatrie einlieferte, nachdem sie ihn verlassen hatte. In der Übertragung befürchtete Rachel, daß ihre Ambivalenz meine geistige Gesundheit gefährden könnte.

Rachel als »Mörderin/Opfer« trat in dem folgenden Traum auf: »Ich saß in einem Wagen an der Straßenecke. Der Wagen hielt. Plötzlich lag jemand auf der Straße, sein Kopf auf dem Rad. Ich konnte sehen, daß es ein abgetrennter Kopf war. Jemand trat hinzu und hob ihn auf.« In ihren Assoziationen bezeichnete sich Rachel zunächst als Opfer: »Kopf und Herz sind bei mir definitiv voneinander abgespalten.« Sie schrieb mir die allmächtige Fähigkeit zu, ihren »abgetrennten Kopf« aufzuheben und sie mittels Analyse »zusammenzusetzen«. Gleichzeitig hatte sie jedoch Angst davor, mich mit ihren feindseligen und aggressiven Wünschen zu vernichten. In ihren Assoziationen zum Traum fühlte sie sich als die historische Salome, die den Kopf ihres Geliebten forderte. In der Übertragung hatte ich den Eindruck, daß sie meinen Kopf forderte. Dadurch wurde mir Rachels unbewußter Wunsch bewußt, ihr enttäuschtes Verlangen nach einer völligen Verschmelzung mit mir, die sie in der Analyse nicht erreichen konnte, zu vergelten.

Ein weiterer Aspekt von Rachels sadomasochistischen Phantasien war die Erotisierung des Todes. Verdeutlichen läßt sich dies an einer Kindheitserinnerung, den Tod angeschaut und berührt zu haben, mit der eine libidinöse Erregung einherging. Als Kind fand sie auf einer Straße ein totes Eichhörnchen. Sie begrub es, und einige Zeit später, nachdem sie an die Würmer im Boden gedacht hatte, grub sie es wieder aus und begrub es von neuem. In der Analyse wurde sie ganz erregt, als sie an den fauligen Geruch und

den Verwesungszustand des toten Eichhörnchens dachte.
»Vielleicht wollte ich den Tod sehen, wollte sehen, wie das
Fleisch von Würmern wimmelt, wie erschreckt man ist«,
sagte sie.

Ein Vorfall, der sich in der Woche vor dem eigentlichen
Trauma ereignete, zeigt den Zusammenhang zwischen Rachels fortwährender Grübelei über den Tod und ihrer Identifizierung mit den Rollen des Opfers und des Mörders. Rachel hatte vor kurzem ein Kätzchen zu sich genommen, das
ihr als Kindesersatz diente. Da Rachel vorhatte, einen Tag
außerhalb der Stadt zu verbringen, sagte sie die Analysesitzung ab, schloß das Kätzchen ins Badezimmer ein und
ließ den Heizkörper an, damit das Tier es nicht kalt habe.
Als sie zurückkam, sah sie das Kätzchen tot neben dem
Heizkörper liegen. Weil es vorher Durchfall gehabt hatte,
dachte Rachel, das Kätzchen sei wegen der Hitze an Flüs-
sigkeitsmangel gestorben. Sie begrub es und dachte an die
vielen Soldaten, die bei militärischen Kämpfen umgekommen waren. In dieser Nacht vergaß sie den Gasofen im
Wohnzimmer auszuschalten. Am nächsten Morgen wachte
sie wegen eines starken Geruchs auf, der ihr deutlich machte, daß das Gas die ganze Nacht über ausgeströmt war.

Wir versuchten diese morbide Episode in der Übertragungsbeziehung im Hinblick auf den Einfluß der traumatischen Vergangenheit ihres Vaters zu verstehen. Rachel identifizierte sich mit dem Kätzchen, das verzweifelt nach Wärme
suchte. Als ich für sie nicht da war, verbrannte sie sich,
trocknete aus, bis sie starb, und wurde so mein »Opfer«.
Gleichzeitig war sie auch die »Mörderin«, die das Baby in
sich tötete, indem sie sich in den Ofen steckte. In dieser
Rolle bestrafte sie sich mit dem Tod in der Gaskammer und
starb wie die Menschen in den Konzentrationslagern.

In der Übertragung nahm Rachel mich als eine Quelle
der Wärme und des Schutzes (Heizkörper) wahr, aber auch
als zerstörerisch. Als sie von mir getrennt war, fühlte sie

sich deshalb völlig hilflos und verloren, und als wir wieder zusammen waren, fühlte sie sich aufgesogen, einverleibt und bedroht durch den Verlust ihrer Individualität. Es gelang uns erst später in der Analyse, diese Art der Beziehung zu mir vor dem Hintergrund ihrer Beziehung zur Mutter zu verstehen.

Die Gefahr, in einer engen Beziehung sowohl ihr Objekt als auch sich selbst auf verschiedene Arten zu verlieren, wurde noch bedrohlicher, als sie sich von der Ebene der Phantasie zur traumatischen Realität fortbewegte, dann nämlich, als ihre schlimmsten Todesphantasien in einem Akt der Liebe realisiert wurden.

## 2. Phase – Tod im Liebesakt

Während meiner Sommerferien ließ sich Rachel auf eine Liebesbeziehung ein und gab den zufälligen Sex ohne gefühlsmäßige Anteilnahme auf. Dieser neuen Beziehung fehlte die sadomasochistische Qualität, die ihre früheren Beziehungen geprägt hatte. Sie beschrieb ihren Liebhaber als einen warmherzigen, großzügigen Menschen, der ihr das Gefühl vermittelte, seiner Liebe würdig zu sein. Sie suchte nach der Wärme, nach dem Verständnis und dem Akzeptiertwerden, das sie in der Analyse erfuhr; ihr unterschwelliger Wunsch war es, mich in ihrer äußeren Welt um sich zu haben. Trotz ihres großen Hungers nach Liebe war sie nicht fähig, die Zuneigung ihres Freundes ohne Ambivalenz zu erwidern. Sie hatte das Gefühl, er passe nicht in ihre äußere Welt, er entspreche nicht den Maßstäben ihrer Familie. Sie behauptete, ihn nur wegen des Trostes zu brauchen; um das Leben zu »genießen«, brauche sie einen anderen Partner. Das Liebesbedürfnis bedeutete, schwach zu sein, und deshalb spielte sie mit dem Gedanken, ihn zu verlassen. »Geliebt zu werden ist eine Sucht«, sagte Rachel, »und es macht einen schwach und abhängig. Jeder, der schwach wird, kann getötet werden.«

In ihrer inneren Realität spielte der Freund Jacob einige sehr wichtige Rollen. Er verkörperte ihren älteren Bruder (das tote Kind), der jetzt in seinem Alter wäre, wenn er überlebt hätte. Da Jacob fürsorglich und warmherzig war, bezog sie sich auf ihn wie auf eine elterliche Figur, die sich jedoch von ihren inneren Elternobjekten unterschied.

Es folgt nun eine ausführliche Beschreibung des traumatischen Ereignisses, das sich vollzog, als Rachel ein Jahr in der Analyse verbracht hatte. Rachel rief an und teilte mir mit, daß sie an diesem Morgen ihre regelmäßige Sitzung nicht wahrnehmen könne, daß sie mich jedoch zu einer anderen Tageszeit dringend sprechen müsse. Als Antwort auf meine Nachfrage, was denn geschehen sei, sagte sie mir mit seltsamer Stimme: »Jacob ist letzte Nacht gestorben.«

Ich empfing Rachel am Abend. Sie sah wie ein Gespenst aus, ihr Gesicht war schmal und blaß, die Augen schrecklich geschwollen. Sie dankte mir für die Erlaubnis, daß sie noch am selben Tag zu mir kommen konnte, und bat, sich auf einen Stuhl setzen zu dürfen, statt wie gewöhnlich auf der Couch zu liegen. Ihre ersten Worte waren: »Ich wollte Sie sehen, weil ich glaube, ihn getötet zu haben, so wie ich die Katze getötet habe.«

Die nachfolgende Geschichte erzählte sie mir mit einer neutralen Stimme, ohne jedes Gefühl. Rachel hatte den Abend zusammen mit Jacob verbracht, nachdem sie ihn einige Tage nicht gesehen hatte. Es war ein ruhiger Abend, er bereitete für beide etwas zum Essen zu, sie umarmte ihn in der Küche. Wie bei anderen Gelegenheiten sahen sie zusammen fern, und sie schlief in seinem Schoß ein. Danach gingen sie zusammen ins Bett. Kurz nachdem sie begonnen hatten, miteinander zu schlafen, sagte er: »Darauf habe ich so lange gewartet.« Nach einem Augenblick spürte sie, daß er nicht mehr in ihr war. Der erste Gedanke war, daß seine Erektion nachgelassen hatte, denn das kam zuweilen vor. Er rang nach Luft, drehte sich auf den Rücken und bewegte sich nicht mehr. Sie streichelte sein Gesicht und dachte dabei an den Säugling einer Freundin, der manchmal außer Atem geriet, wenn er schrie, und sie versuchte ihn zu trösten: »Entspann dich, Baby, entspann dich.« Als er nicht reagierte, schüttelte sie ihn heftig, und er lief blau an. Dann überkam sie ein Schrecken, sie fing an zu schreien: »Hilfe, Polizei, Krankenwagen!« und hämmerte an die Tür von Nachbarn, die zögerten herauszukommen. Es erschienen andere Nachbarn, und zwei Männer versuchten, Jacob mit künstlicher Beatmung wiederzubeleben. Nach einer Zeit, die ihr wie eine Ewigkeit vorkam – in Wirklichkeit waren es etwa fünf Minuten –, traf ein Krankenwagen ein. Als sie ihren Mut zusammennahm, um nachzufragen, was mit Jacob passiert sei, sagte man ihr, er sei gestorben. An das, was danach geschah, erinnerte sie sich nicht mehr. Man erzählte ihr, sie habe seinen Körper nicht loslassen wollen und unaufhörlich geschrien: »Jacob, nein! Jacob, nein!« Man gab ihr eine Spritze, und sie wachte im Krankenhaus wieder auf. Um vier Uhr früh rief sie eine Freundin an, bat darum, nach Hause gefahren zu werden, und drei Stunden später rief sie mich an.

Als sie mit ihrer Geschichte zu Ende war, saßen wir beide eine Zeitlang ganz still da. Rachel fragte dann, ob ich meine, daß Jacob an einem Herzanfall gestorben sei, wie die offizielle Diagnose besagte. Sie hatte den Eindruck, ihn vielleicht zu sehr erregt zu haben, da sie ihn ein paar Tage nicht gesehen hatte. Sie dachte, er habe vielleicht die Ja/Nein-Beziehung, die sie hergestellt hatte, nicht mehr ertragen können. Ein früherer Liebhaber von ihr war geisteskrank geworden und wollte sich umbringen, und nun hatte sie Jacob getötet. Wer auch immer sie liebte, er wurde getötet.

Als ich Rachels Geschichte anhörte, war ich zunächst von ihrem Inhalt und von dem unaussprechlichen Schrekken, der damit einherging, überwältigt. Eine kurze Zeit

lang fühlte ich mich verängstigt und hilflos. Dann wurde
mir klar, daß dies auch Rachels Gefühle gewesen sein mußten, als sie dem Tod ihres Freundes gegenüberstand. Ich begriff, daß sie mit ihrem Wunsch, mir bei dieser Stunde ge-
genüberzusitzen, sicherstellen wollte, daß ich am Leben
war und wohlauf. Als mir allmählich ihre fürchterlichen
Schuldgefühle bewußt wurden und die Gefahr, daß sie sich
die Überzeugung zu eigen machte, tatsächlich eine Mörderin zu sein, entschloß ich mich, sie auf den Gegenpol des
Hasses hinzuweisen: die Liebe. Ich erinnerte Rachel daran,
daß sie Jacob sehr viel Liebe und Zuneigung geschenkt hatte und daß er in ihren Armen einen barmherzigen Tod gestorben war. Der Tod, der so qualvoll und einsam sein
kann, erfaßte ihn in einer Umarmung im Liebesakt. Dieser
Tod glich seiner Geburt – er wurde von einer Frau geboren
und starb inmitten der Liebe in einer Frau.

Es gab einen Moment des Schweigens, des Nachdenkens
und des Entdeckens. Rachel sah mich an, ihr Gesicht hellte
sich auf. Sie erinnerte sich nun daran, daß sie bei der Nachricht von Jacobs Tod das Gefühl hatte, aus dem Fenster
springen zu wollen. Als sie sich dann an ihre Verabredung
mit mir am nächsten Morgen erinnerte, befand sie, daß sie
es nicht tun könne. »Es war ohnehin nicht hoch genug«,
fügte sie mit einem Lächeln hinzu. An diesem Punkt begaben
wir uns auf den langen und mühsamen Weg, das Trauma
durchzuarbeiten, das Rachel in diesen wenigen dramatischen
Augenblicken erlebt hatte.

### 3. Phase – Durcharbeiten des aktuellen Traumas

Indem Rachel mich als inneres gutes Objekt benutzte, bestand ihre erste Entscheidung nach dem Trauma
darin, weiterzuleben. Sie projizierte jenen Teil ihres Selbst
auf mich, der gegen ihre Hilflosigkeit und ihre Depression
kämpfte, und sie fand in mir eine Kraftquelle, die sie in

ihrem Kampf mit dem Schuldgefühl und in ihrer Neigung
zur Selbstbestrafung ermutigte.

Zwei Sitzungen nach dem traumatischen Vorfall bat Rachel darum, sich wieder auf die Couch legen zu dürfen, um
»zur Normalität zurückzukehren«. Sie äußerte den Wunsch,
mit der Analyse aufzuhören, um eine Konfrontation mit ihrem Schmerz und ihrem Schuldgefühl zu vermeiden. Außerdem teilte sie mit, daß sie nicht an meine Fähigkeit glaubte,
ihr Leiden fassen und festhalten zu können. Als wir ihre
Unfähigkeit durcharbeiteten, mir zu vertrauen, gelangte sie
zu der Überzeugung, daß sie in mir eine Verbündete hatte,
mithin in ihrem Überlebenskampf nicht allein war. Erst
dann entschloß sie sich zu bleiben. Sie erinnerte sich oft an
meine Deutung, wie ihr Liebhaber in ihren Armen gestorben war, und dies half ihr, sich von dem Glauben zu befreien, daß sie eine Mörderin sei. »Bevor ich hierherkam,
dachte ich dauernd, ich hätte ihn getötet, und damit konnte ich nicht leben. Ihre Worte haben mich dazu gebracht,
das ganze Bild in einem anderen Licht zu sehen. Außerdem
ist es ohnehin größenwahnsinnig zu denken, ich hätte ihn
töten können.«

Rachel überwand ihren Wunsch, in der kritischen Phase
aus der Analyse wegzulaufen. Im Gegensatz zu dem
Schuldgefühl von früher, das ja Schwäche bedeutete, weil
es auf die Identifizierung mit der Hilflosigkeit des Vaters im
Holocaust zurückging, fühlte sie sich jetzt stärker, und sie
übernahm die Verantwortung für ihr eigenes Leben und
Wohlergehen. Dieses Gefühl erlaubte uns durchzuarbeiten,
in welcher Weise sie den Holocaust als Abwehr einsetzte:
Sie benutzte ihn zur Darstellung ihrer eigenen destruktiven
Wünsche, an die sie nicht herankam. Es wurde ihr bewußt,
daß die Welt der sechs Millionen Juden, die umgekommen
waren, für sie ein Fluchtort außerhalb des Lebens war, ein
schizoider Rückzug aus der Außenwelt. Gleichzeitig hatte
sie den Holocaust auch noch benutzt, um ihre ödipalen

Neigungen zu befriedigen und abzuwehren. Sie konnte nun sehen, in welchem Ausmaß der Holocaust als Verbindung zu ihrem Vater diente; es war der einzige Weg, ihrem Vater nahezukommen. Ihr wurde bewußt, daß sie durch das Leben in der Vergangenheit ihres Vaters, als ob sie vor ihrer eigenen Geburt schon bei ihm gewesen wäre, die Mutter und die Geschwister aus der von ihr geschaffenen Dyade ausschloß. In der Übertragung versuchte sie mich auszuschließen, indem sie meine Kenntnisse auf dem Gebiet des Holocaust in Frage stellte. Rachel erkannte nun, daß der Holocaust als Tarnung für ihre eigenen Sehnsüchte nach dem Vater gedient hatte, da es legitim war, die Welt der Verstorbenen zu betrauern. Im Bewußtsein der Doppelfunktion, die der Holocaust für sie erfüllte, und nach dem Durcharbeiten seiner Abwehraspekte unternahm Rachel einen wichtigen Schritt zur Trennung von ihrem Vater und von seiner traumatischen Vergangenheit. »Meine ganze Kindheit stand unter dem Einfluß einer Vergangenheit, die nicht meine eigene war«, sagte Rachel, »ich nahm sie auf mich, ich lebte in einer Welt, die nicht diese Welt hier war.«

Die Gespräche über ihre Begegnung mit dem Tod ermöglichten es ihr, die von dem Trauma hervorgerufenen Gefühle der Trauer und der Schuld zu revidieren. Da die Beziehung zu ihrem Freund sehr persönlich gewesen war, fühlte sie sich unfähig, ihre Trauer so offen auszudrücken, wie sie es gerne getan hätte. Und da sie weder Ehefrau noch Verwandte war, gab es für sie keinen gesellschaftlich zugelassenen Weg, um ihren Kummer zu teilen oder Trost entgegenzunehmen. In dieser Zeit hatte sie das Gefühl, daß sie nur in der Analyse das Recht hatte zu trauern. Immer wieder kam sie auf die Nacht des Traumas zurück, arbeitete ihre Gefühle des Verlustes und der Schuld durch und versuchte sie zu überwinden.

Rachel sah ihre Trauer um die Opfer des Holocaust nunmehr in einem anderen Licht. »Sehen Sie nur, wie wir die

Dinge deformiert haben! Statt zu sehen, was wir von den europäischen Juden lernen könnten, trauern wir die ganze Zeit um sie. Es ist so, als ob sie dafür gestorben wären, daß wir traumatisiert werden und um sie trauern konnten.«

Ihr Konflikt bestand nun aus einem fortwährenden Kampf zwischen ihrer eigenen selbstzerstörerischen Neigung und ihren Impulsen zur Wiederherstellung. Die allmähliche Auflösung ihrer depressiven Angst wurde durch eine Reihe von Akten der Wiederherstellung erreicht. Rachel bemühte sich darum, ihre »multiple Identifizierung mit verschiedenen Sprachen und Fahnen« (Rosenfeld, 1986) durch den Erwerb einer neuen Identität und durch die israelische Staatsbürgerschaft zu verändern. Bislang immer auf dem Sprung, ihren Arbeitsplatz und ihren Beruf aufzugeben, entschloß sie sich nun, in ihrem Arbeitsbereich zu bleiben, und sie fand eine geachtete Position. Obwohl ihre neue Arbeitsstelle in einer anderen Stadt war, entschloß sie sich, am selben Wohnort zu bleiben und zur Arbeit zu pendeln, um für die Analyse in der Nähe zu sein. Sie versuchte, sich ein eigenes Heim zu schaffen, und kaufte eine nette Wohnung, die sie selbst einrichtete. Die Wohnung, die ihr neues Selbst symbolisierte, war bequem, geschmackvoll eingerichtet und voller Pflanzen – völlig anders als ihre vollgestopfte und unordentliche Bleibe in den USA.

Rachel beschrieb sich nun als »nicht mehr unverbunden. Ich fühle mich verbunden. Wenn ich hier über meine Gegenwart spreche, bin ich in der Gegenwart. Vielleicht könnte ich versuchen, von der Gegenwart wegzulaufen, sie mit der Vergangenheit meines Vaters zu verbinden, aber es funktioniert nicht mehr...«

Was die Objektbeziehungen betraf, so begann Rachel nach Liebe und Befriedigung im eigenen Leben zu suchen. Im Vergleich zu ihrer Selbstwahrnehmung vor dem Trauma – ein Ersatz für den ersten Sohn des Vaters zu sein – fühlte sie sich jetzt weiblicher. Eine Veränderung ergab sich auch

darin, wie sie sich, in der Beziehung zu mir, selbst wahrnahm, da ihr Ich nun weniger gespalten war. »Ich habe
nicht das Gefühl, daß ich für Sie nur ein Unbewußtes bin
oder ein Symbol der zweiten Generation. Sie behandeln
mich wie eine Person.« Sie fand, daß die Analyse ebenso
wie die Liebe, die sie von ihrem verstorbenen Freund empfangen hatte, sie ihrer realen Bedürfnisse bewußt werden
ließ. Sie brachte zwar immer noch infantile Wünsche nach
Liebe und Schutz zum Ausdruck, aber sie wollte auch ihre
Liebe jemandem schenken – in der Übertragung mir. Trotz
ihrer häufig vorkommenden Ängste, ich könnte ebenfalls
sehr schnell aus ihrem Leben verschwinden, fand sie nun,
daß das einzige, was für sie wirkliche Bedeutung hatte, unsere tiefe, emotionale Beziehung war. Nachdem sie die Lebenskräfte in ihrem Inneren gestärkt hatte, ließ Rachel sich
wieder auf eine Beziehung ein. Diese Beziehung (zu einem
Kollegen, der ihren früheren Freund gekannt hatte) half ihr,
trotz vorhandener Probleme, ihre Ängste zu überwinden,
daß sie auf die Menschen, die sie liebte, emotional und
körperlich destruktiv wirkte.

### 4. Phase – Die Entstehung eines eigenständigen Selbst

Rachels Fortschritte erleichterten die weitere analytische Arbeit, deren Ziel die Trennung von der Mutter
war. Diese Phase dauerte ungefähr zwei Jahre.

Rachels ambivalente Einstellung zu ihrem neuen Freund
sowie ihre entsprechende Beziehung zu mir in der Übertragung wiesen darauf hin, daß die Trennung von ihrer Mutter
trotz der Leistungen in der vorherigen Phase noch nicht
vollzogen war. Rachel lehnte es ab, ihren Freund zu heiraten, der ihr die Möglichkeit anbot, zusammen eine Familie
zu gründen. Sie war nicht in der Lage, eine reife Bindung
zu ihm einzugehen. Sie sah ihn als eine kontrollierende und

manipulierende Figur und behauptete, er entspreche ebenso
wie ihr früherer Freund nicht den Maßstäben ihrer Familie
(das heißt, den Erwartungen ihrer Mutter im Hinblick auf
einen zukünftigen Schwiegersohn). Rachel hatte das Gefühl, der Wiederaufbau ihres Lebens könne nur auf Kosten
der Gesundheit ihrer Mutter erfolgen, als ob die Trennung
dazu führen würde, eine tote Mutter zurückzulassen. In
dieser Hinsicht kam Rachel auf Erinnerungen an ihre späte
Adoleszenz und an das frühe Erwachsenenalter zu sprechen, als die Mutter heftig reagierte, wenn sie mit Männern
ausging (sie regte sich unmäßig auf und lag danach tagelang krank im Bett). Das hatte dazu geführt, daß Rachel
sich jahrelang auf keine Verabredungen mehr einließ. Rachel lernte, ihr Privatleben vor der Mutter und vor der Welt
zu verbergen, und sie bekannte sich niemals öffentlich zu
einer Beziehung, um den Zorn der Mutter zu vermeiden.

Sowohl in der Übertragung als auch in der Beziehung zu
ihrem Freund suchte Rachel nach der Fürsorge, der Kontrolle und der Manipulation, die sie von seiten ihrer Mutter
erlebt hatte.

In der Analyse versuchten wir Rachels widerstreitende
Wünsche und Erwartungen mir gegenüber durchzuarbeiten. Einerseits sehnte sich Rachel nach der Erfüllung ihrer
infantilen Bedürfnisse, indem sie mir die Rolle der präödi-
palen Mutter zuwies; andererseits versuchte sie mich in die
kontrollierende phallische Mutter zu verwandeln, die sie
haßte, indem sie mich dazu drängte, für sie Entscheidungen
zu treffen und Verantwortung für ihr Leben zu übernehmen. Meine Weigerung, diese Rollen zu übernehmen, deutete sie als Gleichgültigkeit und mangelnde Fürsorge. Ich
verhalf Rachel zu der Einsicht, daß ich ihre Freiheit ein-
schränken und schließlich unsere Beziehung zerstören würde, wenn ich ihre Wünsche erfüllen würde.

In der Analyse folgte eine schwierige Zeit. Rachel versuchte vor ihrer Ambivalenz mir gegenüber davonzulaufen,

indem sie immer und immer wieder über ihr Dilemma sprach. Sie schwankte, ob sie ihren Freund heiraten oder ihn verlassen sollte. Da ich mich weigerte, für sie Entscheidungen zu treffen, wurde sie wütend und war enttäuscht. Aus Angst, ihre aggressiven Wünsche mir gegenüber könnten mich vernichten, gestattete sie sich nicht, sie offen auszusprechen. Statt dessen agierte sie sie in der folgenden Episode: Rachel ließ ihre übliche Sitzung ausfallen, ohne mich zu benachrichtigen, und fuhr statt dessen zu einem Rabbi, der angeblich die Lösung für ihr Problem liefern sollte. Mit dieser Handlung versuchte Rachel mir zu zeigen, wie unergiebig und nutzlos ich für sie war.

In dieser Analysephase hatte ich zuweilen ein Gefühl der Hilflosigkeit. Ich war mir nicht mehr sicher, ob meine aufgrund aus früheren Analyseabschnitten gezogenen Schlußfolgerungen über Rachels Fähigkeiten, erwachsen zu werden, richtig waren. Außerdem begann ich an meiner Rolle als Analytikerin in einer Beziehung zu zweifeln, die nunmehr festgefahren und endlos erschien. Allmählich wurde mir bewußt, daß diese Zweifel darauf zurückgingen, daß Rachel starke aggressive Neigungen unbewußter Natur gegen mich gerichtet hatte, die beinahe meinen Glauben an mich selbst und an die Zukunft unserer gemeinsamen Arbeit zerstörten. In der Übertragung folgte eine komplizierte Offenlegung ihrer feindseligen Wünsche mir gegenüber. Wir sahen ein, daß ihr früheres Verhalten, als sie sich in der Analyse an mich klammerte, eine Art Vergewisserung war, daß ich trotz ihres Wunsches, mich zu vernichten, immer noch da war. Daß sie mich ablehnte (indem sie Deutungen der Übertragung ignorierte), ging darauf zurück, daß sie Angst davor hatte, in der Beziehung sich selbst zu verlieren. Als Ergebnis des Durcharbeitens sah Rachel ein, daß ich ihre Aggression festhalten konnte, ohne dabei zerstört zu werden (die Hoffnung zu verlieren); außerdem hatte sie ein Gefühl des Zusammenseins in der Analyse, das nicht nur kein Hindernis war, sondern ihr vielmehr dabei half, als Individuum zu wachsen.

Das Durcharbeiten ihrer feindlichen Gefühle mir gegenüber in der Übertragung führte Rachel dazu, die komplizierte Beziehung zu ihrem inneren mütterlichen Objekt zu entdecken und deutlich zu machen. Ihre emotionale Erfahrung mit mir während der Übertragung half ihr dabei, den magischen und allmächtigen Gedanken aufzugeben, daß sie durch den Aufbau eines eigenen Lebens ihre Mutter zerstören würde. Sie gewann die Überzeugung, daß die Trennung nicht unbedingt ein gewaltsamer und zorniger Bruch sein mußte. In der Übertragung erlebte sie mich als jemanden, der fähig war, sie loszulassen und zu überleben, und allmählich gewann sie sogar den Eindruck, daß ihr Reiferwerden für mich eine Quelle der Befriedigung war. Ein Ergebnis ihrer Erfahrung mit mir war, daß sie trotz der Angst, die sie immer noch hatte, den Wunsch äußerte, ihr Leben im Versteck aufzugeben und eine eigene Familie zu gründen.

Indem sie mich als eine Verbündete im Kampf um die Trennung einsetzte, entschloß sich Rachel dazu, ihre Eltern mit der Bitte um die Zustimmung zu ihrer Heirat zu konfrontieren. Es folgte ein kurzer, aber heftiger Streit, bei dem die Mutter sich wiederum unnachgiebig zeigte, ihre Tochter gehen zu lassen. Diesmal war Rachels Reaktion anders. Sie brach unter der Last der Anschuldigungen, des Schuldgefühls und der Aggression, die ihr aufgebürdet wurde, nicht mehr zusammen. Vielmehr erkannte sie, daß die Schwierigkeit der Mutter, sich von ihr zu trennen, sie als Tochter nicht daran hindern mußte, ihre eigenen Wünsche durchzusetzen. Schließlich gaben beide Eltern dem Paar ihren Segen.

Rachels Kampf mit sich selbst und mit ihren Eltern war am Ende von Erfolg gekrönt. Die Hochzeit fand während des vierten Jahres der Analyse bei mir statt, und etwas später wurde sie schwanger. Im Gegensatz zu ihrem langen Kampf um die Fähigkeit, mit jemandem zusammenleben zu können, war ihr Wunsch nach der Mutterschaft konfliktfrei. In dieser Zeit konnten wir ihre Angst vor der Entbindung ebenso durcharbeiten wie die Freude, die damit verbunden war. Rachels Schwangerschaft machte es uns außerdem möglich, verschiedene Themen nochmals durchzugehen, mit denen wir uns am Anfang der Analyse befaßt hatten: als erstes ihre Suche nach der idealen Mutter, der früheren Frau ihres Vaters. Rachel kam auf dieses Thema im Zusammenhang mit einer Freundin zu sprechen, die nicht schwanger werden konnte und einen Säugling von äthiopischen Einwanderern adoptierte. Rachel glaubte, daß dieses Kleinkind später, als Erwachsener, in die eigene Gemeinschaft zurückkehren werde, um nach der richtigen Mutter zu suchen. Wir brachten dies in Verbindung damit, daß Rachel, die immer schon das Gefühl gehabt hatte, das schwarze Schaf in der Familie zu sein, aus demselben Grund nach Israel gekommen war. Rachel hatte das Gefühl, seither einen weiten Weg zurückgelegt zu haben. Aufgrund ihrer Erfahrung in der Analyse konnte sie die Idealisierung der ersten Frau ihres Vaters ebenso durcharbeiten wie den Zorn gegen ihre Mutter. Sie lud sie ein, nach der Entbindung bei ihr zu bleiben, und hofft auf ihre Hilfe und Unterstützung.

Die Frage nach dem Namen des Säuglings brachte uns ebenfalls mit der Vergangenheit in Verbindung. Rachel schwankte zwischen dem Namen, den das verstorbene Mädchen ihres Vaters getragen hatte, und einem modernen hebräischen Namen. Aus Achtung vor der Vergangenheit entschied sie sich für einen Kompromiß. Der Name des verstorbenen Kindes wurde als zweiter Name benutzt. »Im Alltagsleben wird das Kind beim ersten Namen genannt werden«, sagte Rachel, »es ist Zeit, der Geschichte ein Ende zu machen.«

Im vergangenen Jahr, zufrieden mit ihrer Ehe und dem

Leben, brachte Rachel die Frage nach der Beendigung der Analyse auf. Im Rückblick bewertet sie den Prozeß ihres Erwachsenwerdens. »Mit der Heirat entschloß ich mich irgendwie, normal zu werden. Ich hätte mein Leben sehr wohl ohne eine Familie verbringen können. Ich hätte auch nicht heiraten können. Ich hätte nicht schwanger werden können. Ich bin glücklich darüber, meinen Mann in der Entbindungsstation bei mir zu haben.«

Vor kurzem teilte Rachel mir mit, daß sie eine vertrauenswürdige Hebamme gefunden habe, die ihr bei der Entbindung helfen werde. In der Übertragung verstanden wir dies so, daß ich die Hebamme war, die ihr half, ihr neues Selbst auf die Welt zu bringen.

Ich stimmte Rachels Bitte nach Beendigung der Analyse zu. Während der verbleibenden letzten Monate befaßten wir uns mit den Ängsten, die sie deswegen hatte, sowie mit ihrem Wunsch nach Unabhängigkeit. Ähnlich wie Rachel hatte ich ein gutes Gefühl dabei, daß ihre »unendliche« Analyse schließlich an ein Ende gelangte.

## Diskussion

Ich möchte nun die folgenden Themen noch etwas genauer betrachten: a) Rachels Bedürfnis nach Konkretisierung; b) den Einfluß der erneuten Traumatisierung und deren Durcharbeitung in der Analyse; c) den Prozeß der Differenzierung und des Wachstums, der sich aus der analytischen Erfahrung ergab.

a) Im ersten Teil der Analyse versuchten wir Rachels Selbst durch das Aufdecken von Familiengeheimnissen zu finden (Gampel, 1982). Wir arbeiteten das besondere Bündnis durch, das zwischen Rachel und ihrem Vater bestand, der sie dazu brachte, seine Vergangenheit in ihrem Leben nachzuahmen. Dieses besondere Bündnis weckte bei Rachel das Gefühl, daß sie das Geheimnis ihres Vaters geteilt hatte, ohne es wirklich zu kennen; so, als ob sie immer schon bei ihm gewesen wäre, auch vor ihrer Geburt (Klein, 1973 a). Spuren dieses Wissens wurden ihr vermutlich durch Geschichten übermittelt, die sie wohl vergessen hatte oder die sie ohne Worte erfahren hatte. Nachdem das Geheimnis ihres Vaters aufgedeckt war, hatte Rachel das Bedürfnis, die Konflikte und Phantasien, die sie in diesem Zusammenhang hatte, durch eine Externalisierung der Vergangenheit zum Ausdruck zu bringen. Sie ahmte das Drama ihres Vaters auf konkrete Weise nach, indem sie verschiedene Rollen spielte und mir bei der Übertragung komplementäre Rollen zuwies. Die Konkretisierung ihrer Wünsche zu Beginn der Analyse spiegelten ihre Vermischung von Selbst und Objekt, von Vergangenheit und Gegenwart, Phantasie und Realität (Bergmann, 1982).

b) Rachels Begegnung mit dem Tod ermöglichte eine Reaktivierung und Umbildung ihrer sadomasochistischen Phantasien bezüglich der ersten Familie ihres Vaters. Ein Ergebnis des neuerlichen Traumas war, daß sie Trauer und Schuld auf eine ganz persönliche Weise erlebte. Die Schein-Trauer um die Massen, die vernichtet worden waren (Kestenberg, 1982, 1989, nennt sie »Transposition« – »Verschiebung« oder »Verlagerung«), verwandelte sich in echte Trauer; ihre »Verfolgungs-Schuld« verwandelte sich in »depressive Schuld« (Grinberg, 1964).

Meine Deutung des tragischen Vorfalls, die Rachel den Gegenpol des Hasses zeigte, nämlich die Liebe, baute auf der Verbindung auf, die Freud zwischen diesen Gefühlen und den Lebens- und Todeskräften gezogen hatte. Freud schrieb: »Wir sind von der großen Gegensätzlichkeit von Lebens- und Todestrieben ausgegangen. Die Objektliebe selbst zeigt uns eine zweite solche Polarität, die von Liebe (Zärtlichkeit) und Haß (Aggression). Wenn es uns gelänge, diese beiden Polaritäten in Beziehung zueinander zu bringen, die eine auf die andere zurückzuführen!« (Freud, 1920g, Stud. III, S. 262).

Rachel benutzte meine Deutung, um sich vom eingebildeten Verbrechen des Mordes freizusprechen, weil es ihr half, »die Verknüpfung von aktuellem Trauma und frühen narzißtischen Phantasien zu lösen« (Moses, 1978). Die Folge einer erneuten Traumatisierung von Personen, die bereits an einem von den Eltern übermittelten Trauma leiden, wurde in meinem Aufsatz »Working through the Vicissitudes of Trauma in the Analysis of Holocaust Survivors' Offspring« (Kogan, 1989a) ausführlich behandelt.

c) In der letzten Analysephase erreichte Rachel über das Durcharbeiten der Trennung von ihrer Mutter eine größere Reife und Wachstumsfortschritte. Sowohl in der Übertragungsbeziehung als auch im alltäglichen Leben steckt Rachel im Zustand eines chronischen Dilemmas, das ihrer ödipalen Entwicklung vorherging.

Rachel unterhielt mit mir eine »Hinein-und-hinaus-Beziehung« (Guntrip, 1980: »In and Out-Relationship«), bei der sie das Risiko einging, sowohl mich als auch sich selbst zu verlieren. Dies war darauf zurückzuführen, daß sie der besonderen, für die Kindheit charakteristischen Abhängigkeit von Liebesobjekten noch nicht entwachsen war. Sie hatte Angst, in der Beziehung entweder verschlungen zu werden und dadurch ihre eigene Identität zu verlieren, oder mich zu zerstören, indem sie mich in sich absorbierte. Ihre Bedürfnisse kamen in der nachdrücklichen Forderung zum Ausdruck, ich solle mich um ihren Körper kümmern (indem ich überprüfte, ob sie aß, schlief und defäzierte); ein Wunsch, von dem sie gewöhnlich absah, wenn sie sich abgelehnt oder aufgeregt fühlte. Ähnlich wie ein Kind hielt sie ihre Bedürfnisse für äußerst dringend und lebenswichtig, und wenn ihnen nicht umgehend entsprochen wurde, brachen Panik und Wut aus. Diese »Bedürfnisbeziehung« (Winnicott, 1964) mir gegenüber hatte in der Übertragung einen gefährlich intensiven und destruktiven Aspekt. Deutlich wurde mir dies an meinen Gefühlen der Hilflosigkeit und an meinen Zweifeln im Hinblick auf meine analytische Rolle in dieser Phase. Rachel versuchte mich in meiner Eigenschaft als Analytikerin zu zerstören, weil ich ihre infantilen Bedürfnisse nicht befriedigte. Es folgte ein Kampf mit ihrem regressiven Drang, des Trostes und der Sicherheit wegen mit mir verschmolzen zu bleiben. Mit ihrem unbewußten aggressiven Angriff zielte Rachel darauf, sich von mir abzusondern und ihr eigenes Selbst zu finden. Die analytische Erfahrung, daß ich die Aggression überlebte, ohne zerstört zu werden (Winnicott, 1971), versetzte sie in die Lage, sich von mir zu trennen und mit ihrer Ambivalenz mir gegenüber zurechtzukommen.

Gleichzeitig veränderte sich die Objektrepräsentanz ihrer Mutter als einer kalten, eindringenden Frau, die sie durch anale Kämpfe zu beherrschen versuchte. Damit erschien ihr die Mutter als weniger allmächtig und weniger bedrohlich. Das Ergebnis davon war, daß Rachel sich nicht mehr so schuldig fühlte und sich selbst gegenüber weniger destruktiv eingestellt war. Der Vorgang, der in der Übertragung ablief, wiederholte den gesamten Entwicklungsprozeß einer normalen Mischung aus Abhängigkeit und Unabhängigkeit, wie sie für den reifen Erwachsenen kennzeichnend ist. Ich möchte mit Winnicotts Aussage über die Endlichkeit der Analyse schließen: »Es gibt viele Patienten, die uns brauchen, weil wir ihnen die Möglichkeit verschaffen können, uns zu benutzen. Darin besteht für sie die analytische Aufgabe (…) Es wird ein Hintergrund der unbewußten Zerstörung des Analytikers aufgebaut, und entweder überleben wir dies, oder es wird eine weitere unendliche Analyse geben« (Winnicott, 1971; deutsche Übersetzung S. 110; Übersetzung geändert). Rachels Analyse, ein beinahe lebenslanger Prozeß, gelangte schließlich an ein Ende.

# 3 Die zweite Haut

>»Die alten Weisen hatten recht: alles ist im
Ich enthalten, und ich bin es, den ich befrage,
um meinen Vater zu verstehen.«
Elie Wiesel (1986)

In diesem Kapitel wird die Beziehung zwischen
Selbst, Körper und Objekt untersucht, wie sie durch die
Analyse der Tochter eines Holocaust-Überlebenden illu-
striert wird. In der Behandlung machte die Patientin am
Anfang ihr zerbrochenes Selbst und ihr Bedürfnis nach
einem emotional festhaltenden Objekt durch Körperemp-
findungen deutlich. Ihr etwas späterer Versuch, mit Hilfe
von Zeichnungen zu kommunizieren, lag ungefähr in der
Mitte zwischen der präverbalen Körpersprache und der
Verbalisierung des Kindes. Diese Phase bahnte den Weg zur
Rekonstruktion des Selbst in der Analyse mit ihren sprachlichen Mitteln der Kommunikation.

In dieser Fallillustration nahm die Patientin die Analyseerfahrung als eine »zweite Haut« wahr – als einen emotionalen »Container« oder Behälter, der verschiedene Aspekte
ihrer Persönlichkeit zusammenzuhalten vermochte.

## Einleitung

Die Verbindung zwischen Körper und Selbst wurde von Freud (1923b) wie folgt definiert: »Das Ich ist
vor allem ein körperliches, es ist nicht nur ein Oberflä-
chenwesen, sondern selbst die Projektion einer Oberfläche« (1923b; Stud. III, S. 294).[1] Damit wies Freud auf einen

der wichtigsten Faktoren der Grundlage unserer Identität hin.

Hoffer (1950) behauptete, die Unterscheidung zwischen Selbst und Nichtselbst gehe darauf zurück, wie man den eigenen Körper erlebe und was anschließend zur Umwelt werde; dies beruhe auf zwei Sinnesempfindungen von derselben Qualität, hervorgerufen durch die Hand des Säuglings, die seinen eigenen Körper berührt. Dieser Faktor trägt zum Prozeß der strukturellen Differenzierung bei.

Mahler (1975) wies darauf hin, daß das Ich zunächst in der Matrix der narzißtischen Beziehung und später in der Objektbeziehung zur Mutter funktioniert. Wenn die Fähigkeit des Kindes, die Mutter als »Leitstern zur Orientierung in der Welt der Realität« (Mahler, 1968) zu benutzen, mangelhaft sei, könne der Ich-Apparat, der üblicherweise in der Matrix der »gewöhnlichen hingebungsvollen« Bemutterungsbeziehung (Winnicott, 1962) heranwachse, sich nicht entwickeln; oder nach Glovers Worten (Glover, 1956a): Die Ich-Kerne fügen sich nicht zusammen, sondern fallen auseinander.

Bick (1968) machte diesen Gedanken aus einer anderen Perspektive deutlich. In ihren Augen fungiert die Haut des Körpers als Grenze, die eine innere Bedeutung hat: Sie hält die verschiedenen Teile der Persönlichkeit zusammen, die in ihrer primitivsten Form keine Kraft zu besitzen scheinen, die sie miteinander verbindet. Diese innere Funktion des Zusammenhaltens von Teilen des Selbst hängt anfänglich von der Introjektion eines äußeren Objektes ab, das als zu dieser Leistung fähig erlebt wird. Kinder, die keine Gelegenheit haben, sich mit einem zusammenhaltenden Objekt zu identifizieren, leiden an mangelhafter Selbst-Integration und einer beeinträchtigten Differenzierung zwischen inneren und äußeren Räumen.

Anzieu in seinem Buch *Le Moi-Peau* (1985) und Houzel in der Sammlung von Aufsätzen Anzieus und seines Teams

(*Psychic Envelopes*, 1987) entwickelten Freuds Gedanken vom Ich als Struktur mit genauer psychischer Funktion weiter; der Funktion nämlich, psychische Erregung zu binden und das ungehinderte Fließen von Erregungsquantitäten in der Psyche zu hemmen (Freud, 1895). Das Ich ist die Oberfläche, welche die Grenze zwischen der inneren und der äußeren Welt des Individuums zieht, zwischen der inneren psychischen Welt und der psychischen Welt anderer; eine Oberfläche, die Anzieu und Houzel als »psychic envelope«, als »psychische Hülle« bezeichnen.

Pines (1980) wies auf die grundlegende Bedeutung der Haut bei der Entwicklung des Selbst hin. Er betrachtete die Haut als Mittel der Kommunikation zwischen Mutter und Kleinkind, wobei die Mutter die haltende Umwelt gewährt. Auf diese Weise wird die primäre Identifizierung des Selbst festgelegt.

In der nachfolgenden Fallillustration sind beide Introjekte unzulängliche Objekte. Der traumatisierte Elternteil verwandelte in seiner verzweifelten Suche nach einem Objekt, das ihm als mögliche Verbindung zwischen den disparaten Teilen seiner Persönlichkeit dienen könnte, das Kind in einen »container«, in eine zusammenfassende und haltende Instanz. Statt die Rolle einer inneren schützenden Haut zu erfüllen, errichtete der Erwachsene zwischen sich und dem Kind eine durchlässige Membran, die verhinderte, daß er selbst als Behälter [container] dienen konnte.

Die Analyse deckte das fragmentierte Selbst der Patientin auf, das mangels eines fassenden und behaltenden Objektes entstanden war, sowie die Übertragung der symbolischen Repräsentanz des Objekts auf den eigenen Körper der Patientin (Szasz, 1957).

## Falldarstellung

*Hinweise und Bewertung*

Ruth, eine sechsundzwanzigjährige Frau, seit sieben Jahren verheiratet und Mutter zweier Töchter, die damals zwei und fünf Jahre alt waren, wurde durch eine Bekannte der Familie an mich verwiesen, die dringend um meine Konsultation bat, weil sie Angst hatte, daß Ruth ihre Selbstmorddrohung wahr machen würde.

Ich führte eine große, hellhäutige Frau um die Vierzig in mein Wartezimmer; hinter ihr versteckte sich ein Mädchen, das wie eine Halbwüchsige aussah. Die Erscheinung des Mädchens wirkte seltsam; es war klein, mager und unterentwickelt, das Gesicht voller Akne.

Die Frau erklärte, daß sie für Ruth einen Termin vereinbart habe und gerne bis zum Ende der Sitzung auf sie warten wolle. Das Mädchen tauchte hinter der Frau auf, machte einen Knicks, bat um ein Glas Wasser, eilte zur Toilette und näherte sich dann meinem Sprechzimmer, wobei es unterwegs verstohlen in die anderen Räume blickte.

Bei der ersten Begegnung ging es um Ruths Gefühle, ihr Leben sei nutzlos; um den Wunsch, dieses Leben zu beenden und um den fehlenden Mut dazu. Vor kurzem hatte sie angefangen, auf hohe Gebäude zu steigen, und mit dem Gedanken gespielt, sich hinunterzustürzen, aber sie hatte eine zu große Angst davor, diesen Impuls auszuagieren. Als sie mir ihre Lebensgeschichte erzählte, griff sie sich mehrere Kugelschreiber von meinem Schreibtisch und begann ein merkwürdiges Spiel damit zu spielen: Sie nahm die Kugelschreiber rasend schnell auseinander und setzte sie langsam wieder zusammen. Als ich sie beobachtete, wie sie aus den verstreuten Einzelteilen wieder ein Ganzes zusammenfügte, verstand ich die Botschaft, die sie mir mit ihrem Spiel übermitteln wollte – ihren Wunsch, ich sollte die Fragmente ihres eigenen, zerbrochenen Selbst wieder zusammenbauen und sie mit einer lebenspendenden Kraft zusammenbinden.

Ruth war in Südafrika geboren und vor mehreren Jahren nach Israel emigriert. Sie hatte zwar die High School und das College besucht, sich aber nie für längere Zeit an einer Arbeitsstelle halten können. Ihre Übersiedlung nach Israel und das Zusammenleben mit der Familie ihres Ehemannes betrachtete sie als »Herauskommen aus der Gosse«.

Seit sie sechzehn war, lebte Ruth nicht mehr zu Hause und wechselte ihre Wohnungen und Arbeitsstellen; sie wurde promiskuös, experimentierte mit Drogen und konnte kaum für sich selbst sorgen.

Obwohl sie einen liebenswürdigen Ehemann und zwei entzückende Kinder hatte, empfand Ruth ihr Leben als ein Gefängnis. Sie versuchte ihm zu entfliehen – manchmal, indem sie von zu Hause weglief, andere Male durch Selbstmordversuche.

Ruth hatte mehrere kurze Begegnungen mit psychiatrischen Hilfseinrichtungen gehabt: als sie dreizehn war, nachdem sie eine große Menge Pillen geschluckt hatte, um »high« zu werden; im Alter von sechzehn, nach einer »Beinahe-Vergewaltigung« in einem Therapiezentrum für Vergewaltigungsopfer; und im Alter von neunzehn nach einem Autounfall. Trotz einer generell abfälligen Haltung gegenüber der Psychiatrie empfand Ruth ihre therapeutischen Begegnungen als sehr hilfreich.

Es war mir sehr bewußt, daß Ruth sofortige intensive Hilfe brauchte, und ich empfahl in diesem Stadium eine psychoanalytisch orientierte Psychotherapie als die beste Behandlungsart. Ruth äußerte den Wunsch, meinen Vorschlag mit ihrem Ehemann zu besprechen; sie wollte seine Zustimmung, daß er die Behandlung bezahlte, da sie zur Zeit keine Arbeit und kein eigenes Einkommen hatte.

Einige Tage später rief Ruth mich an und fragte, ob ich sie zusammen mit ihrem Mann empfangen könne. Ich stimmte zu, und sie kamen zusammen in meine Praxis. Ihr Gatte war ein gutaussehender junger Mann von kräftigem Körperbau, in Militäruniform, hinter dem sich das seltsame kleine Mädchen versteckte. Der junge Mann schien über die von ihm so bezeichneten »Flausen« seiner Frau ziemlich erbost zu sein. Er war der Meinung, wenn sie sich dazu entschließen würde, daß sie »in Ordnung« sei, dann brauchte sie gar keine Hilfe. Er selbst glaubte nicht an Psychologie und zweifelte an dem, was ich für sie tun könnte. Er war Berufssoldat, seine Karriere war ihm sehr wichtig, und er verbrachte viel Zeit auf Auslandsreisen. Die Launenhaftigkeit seiner Frau irritierte ihn sehr.

Ich spürte, daß der junge Mann sich von der ganzen Situation bedroht fühlte. Ich räumte ein, daß es schwierig für die beiden gewesen sein mußte, um Hilfe zu bitten. Ich gab meiner Überzeugung Ausdruck, daß Ruth Hilfe brauchte, und fügte hinzu, daß ich sie einer Kollegin empfehlen könnte, die wahrscheinlich sofort Zeit haben würde. Der junge Mann reagierte, indem er seine Befürchtungen äußerte: Seine Frau habe verschiedene Versuche unternommen, vom achten Stockwerk ihres Wohnhauses zu springen, und er habe Angst, sie allein zu lassen, wenn er auf Reisen sei. Er bat mich, sie zur Behandlung aufzunehmen, und obwohl es für ihn schwierig sei, die Bezahlung zu regeln, wollte er einen Weg dafür finden.

Mich verblüffte die elterliche Art, wie der Ehemann über seine kindliche Frau sprach. Seine äußerliche Haltung war die eines Elternteils, der sein unfolgsames Kind zur Therapie bringt, damit ihm Disziplin und anständiges Verhalten beigebracht werde, auch wenn ihn ihre Selbstmorddrohungen innerlich erschreckten.

Während dieses Gesprächs saß Ruth ganz ruhig da und äußerte kein Wort.

Zwei Tage später, an einem Wochenende, erhielt ich einen Anruf von Ruth, die sich keine Gedanken darüber zu machen schien, daß sie vielleicht aufdringlich war. Sie plapperte drauflos und war überglücklich. Ihr Mann habe wohl eine Lösung gefunden: Er habe »Daddy« im Ausland angerufen und ihn gebeten, für die Kosten der Behandlung aufzukommen. Nachdem er die Zustimmung des Vaters erhalten hatte, beschloß Ruths Ehemann, die Hälfte des Geldes »für die Familie« zu behalten und den Rest für die Therapie zu verwenden. Ruth wollte sobald wie möglich einen Termin bei mir bekommen, um mit ihrer Behandlung zu beginnen.

In meiner Gegenübertragung spürte ich ein großes Gewicht auf mir lasten. Wollte ich wirklich die Behandlung dieser kindlichen, kranken Person auf mich nehmen, die jetzt schon in einer überaus fordernden Art in mein Leben eindrang? War ich bereit, die dauernden Prüfungen zu ertragen, die mich erwarteten, besonders ihre selbstzerstörerischen Neigungen? Konnte ich der Möglichkeit ins Auge sehen, in diesem Fall zu scheitern, und war mir nicht bereits die Last aufgetragen worden, um ihr Leben zu kämpfen?

In dieser Nacht hatte ich einen Traum, der nur bestätigte, wie verängstigt ich bei der Aussicht auf Ruths Behandlung war. In meinem Traum sah ich Ruth auf einem Fensterbrett im achten Stockwerk stehen, als ich von meinem Büro zu ihr hochsah. Eines von Ruths Beinen wippte aus dem Fenster, sie sah zu mir hinunter, versuchte zu springen und machte sich über mein Erschrecken lustig. Ich erwachte mit einem Ruck, war mir meiner Angst bewußt, empfand aber auch eine Verpflichtung gegenüber dieser Frau. Ich empfand den Omnipotenzwunsch, den sie in mir geweckt hatte, sie bei ihrem Sprung aufzufangen. Ich spürte, daß dies eine sehr schwere Aufgabe sein würde, doch sie würde in mir das Gefühl wecken, des Mordes schuldig zu sein, wenn ich sie allein ließe. Als ich meine Gefühle der Gegenübertragung durcharbeitete – die Angst, die Schuldgefühle und der Retterkomplex, den sie in mir ausgelöst hatte –, war mir klar, welch eine schwere Last ich auf mich nahm. Trotzdem oder gerade deswegen entschloß ich mich, Ruth als Patientin anzunehmen. Ich teilte ihr mit, daß wir in der kommenden Woche mit der Behandlung beginnen würden.

## Fallgeschichte

Ruth ist das älteste Kind in einem komplizierten Familiengeflecht, bestehend aus der Mutter, einem Stiefvater, einer anderthalb Jahre jüngeren Schwester und einer gleichaltrigen Stiefschwester.

Beide Eltern Ruths hatten sehr traumatische Lebensgeschichten durchgemacht. Bis zum Alter von acht Jahren hatte Ruths Mutter in einem Waisenhaus gelebt, in einer Umgebung körperlicher und seelischer Entbehrungen. Mit acht Jahren wurde sie von einem Baptistenehepaar adoptiert, das ihr Fürsorge und Zuneigung zuteil werden ließ. Sie heiratete mit achtzehn und brachte mit neunzehn Ruth zur Welt. Ruths Mutter hatte eine schwierige Entbindung und wurde bei der Geburt für klinisch tot erklärt. Als Säugling litt Ruth während der Stillzeit an einer schweren Störung wegen einer offenen Speiseröhre und erbrach fast alle Nahrung, die sie aufnahm. Nach der Geburt des zweiten Kindes, ebenfalls eines Mädchens, anderthalb Jahre später, riet man Ruths Mutter von einer weiteren Schwangerschaft ab, da jede Entbindung für sie lebensgefährlich sein würde.

Ruth war etwa zweieinhalb, als ihr Vater seine Frau und die Kinder verließ. Nach diesem Ereignis begann die einsame und depressive Mutter mit der verzweifelten Suche nach ihrer Herkunft. Sie entdeckte, daß ihr richtiger Vater Jude gewesen war, und sie beschloß, zum Judentum überzutreten. Kurz danach lernte sie einen jüdischen Mann kennen, der achtzehn Jahre älter war, und heiratete ihn. Er wurde für Ruth wie ein Vater, und sie fühlte sich stark zu ihm hingezogen. Ruths Stiefvater war der einzige Über-

lebende seiner Familie. Seine Eltern, Schwestern, Bruder
und Neffe waren beim Holocaust im Konzentrationslager
umgekommen. In Auschwitz war an ihm ein Mengele-Ex-
periment durchgeführt worden – er wurde von deutschen
Ärzten kastriert. Die Ehe, in die er seinen dreijährigen Ad-
optivsohn – er war im selben Alter wie Ruth – mitbrachte,
ging er als Witwer ein.

Ruths Stiefvater bestand darauf, die Kinder in der jüdischen Tradition zu erziehen: So wuchsen sie in einer jüdischen Atmosphäre und im Bewußtsein ihrer Identität als
Juden auf.

### 1. Phase – Das zerbrochene Selbst
### unter der verletzten Haut

Das erste Thema, mit dem wir uns in der Behandlung befaßten, waren Ruths Todeswünsche und Selbstmorddrohungen. Sie hielt den Selbstmord für eine Lösung
ihrer Probleme, und ihr Glaube an ein Leben nach dem Tod
ließ diese Alternative noch attraktiver erscheinen.

Bei der therapeutischen Vereinbarung zu Beginn warnte
ich Ruth davor, auf diesen Impuls hin zu handeln, und erklärte ihr, wenn sie sich selbst zerstörte, würde sie auch unser therapeutisches Bündnis zerstören. Erst viel später war
Ruth in der Lage, über ihre Gefühle im Zusammenhang
mit dieser Übereinkunft – die ihr die Kraft und den Mut
zum Weiterleben gab – zu sprechen.

Im ersten Abschnitt der Therapie benutzte Ruth nichtsprachliche Formen der Kommunikation und äußerte sich
hauptsächlich durch Körperempfindungen und symbolische
Handlungen. So war zum Beispiel ihr Wunsch, aus großer
Höhe hinunterzufallen, die Konkretisierung ihres Gefühls,
emotional »auseinanderzubrechen«, das sie noch nicht
sprachlich artikulieren konnte. Als Reaktionsbildung auf
ihren Wunsch nach Selbstzerstörung zeigte sie ein erhöhtes

Interesse an eigenen körperlichen Empfindungen: an ihrer körperlichen Fitneß, ihrer Muskelkraft, ihrem Körpergewicht usw. In der Übertragung brachte Ruth ihre Empfindungen häufig durcheinander: In einem Prozeß der Verschmelzung, bei dem keine vollständige Differenzierung möglich war, wußte sie nicht, ob es ihre eigenen waren oder meine.

Die grausame, mörderische Seite von Ruths Persönlichkeit trat ungehemmt zutage, ohne jedes Schuld- oder Schamgefühl. Ruth schwelgte in todbringenden Phantasien gegenüber ihrem Mann und den Kindern, durch die sie sich von ihrer Verantwortung in der Ehe und als Mutter befreite. In ihren Träumen lief sie mörderischen Figuren davon, die sie körperlich verfolgten. In der Übertragungsbeziehung wurde ich zum Verfolger.

Dieses Thema läßt sich an einer Reihe von Träumen aus der Zeit illustrieren.

Ich träumte von dieser jungen Frau, die mich zu töten versuchte. Sie wollte sogar meinen Kopf vor einen Wagen halten, der auf mich zufuhr. Ich versuchte den Leuten zu sagen, daß sie alle umbringen wollte, doch sie glaubten mir nicht. Ich weiß, daß ich recht hatte.

Ruths Assoziation drehte sich hier um das erste Mal, als sie von zu Hause weglief. Dies ereignete sich, als ihr älterer Sohn etwa zweieinhalb war. Sie lief nachts weg und stellte sich vor einen Lastwagen, in der Hoffnung, überfahren zu werden.

In der Übertragung hatte Ruth den Eindruck, daß ich es war, die ihren »Kopf« gegen ein Verständnis ihrer selbst stieß, das ihre zerbrechliche Abwehr durchbrechen könnte. Auf einer anderen Ebene sahen wir beide ein, daß sie ihren eigenen Aspekt der Selbstzerstörung auf mich projizierte und daß sie mich zugleich davor retten wollte.

Bei der Nachfrage nach den zeitlichen Umständen des Selbstmordversuchs konnten wir die Verstörung, die sie empfand, als ihr älterer Sohn zweieinhalb war, mit dem Umstand in Verbindung bringen, daß ihr richtiger Vater die Familie verlassen hatte, als sie im selben Alter war. Zum erstenmal wurde Ruth die Möglichkeit bewußt, daß sie das Verlassenwerden durch ihren Vater als eine Verletzung erlebt hatte, die sie ihr ganzes Leben lang begleitete.

Das Thema, einem rücksichtslosen Killer ausgeliefert zu sein, wiederholte sich in dem folgenden Traum:

> In meinem Traum gab es einen Massenmörder. Er schnitt Menschen mit einem Messer in kleine Stücke. Die Stadt hatte einen raffinierten Plan ausgeheckt, um ihn zu fangen. Ich kam verängstigt nach Hause und verriegelte die Tür – und sah ihn an meinem Tisch sitzen. Natürlich hatte ich große Angst. Ich versuchte zu telephonieren, doch der Stecker war herausgezogen. Er zielte mit seiner Pistole auf meinen Kopf, und niemand konnte mich retten.

Ruths Assoziationen zu diesem Traum drehten sich um die Leidensgeschichte ihres Stiefvaters, besonders um seine Kastration durch die Nazis. Ruth hatte den Eindruck, daß mit dieser schrecklichen Tat alle seine potentiellen Kinder ermordet worden waren. Andererseits sah Ruth den Stiefvater auch als den Verfolger an. Sie beschrieb ihn als jemanden, der »Menschen in Stücke bricht und sie dann ganz nach seinem Wunsche formt«.

In der Übertragung erschrak Ruth über die Kraft und die Allmacht, die sie mir zuschrieb. Wie in dem oben beschriebenen Traum wurde ihr eigener aggressiver Anteil auf mich projiziert, und sie hatte keinerlei Hoffnung, davor geschützt zu werden. Als wir die Übertragungsbeziehung durcharbeiteten, erreichte Ruth ein gewisses affektives Verständnis: »Ich glaube, ich laufe vor dem Killer davon, der in mir drin ist«, sagte sie, »ich bin mein eigener schlimmster Feind.«

Erst viel später waren wir dann in der Lage, mit dem Durcharbeiten ihres infantilen Wunsches zu beginnen, mich zu verfolgen und zu zerstören, damit sie sich von ihrem infantilen Verlangen nach Fürsorge befreien konnte.

Ruth war wie ein verlorenes hungriges Kind, das sich nach der Brust sehnte, die sie gleichzeitig von sich stieß. Sie hatte auffällige anorektische Züge; die Beschäftigung mit Essen spielte eine zentrale Rolle in ihrem Leben. Sie aß gerne, besonders Süßigkeiten; sie hielt ihr Verlangen nach Nahrung durch tagelanges Fasten unter Kontrolle. Immer war sie hungrig unterwegs, besonders wenn sie zu unseren Sitzungen kam, in denen sie in Phantasien über wohlschmeckende Speisen schwelgte, die sie nach der Sitzung zu sich nehmen würde. Ruth kam in die Sitzung, um emotional gefüttert zu werden, doch da sie die von mir angebotene Nahrung (meine Deutungen ihres Verlangens) oft heftig von sich wies, ging sie häufig auch hungrig wieder weg.

Ruth äußerte ihr infantiles Bedürfnis, gefüttert und umsorgt zu werden, durch symbolische Handlungen: Sie kaufte Lebensmittel in einem Geschäft in der Nähe meiner Praxis ein, obwohl sie in einer anderen Stadt lebte; sie kam mit einer Tasche voller Gemüse in die Sitzung; andere Male enthielt ihre Tasche eine Flasche Milch und eine Windel, die für ihr zweieinhalbjähriges Kind bestimmt waren.

Mehr als andere Menschen litt Ruth unter der Empfindung von Kälte. Sie hatte immer wiederkehrende Träume, in denen sie nach warmer Kleidung und warmen Schuhen suchte, die sie nicht finden konnte. Dies löste bei ihr eine schreckliche Angst aus, die sie nicht mehr unter Kontrolle bringen konnte. Die in solchen Augenblicken empfundene Angst glich der eines wenige Wochen alten Säuglings, der unruhig und erregt wird, wenn man ihn nicht wieder anzieht, und sich vom Zerfall bedroht sieht. Ruths Angst ging auf ihre unbewußte

Phantasie zurück, endlos zu fallen, als ob sie sich aus sich selbst ergießen würde (Grinberg und Grinberg, 1974).

Ruth erlebte mich als eine Näherin, die für sie neue und bessere Kleider näht, eine äußere »Haut«, die sie brauchte, um sich ganz und lebendig zu fühlen.

Ruths Phantasien, überzufließen und mich mit Emotionen zu überschwemmen, äußerten sich in der Übertragung durch eine weitere Körperempfindung, nämlich eine schwache Blasenkontrolle. In den Sitzungen beklagte sie sich regelmäßig über ihren häufigen Harndrang und daß sie immer zur Toilette laufen mußte, wenn sie sich ärgerte oder aufregte. In dieser Situation mußte Ruth mich als Verkörperung eines externen Muskels ansehen, der stärker war als ihrer und der, ohne Zorn oder Vergeltung, die Emotionen zurückzuhalten vermochte, die ihr entströmten.

Ruth äußerte den schlechten Zustand ihres ›Behälters‹ durch ihr schlechtes Aussehen. Am Anfang der Analyse glich ihr Gesicht einer blutenden Wunde. Ruth haßte ihr Gesicht und vermied es, sich im Spiegel zu betrachten. Wir stellten einen Zusammenhang her zwischen ihren Pickeln im Gesicht, die für alle sichtbar waren, und den Wunden, die an einer heimlichen Stelle ihres Körpers lagen, zum Beispiel an der Vagina, in Form von Herpes, den sie sich als Jugendliche zugezogen hatte. Die Entzündungen in ihrem Gesicht wie auch die an ihren Genitalien gaben ihr das Gefühl, eine defekte Frau zu sein.

In der Analyse hielt ich Ruth einen wohlwollenden und bejahenden Spiegel vor, der ihr die Möglichkeit gab, ein etwas weniger beschädigtes Selbstbild zu verinnerlichen.

Die erste Veränderung trat ein, als Ruth sich hinlänglich sicher fühlte, ihre hauptsächliche Kommunikation mittels Körperempfindungen aufzugeben und eine andere, aber immer noch nichtsprachliche Kommunikationsweise zu versuchen. Sie begann während der Sitzungen kleine Zeichnungen anzufertigen, die von Formulierungen in Großbuchstaben begleitet waren, welche jeweils den Sinn erläutern sollten. Sowohl die Zeichnungen als auch die Handschrift muteten sehr kindlich an, und die Wörter waren oft falsch geschrieben, wie bei einem kleinen Kind. Unter den Zeichnungen gab es solche mit Kästchen, die jeweils ein Wort enthielten: zum Beispiel »Haß«, »gekränkt«, »Zorn«. Eine der Zeichnungen, die einen Hilferuf vermittelte, stellte ein hilflos aussehendes Kind dar, unter dem geschrieben stand: »Ich kann nicht mehr. Rufen Sie den Babysitter, um das Kind zu retten.« Häufig wiederkehrend war ein Bild mit kindlichen Kringeln um einen Mann, dem eine drahtige Blume aus dem Schädel wuchs, mit dem Titel »Elektrizität«. Der Sinn dieser Zeichnung, der sowohl mit ihrer Furcht vor dem Tod als auch mit ihrem Gefühl verbunden war, sich zu ihm hingezogen zu fühlen, wurde in späteren Stadien der Analyse deutlich.

Ich werde nun einige Zeichnungen beschreiben, die Ruths Gefühl vermittelten, ihr innerer Gefühlsbehälter sei beschädigt, und auch ihren Wunsch nach Wiederherstellung.

Die eine Zeichnung zeigte eine offene Schatztruhe, die eine zerbrochene Schallplatte enthielt. Ihre Erläuterung zu diesem Bild war: »Dort in der Schatztruhe, das bin ich. Ich bestehe aus drei Teilen: aus denen da, aus mir und aus dem Teil von mir, den die da zerstört haben.« Eine weitere Zeichnung zeigte eine Spielzeugkiste ohne Deckel. Darunter schrieb sie: »Ich bin eine Spielzeugkiste. Ich will, daß mir jemand einen Teil von mir hinzufügt.« Auf einer dritten Zeichnung war ein Fisch im Wasser zu sehen, der auf zwei Wörter zuschwamm: »Essen«, »Liebe«. Daneben stand ihre Botschaft: »Mach mich ganz«.

Ruth bat mich, ihre Zeichnungen zu sammeln und sie zu einem Notizheft zusammenzubinden, das sie als »mein Buch« bezeichnete. Als ich dies für sie tat, erkannte ich, daß sie mich darum bat, die verstreuten Bestandteile ihrer zersplitterten Persönlichkeit zusammenzubauen und sie mit einer lebenspendenden Kraft zu binden.

## 2. Phase – Rekonstruktion des Selbst

Die vorhergehende Phase, in der Ruth sich hinlänglich verstanden und unterstützt fühlte, um zunächst das von Ängsten gequälte Kleinkind und daraufhin das unglückliche Kind in die Beziehung einzubringen, hatte den Weg zur Analyse gebahnt. Diese Phase war notwendig gewesen, um ein Gefühl der Sicherheit und des Vertrauens entstehen zu lassen, aus dem die Verbalisierung hervorgehen konnte (Levine, 1985). Ruth erwies sich als fähig, ein gutes Arbeitsbündnis einzugehen, und sie erreichte die Stufe, auf der sie bereit war, ihre Erinnerungen sprachlich zu artikulieren (»Ich muß nicht mehr zeichnen, jetzt kann ich mit Ihnen reden.«). Ich schlug vor, die Behandlung in Form einer Analyse weiterzuführen. Sie stimmte sofort zu.

In diesem Analyseabschnitt befaßten wir uns mit der Rekonstruktion des Selbst, und zwar auf zwei Hauptwegen: a) der Rekonstruktion von Ruths Kindheit, b) dem Durcharbeiten von Ruths Beziehungen mit inneren Objektrepräsentanzen, das zu einer Differenzierung zwischen dem Selbst und den beschädigten Introjekten führte.

Ruth erlebte ihre Mutter als den ersten mangelhaften emotionalen ›Behälter‹ in ihrem Leben. Ihr Gefühl, daß die Mutter sie schon vor der Geburt beinahe ›fallengelassen‹ habe, äußerte sich in der Erinnerung an eine Erzählung der Mutter, sie habe im fünften Monat der Schwangerschaft erwogen, Ruth abzutreiben. Der Arzt konnte die Mutter von der Gewagtheit eines solchen Verfahrens überzeugen, und so hielt sie die Schwangerschaft aufrecht.

In der Übertragungsbeziehung wies Ruth mir die Rolle einer Ärztin zu, die sie vor ihren eigenen destruktiven Neigungen schützen muß und ihr damit hilft, neu geboren zu werden.

An einem Ausschnitt aus der Analyse, in dem sie ihre Fahrt zur Behandlung an dem betreffenden Morgen beschreibt,

möchte ich nun schildern, wie Ruth sich im Lichte der narzißtischen Kränkung wahrnahm, die ihr die Erzählung der
Mutter zugefügt hatte.

Ich möchte Ihnen heute von der Fahrt zu Ihnen erzählen.
Am Morgen ging ich wie üblich joggen, und da sah ich
eine Katze, die vor kurzem überfahren worden war, sie
war ganz blutig, die Eingeweide traten heraus. Ich glaube, die Katze war trächtig gewesen, doch das ungeborene
Kätzchen war ebenfalls zerquetscht. Man konnte die
offene Gebärmutter sehen und das tote Kätzchen darin.
Vielleicht fängt es schon an zu faulen. Danach sah ich
das kleine, geistig behinderte Mädchen, das immer an
meinem Haus vorbeigeht. Inzwischen ist es groß geworden, eigentlich eine Frau, aber sie verhält sich noch immer wie ein kleines Kind. Und später sah ich noch eine
alte Verrückte, die dauernd Selbstgespräche führt. Als ich
schließlich hier bei Ihnen ankam, stieg ich aus dem Wagen und sah eine Frau im Rollstuhl. Ihr Ehemann hob sie
aus dem Rollstuhl und trug sie zu einem Wagen.

Der Ausschnitt zeigt Aspekte von Ruth, die ihre Hoffnungslosigkeit zum Ausdruck bringen. Ruth identifizierte sich
mit der überfahrenen Katze und noch mehr mit dem unge-
borenen Kätzchen, das im Leib der Katzenmutter zerquetscht worden war.
    Eine andere Seite von Ruth war die der reifen Frau, die
sich wie ein Kind benahm, weshalb sie auch ihr Spiegelbild
in der behinderten Kind-Frau sah, die auf der Straße an ihr
vorbeiging. Kurz danach begegnete sie ihrem alten und
hoffnungslosen Anteil, der sich in der alten Verrückten
spiegelte, die Selbstgespräche führte.
    Vor meinem Haus sah sie ein Paar. Nun wurden aus uns
zwei. Ruth wies mir die Rolle des Partners zu, der seine
körperlich behinderte Frau (sie selbst) aus dem Rollstuhl

hebt und zum Wagen trägt: das Symbol zum Aufbruch auf eine lange Reise in der Analyse. Ruth trat die Reise trotz ihres Gefühls der Behinderung an.

Ihre wiederkehrenden Träume, ein Kind abzutreiben oder es vom Schoß fallen zu lassen, wiesen auf ihre andauernde Angst hin, daß ich sie wie ihre schwangere Mutter und wie ihr richtiger Vater eines Tages verlassen könnte. Das Verlassenwerden erlebte sie seelisch und körperlich als einen lebensgefährlichen Schlag. Ruth schützte sich vor dieser Möglichkeit: »Ich bin nicht von Ihnen abhängig. Wenn Sie eines Tages nicht mehr hier sein werden, werde ich den Verlust nicht spüren, werde ich nicht auseinanderbrechen.«

Wir konnten nun Ruths Träume über das Verfolgtwerden durch Mörder im Lichte ihrer komplizierten Beziehung zur Mutter durcharbeiten. Illustrieren läßt sich dies mit dem folgenden Traum:

> Ich war eine Person [Ruth sprach oft in dieser Form von sich und wollte damit sagen, daß sie sich weder als Mann noch als Frau fühlte], und da war ein Mann, der mich zwang, ihm zu versprechen, daß ich mich umbringen werde – ich erinnere mich nicht, warum. Er wollte, daß ich mir eine Ader an meinem Körper aufschneide. Ich konnte es nicht. Er tat es für mich. Er wollte bei mir bleiben, bis ich starb. Ich weigerte mich zu sterben, ich starb nicht.

Ruths Assoziationen drehten sich darum, daß sie am Vortag Babysitterin im Haus einer Freundin gewesen war, während die Freundin zu einer Stunde bei ihrer Psychologin ging. Als Antwort auf meine Nachfrage hin sagte Ruth, die Freundin sei die Dame, die sie »an der Hand« zu mir in die Praxis zur Behandlung gebracht habe. In der Übertragung begriff ich, daß ich der Babysitter war, der den Säuglingsaspekt in ihr vor ihrer inneren »Mörderin-Mutter« schützen mußte. Gleichzeitig war ich auch die Analytikerin-Mutter, die sie vielleicht verletzen und zwingen würde, bis zu ihrem Ende bei mir zu bleiben. Der Traum zeigte, daß Ruths Überlebenswunsch trotz des Gefühls, gefährdet zu sein, stärker geworden war.

Geburt und Tod hingen in Ruths Leben von Anfang an zusammen. Ihre Mutter hatte eine sehr schwere Entbindung durchgemacht. Bei Ruths Geburt wurde sie für klinisch tot gehalten, und danach wurde sie »wiedergeboren«. Ruths eigener Flirt mit dem Tod war Ausdruck ihres unbewußten Wunsches, der Tod möge den Weg zur Wiedergeburt bahnen.

Ruth beschrieb sich selbst als schwächlichen Säugling, der während der Stillzeit an einer schweren Störung litt. Ihrer Ansicht nach rettete ihr die Mutter das Leben, indem sie sie häufig stillte. In der Übertragung verstanden wir, daß die häufigen Analysesitzungen für sie lebenswichtig waren. Außerdem sahen wir ein, wie wichtig es für Ruth war zu wissen, daß ich immer da war, bereit, sie zu »stillen«, trotz ihrer häufigen Zurückweisungen.

Nach der Geburt ihres zweiten Kindes wurde Ruths Mutter krank und von Ruths Vater im Stich gelassen. Ruth hatte eine Erinnerung daran, daß die Mutter, als Ruth zweieinhalb war, den ganzen Tag im Bett blieb, und daß sie selbst, hungrig wie sie war, Toastbrote zu machen versuchte. Ruth verbrannte sich dabei die Hand, verletzte also ihre »Haut«. Verstärkt wurde diese Erinnerung durch spätere Eindrücke von der Mutter, die amphetaminsüchtig war, das Essen vernachlässigte, tagelang im Bett blieb und sich mit okkulten Dingen beschäftigte. Seit ihrer frühen Kindheit hatte Ruth mit ihrer Mutter die Rollen vertauscht und sich um die Mutter gekümmert, als ob diese ihr Säugling wäre. Außerdem übernahm sie bereitwillig die Rolle der Mutter in der Beziehung zum Stiefvater, indem sie sich um ihn kümmerte, wenn er nach Hause kam.

Das Durcharbeiten der Beziehung zu ihren eigenen Kindern und des Wiederholungszwangs, der ihr Verhalten ihnen gegenüber kennzeichnete (Ruth hatte mehrmals versucht, sie zu verlassen, und schlug sie oft hart), brachte weitere Persönlichkeitsaspekte der Mutter zur Sprache. Ruth nahm ihre Mutter als körperlich gewalttätig und psychisch labil wahr. Obwohl sie zuweilen sehr zärtlich und liebevoll war, konnte sie plötzlich herrschsüchtig und grausam werden und »ein scharfes Messer in dich hineinstoßen«. Ihre Mutter hatte die Gewohnheit, die Kinder zu beißen, sie an den Haaren zu ziehen und sie heftig mit dem Telephonkabel zu schlagen. Ruth brauchte in der Analyse viel Zeit, bis sie meiner emotionalen Festigkeit trauen konnte, wobei sie häufig befürchtete, daß meine Akzeptanz sich in Grausamkeit oder Ablehnung verwandeln könnte. In dieser Phase konnten wir die Ablehnung meiner Deutungen ihrer oralen Gelüste durcharbeiten. Ruth erklärte, sie finde meine Ideen wie die ihrer Mutter »verrückt« und »abwegig«, obwohl sie den Tonfall meiner Stimme »wie Milch« empfand. In der Übertragung war ich die »gute Brust« und zugleich »die böse, verfolgende innere Brust« (Klein, 1932).

In meinen Gefühlen der Gegenübertragung erlebte ich Ruth häufig als zornigen, beißenden Säugling, der mein analytisches Können mit ihrer Depression und Hoffnungslosigkeit zu zerstören versuchte. Seit einiger Zeit fühlte sich Ruth sehr depressiv. Sie kam in die Analyse und betonte immer wieder, alles sei nutzlos. In dieser Sitzung drehten sich ihre Gedanken um das erstgeborene Kind (es war eine Totgeburt) ihrer Freundin, die sie zur Therapie gebracht hatte. »Können Sie sich vorstellen«, sagte Ruth, »was es heißt, einen toten Fötus in der Gebärmutter zu haben?« In meiner Gegenübertragung kam ich mir hoffnungslos und deprimiert vor. Ich wußte, daß Ruth mich über sich selbst befragte; sie war der tote Fötus in meiner Gebärmutter. Überdies fühlte ich mich angesichts ihres Verlangens, ihr Leben zu spenden, völlig ohnmächtig. Indem sie mich so hilflos machte, hatte Ruth mich in ihren eigenen toten Fötus verwandelt; einen Fötus im Schoß einer zornigen Frau, die den lebendigen Aspekten ihres Selbst nicht zum Leben verhelfen will. Indem ich meine Gedanken sammelte, wies ich Ruth darauf hin, sie habe vermutlich den Eindruck, ein zerquetschter, beinahe toter Fötus in meinem Schoß zu sein, während sie zugleich die Hoffnung zerstören wolle, lebendig geboren zu werden. Ich fuhr mit dem Hinweis fort, daß ich seit kurzem den Eindruck hätte, sie wolle meine Kraft prüfen. Ich wies darauf hin, daß es ihr hintergründiger Wunsch sei, ich solle sie in ihrem Zorn und ihrer Depression nicht untergehen lassen, damit sie als eine gesundere, besser integrierte Person aus meinem Schoß geboren werden könne. Ruth saß eine Weile nachdenklich schweigend da. Dann hörte ich die Erleichterung in ihrer Stimme, als sie sagte: »Sie sind ja so stur, noch sturer als ich. Das ist gut!«

Ruths Mutter hatte auf ihr Leben und ihre Identität einen verheerenden Einfluß ausgeübt. Ruth meinte, ihrer Mutter ähnlich zu sein, weil sie sich mit der kindischen und gierigen Persönlichkeit ihrer lebensuntüchtigen Mutter identifizierte.

Ruths innere Repräsentanz ihres Stiefvaters trat in der Analyse in einem Übertragungserlebnis zutage. Ruth war vor Angst wie gelähmt, wenn sie einige Minuten zu spät zur Sitzung eintraf. Sie hatte Angst vor meiner Wut und Vergeltung, die daraus entstehen könnten. Beim Durcharbeiten der Situation kamen erschreckende Erinnerungen an ihren Stiefvater hoch: »Vater war ein Kapo, er führte das Haus wie eine Terrororganisation«, sagte Ruth. Bei ihrem Stiefvater durfte sie niemals zu spät kommen. Allein schon sein Gesichtsausdruck versetzte sie in Schrecken. »Ich war kein geschlagenes Kind«, fuhr Ruth fort, »ich wurde psychisch zerschlagen.«

Andererseits beschrieb Ruth auch die besondere Bindung

an ihren Stiefvater. Sie hegte große Bewunderung für seinen Charme und seine große körperliche Kraft. Sie beschrieb sich als sein Lieblingskind, als das einzige Kind, das mit ihm reden konnte. Die anderen hatten zu sehr Angst, ihm nahezukommen, sogar ihre Mutter, die sich wie eines der Kinder benahm. Ruths Stiefschwester haßte sie und grollte ihr zeitlebens, weil sie in der Zuneigung des Vaters ihre Stelle eingenommen hatte. Wenn der Stiefvater nach Hause kam, zog sie ihm die Schuhe aus, brachte ihm Tee und plauderte mit ihm. Ihr Stiefvater war auch eine Ernährerfigur: Er war die Person, die zu Hause die Mahlzeiten zubereitete. Ruth erzählte einen Traum, in dem ihr Stiefvater eine angenehme Mahlzeit zubereitete, wobei er es vermied, den Backofen zu benutzen. Diese Einzelheit erinnerte sie daran, daß der Stiefvater tatsächlich nie den Backofen benutzte und die Kinder immer mit der Drohung zu erschrecken pflegte, sie in den Ofen zu stecken. Wir konnten dies mit Ruths Erinnerungen an die Erzählung des Stiefvaters über die eigene Mutter und die Schwestern in Verbindung bringen, die im Ofen verbrannt worden waren, während man ihn zu einem Sonderkommando [deutsch im Original] ausgewählt hatte, das die Leichen einsammeln mußte.

Ruth rekonstruierte eine häusliche Atmosphäre, in der Gefühle der Angst und der Aggression vorherrschten. Ihr Stiefvater, den sie als einen im Grunde gutmütigen Mann wahrnahm, wandte grausame Methoden an, um seinen Willen durchzusetzen. Das Zuhause glich oft einem Gefängnis. Die übliche Strafe war das »Startverbot« – der Zwang, zu Hause zu bleiben. Ruth hat bis heute noch ein Gefühl des Ausgangsverbotes und ist nicht in der Lage, länger als ein paar Stunden von zu Hause wegzugehen. Für sie war sowohl das eigene Zuhause als auch das emotionale Zuhause in der Analyse zugleich ein Gefängnis und ein Hort der Sicherheit.

Ruth kannte nicht viele Einzelheiten von dem, was ihr Stiefvater im Krieg erlebt hatte, weil er das meiste für sich behielt.

Die häusliche Atmosphäre war von einem Schweigen geprägt, das eine Vergangenheit voller Terror und Gewalt verheimlichte. Ruths Stiefvater schrieb seit zwanzig Jahren an seinen Erinnerungen an den Holocaust, doch Ruth hatte noch nie den Mut gehabt, ihn um Einsicht zu bitten. Nachdem in der Analyse die Angst vor den tatsächlichen Ereignissen im Leben ihres Stiefvaters durchgearbeitet worden war und unterstützt durch meine ermutigende Haltung, befand sie nun, daß die Zeit dafür gekommen war. Zu ihrer großen Überraschung schickte der Stiefvater ihr seine Autobiographie, die er seinen Kindern widmete. Ruth las sie begierig und überbrachte sie mir, damit ich sie ebenfalls lesen konnte, wodurch sie mich bei der »Suche nach dem Selbst mit Hilfe von Familiengeheimnissen« (Gampel, 1982) zu einer Beteiligten machte. Endlich brach der lange zurückgehaltene Schrei, die Stimme des Holocaust, durch! Damit konnten wir nun beginnen, Ruths Kommunikationsweise mir gegenüber während der ersten Hälfte der Behandlung zu erkunden, die ihrer Lebensweise bis zu diesem Zeitpunkt entsprach – sie benutzte ihren Körper, um unbewußte Phantasien über die Körperempfindungen, Ängste und Emotionen auszudrücken, die ihr Stiefvater im Holocaust erlebt haben mußte. Spuren dieser Erlebnisse waren ihr entweder durch Erzählungen oder mimetisch durch Agieren übermittelt worden. Filme und Bücher über den Holocaust hatten für sie immer eine persönliche Bedeutung gehabt. So gab es zum Beispiel einen Film über das Thema, den sie in einem Collegekurs gesehen hatte und bei dem sie meinte, ihren Stiefvater unter den Männern gesehen zu haben, die, in Badetücher eingewickelt, darauf warteten, von den Deutschen kastriert zu werden.

Wir konnten inzwischen Ruths fortwährende Beschäftigung mit ihrem Körper, der körperlichen Fitneß, dem Gewicht und der Muskelkraft als Bestandteil ihres Überlebenskomplexes verstehen. Sie beruhte auf ihrer unbewußten Phantasie: »Ich spüre meinen Körper, also bin ich.«

In der Übertragung versuchten wir die Beschäftigung mit ihrem Körper auf einer mehr symbolischen Ebene zu verstehen. Ich möchte dies an dem folgenden Ausschnitt aus der Analyse zeigen, der dem Ende einer Sitzung entnommen ist (R = Ruth, I = Ilany):

> R: Gestern habe ich mit einem Bodybuilding-Kurs angefangen. Ich habe Gewichte gehoben. Wie es war? Wunderbar. Ich habe sechzig *push-ups* absolviert; der Mann sagte zu mir, anschließend werde mir mein Bauch weh tun, doch nächstes Mal werde ich einhundert schaffen. Ich fühle mich groß und stark, es ist phantastisch. Ich tat dies und jenes (sie hebt und senkt ihre Hände), ich habe fast eine Stunde lang die Muskeln trainiert. Ich habe mich auf die Hüften konzentriert und bin jetzt toll in Form.

Ich schwieg dazu; Trauer überkam mich, obwohl Ruth so begeistert zu sein schien über das, was sie geleistet hatte. Ich erkannte, daß ich mich mit ihrer abgespaltenen Traurigkeit identifizierte, die sie auf mich projizierte.

> R: Sie müssen mit mir zum Bodybuilding kommen. Ich bin dort, wo man Gewichte hebt, die einzige Frau. Ich brauche da mehr Frauen. Wir verbringen dort einen ruhigen Abend und heben Gewichte, es macht Spaß, wissen Sie.

> I: Ich glaube, Sie teilen jetzt Ihre Gefühle über die Analyse mit mir. Wir heben hier die Last der Vergangenheit, die auf Ihrem Herzen liegt. Es ist zwar schwierig, macht aber auch Spaß.

R: Ja, so fühlt es sich heute an. Manchmal habe ich gar kein Gefühl dabei. Was ist die Analyse für mich? Ein Ort, wo man hingeht, ein Ort der Hoffnung. Nicht daß ich große Hoffnung hätte, aber ... Ich glaube, ich werde immer dieselbe bleiben, ich glaube nicht, daß ich mich jemals ändern werde. Manchmal sieht es hoffnungslos aus.

I: Ich denke, daß Sie manchmal die Hoffnung, die ich Ihnen anbiete, zerstören wollen; diese Hoffnung ist in Wirklichkeit Ihre Hoffnung. Die Analyse ist ein Ort, an dem wir zusammen Gewichte heben, ein Ort, an den Sie sowohl Ihre hoffnungsvollen als auch Ihre hoffnungslosen Aspekte mitbringen.

R: (schaut auf die Uhr) Was, ich muß schon gehen? Heute bin ich völlig verwirrt, ich wünschte, ich könnte länger bleiben.

In der Analyse beklagte sich Ruth lange über ihren beeinträchtigten Geruchssinn. Erst jetzt gelang es uns, einen Zusammenhang herzustellen mit der Geschichte ihres Stiefvaters über die Menschen, die in ihrem Kot und in ihrem Erbrochenen starben, die es nicht bis zur Latrine »schafften«, weil es dort so scheußlich stank. Die Beeinträchtigung des Geruchssinns wurde so zu einem Überlebensmechanismus.

Ruths dauernder Hungerzustand, ihre Kälteempfindlichkeit und ihre Unfähigkeit, die richtige warme Kleidung zu finden, gehörten in erster Linie zu den Erlebnissen ihres Stiefvaters im Zweiten Weltkrieg.

Im Zusammenhang mit ihrer Angst vor Inkontinenz kam Ruth eine Geschichte voller Leid und Demütigung aus den Erinnerungen ihres Stiefvaters in den Sinn: Ihr Vater stand stundenlang still beim Appell und urinierte in die Hose, weil er wußte, daß die geringste Bewegung die Todesstrafe zur Folge haben könnte. Urin war außerdem das Mittel,

mit dem ihr Stiefvater eine Beinverletzung kurierte, die ein
deutscher Soldat ihm mit einem brutalen Fußtritt zugefügt
hatte. Die Wunde heilte nur sehr langsam. In diesem Analyseabschnitt hatte Ruth den Eindruck, die Wunden in ihrer
Seele mittels kleiner Erinnerungsfetzen aus ihrem verdrängten Bewußtsein zu kurieren; mit Dingen, die sie zwar wußte, im Laufe der Jahre aber vergessen hatte.

Ruths Stiefvater, Naziopfer, körperlich versehrt und psychisch zerschlagen, wurde nach dem Krieg ein Nazijäger,
mithin selbst zum Verfolger. Ruths Träume, in denen sie
das Opfer eines bösartigen Mörders wie auch der Mörder
selbst war, der alle umbringen wollte, brachte damit ihren
Identifizierungswunsch mit beiden Aspekten ihres Stiefvaters zum Ausdruck.

Wir begriffen, daß ihr Hingezogensein zum Tod, ausge-
drückt in der Vorstellung, sich von hochgelegenen Stellen
hinunterzustürzen, mit dem »Überlebensmythos« ihres Stiefvaters, mit der Wahrnehmung seiner widerstreitenden Emotionen und der unbewußten Wünsche im Hinblick auf das
Leben und Sterben zusammenhing (Klein, 1981; Klein und
Kogan, 1986): Er hatte überlebt, als er eine Nacht lang
nackt zwischen elektrisch geladenen Drähten in der Kälte
ausharren mußte. Zu stürzen hätte bedeutet, die Drähte zu
berühren und durch Stromschlag zu sterben. In dieser Zeit
bat mich Ruth um ihren Zeichenblock, um ihn nochmals
durchzusehen. Sie fand darin die Zeichnung »Elektrizität«,
auf der ein Mann zu sehen war, dem eine drahtige Todesblume aus dem Schädel sproß. Die Todesblume symbolisierte die elektrischen Drähte, die ihr Stiefvater zwar überlebt hatte, die nun aber in Ruths Kopf eingepflanzt waren.
»Daddy hat mir einen Elektrostab eingepflanzt«, sagte
Ruth. »Es ist einer, mit dem man Kühe tötet. Daddy ist in
meinem Selbst eingepflanzt.«

Die Verstümmelung aufgrund der Kastration ihres Stiefvaters wurde Ruth sowohl auf körperlicher als auch auf

seelischer Ebene vermittelt. Das Schlimme war, daß ihr Stiefvater sich freiwillig zu dieser Operation gemeldet hatte, die man als medizinische Kontrolluntersuchung einschließlich eines arbeitsfreien Tages ausgegeben hatte. Die Operation wurde zweimal durchgeführt; jedesmal wurde ein Hoden entfernt. Nach der ersten Operation konnte er seine Kräfte mobilisieren, um zu überleben. Beim zweiten Mal erlebte er die Endgültigkeit seiner Kastration als tödlichen Schlag. Er überlebte nur dank der Rücksicht und der Unterstützung seiner Mitgefangenen, die ihm körperlich und emotional halfen. Wie wir schon gesehen haben, empfand Ruth sich selbst als geschlechtslos: Sie bezeichnete sich selbst als »Person« oder als »neutral«. Ihrer unbewußten Phantasie zufolge war sie wie ihr Stiefvater ebenfalls ein kastriertes Wesen. Dieses Gefühl bestätigte sich darin, daß Ruth weder berührt noch gestreichelt werden wollte und nur selten sexuelle Befriedigung empfand. Bis zu ihrer Schwangerschaft hatte sie mit der Phantasievorstellung gelebt, sie könne niemals Kinder haben. Auf emotionaler Ebene hielt Ruth sich für unfähig, Liebe zu schenken oder zu empfangen; sie betrachtete den Stiefvater als ihren Verfolger und warf ihm seine Verstümmelung vor; gleichzeitig identifizierte sie sich mit seiner Opferrolle. »Daddy kastrierte seine Kinder«, sagte Ruth. »Ich wurde von ihm gefühlsmäßig sterilisiert.«

Ich möchte mich nun einem bestimmten Aspekt der komplizierten Beziehung zwischen Ruth und dem Stiefvater zuwenden, der für unser Thema wichtig ist, nämlich der unbewußten Verbindung zu dem verstümmelten Körper ihres Stiefvaters, die sowohl in der sexuellen Beziehung zu ihrem Ehemann als auch in der Beziehung zu ihrem eigenen Körper aufrechterhalten wurde.

Während der Behandlung hatten wir Gelegenheit, Ruths Beziehung zu ihrem Ehemann durchzuarbeiten. Er verkörperte für sie eine Elternfigur, von der sie sich ebenso abhän-

gig fühlte wie ein Säugling, weswegen sie ihn zugleich haßte. Sie empfand sich als seine Gefangene: so, wie sie sich im
eigenen Elternhaus wahrgenommen hatte.

Ruth hatte ihren Mann bei einer seiner Reisen in die
USA kennengelernt, wo er eine Zeitlang arbeitete. Nach
kurzer Zeit hatten sie eine sexuelle Beziehung miteinander,
und sie fand heraus, daß er meist impotent war. Mit sehr
viel Geduld und Zärtlichkeit half sie ihm dabei, diese
Schwierigkeit zu überwinden. Sie war immer noch überzeugt davon, daß er sie aus diesem Grund geheiratet hatte.

Wir können nun Ruths Wunsch, die Männlichkeit ihres
Ehemannes wiederherzustellen, mit ihrem unbewußten
Wunsch zusammenbringen, den Schaden wiedergutzumachen, der ihrem Stiefvater zugefügt wurde. Erst nach der
Episode der Konkretisierung, die ich weiter unten beschreiben werde, konnten wir dann Ruths bezwingenden Wunsch
untersuchen, die Kastration ihres Stiefvaters an ihrem eigenen Körper wiedergutzumachen.

Nach meinen Sommerferien kam Ruth mit der Nachricht
zur Sitzung, sie habe sich an der Brust operieren lassen. Sie
habe sich für diesen Zeitpunkt entschieden, weil sie nach
meiner Rückkehr keine Sitzung absagen wollte. Bei dem
Gespräch über diesen Eingriff erklärte mir Ruth, die Operation sei die Erfüllung eines Wunsches, den sie schon seit
der Jugend hege – die Brüste mit Silikoneinlagen zu ver-
größern. Ruth suchte einen Arzt auf, der ihre Brüste untersuchte und ihr sagte, sie seien nicht klein, sondern »leer«.
Der Arzt sagte ihr, eine Operation sei zwar möglich, aber
nicht ohne Risiken. Außerdem wurde sie darauf aufmerksam gemacht, daß der Körper das Silikon unter Umständen
abstoße, was Entzündungen des Brustgewebes, Fieber,
Schmerzen und weitere Operationen zur Folge haben könnte. Außerdem sagte man ihr, daß sie vielleicht nie mehr
werde stillen können, falls sie ein weiteres Kind bekommen
sollte. Trotz des Erschreckens über diese Aussichten ent-

schloß sich Ruth zu der Operation. Sie wurde an ein Geschäft verwiesen, wo man ihre Maße für die Implantate nahm, die dann aus einem Katalog ausgewählt wurden. Sie entschied sich für eine mittlere Größe, bei der sie das Gefühl hatte, sie werde dann viel eher wie eine »ganze« Frau aussehen.

Ruth kam zwei Wochen nach der Operation zu dem vereinbarten Termin in die Sitzung. Sie betrat den Raum aufrechten Ganges, und über den Brüsten an der Bluse zupfend, fragte sie, ob ich irgendwelche Veränderungen sehen könne. Erst nachdem sie sich auf die Couch gelegt hatte, erzählte sie mir die Geschichte. Sie war voller Freude und sagte immer wieder, wie befriedigt sie darüber sei, ihre Ängste beschwichtigen zu können.

Bei meinen Gefühlen der Gegenübertragung spürte ich eine schwere Last auf meinem Herzen. Dadurch wurde mir klar, daß Ruth keine Verbindung zu ihrer Traurigkeit hatte, die mir durch eine massive projektive Identifizierung vermittelt wurde.

Als ich zu verstehen suchte, was sie zu dieser Tat während meiner Abwesenheit getrieben hatte, wies ich Ruth darauf hin, daß sie erst dann begonnen habe, ihre Brüste als »leer« zu empfinden, als ich nicht mehr in ihrer Nähe war und sie nicht mehr die regelmäßige Ernährung und Unterstützung aus unseren wiederholten Sitzungen empfing. Ruth lachte kurz und bestätigte dann meine Vermutung mit zorniger Stimme: »Ich brauche Sie nicht, ich brauche niemanden. Ich will nur noch von mir selbst abhängig sein.« Ich wies sie darauf hin, daß ihr Bedürfnis, die Brüste zu »füllen«, auf ihren Zorn und die Enttäuschung darüber zurückging, daß sie sich von mir verlassen fühlte. Allmählich wurde Ruth sich dieser Gefühle bewußt und akzeptierte sie.

Das Durcharbeiten dieser Gefühle in der Übertragung veranlaßte Ruth, ihre Phantasien über den Flirt mit dem Tod auf dem Operationstisch offenzulegen. Sie hatte sich

der Operation unterzogen, um ihre Weiblichkeit wiederherzustellen, hegte aber auch den Gedanken, daß sie dabei
sterben könnte. Natürlich hatte sie jetzt das Gefühl, erneut
eine große Gefahr überstanden zu haben.

Ruth brachte den Sieg über ihren möglichen Tod auf dem
Operationstisch mit einer Geschichte aus dem Leben ihres
Stiefvaters in Verbindung. Nach dem Krieg traf er einen der
wenigen Männer, die die Kastration bei den Experimenten
Mengeles überlebt hatten. Dieser Mann erzählte ihm von
einem jüdischen Arzt in Paris, der an diesen Männern ko-
stenlose chirurgische Eingriffe vornahm: Er setzte ihnen
künstliche Hoden ein. Ihr Stiefvater entschloß sich, nach
Paris zu reisen und die Operation machen zu lassen. Sie
war erfolgreich, und er konnte auch wieder sexuelle Beziehungen mit Frauen eingehen, blieb jedoch unfruchtbar.

Wir versuchten nun zu verstehen, warum Ruth das Bedürfnis hatte, die Lebensgeschichte ihres Stiefvaters am
eigenen Leib zu agieren. Ich wies Ruth darauf hin, daß sie
vielleicht versuchen wollte, ihre Weiblichkeit auf dieselbe
Weise in ihre Brüste einzupflanzen, wie ihr Stiefvater die
Männlichkeit in den »leeren« Hodensack hatte implan-
tieren lassen.

Ein bedeutungsschweres Schweigen erfüllte den Raum,
als Ruth meine Worte aufnahm. Als sie schließlich den Sinn
ihres Handelns begriff, wurde sie von einem gewaltigen Ge-
fühlsaufruhr überschwemmt. Wir brauchten sehr lange, um
ihre Ängste, ihre Depression und ihren Schmerz durchzuarbeiten, die an die Stelle ihrer Euphorie getreten waren.
Außerdem versuchten wir uns über die komplexen Bedürfnisse klarzuwerden, die sie mit ihrer Tat zum Ausdruck
brachte. Bewußt versuchte sie eine bessere, vollständigere
Sexualität zu erreichen; unbewußt versuchte sie sich konkret zu gefährden, um einem möglichen Tod so nahe wie
möglich zu kommen, damit sie ihn auf eine omnipotente
Weise besiegen konnte.

Durch wiederholtes Durcharbeiten dieser schmerzlichen und zwanghaften Motive konnte Ruth eine Verbindung zwischen ihren Gefühlen und ihrem Denken herstellen, die bisher durch Verdrängung unterbrochen war (Freud 1915 d). Das Durcharbeiten der Gefühle, nachdem die Verdrängung in der Übertragung aufgehoben wurde, verhalf Ruth zu einem gewissen affektiven Verständnis ihres Handelns und erleichterte schließlich eine deutlichere Differenzierung zwischen ihr selbst und ihrem inneren Vaterobjekt.

## Auswertung

Der hier beschriebene analytische Prozeß ist natürlich zu kurz, um alle Veränderungen zu bewerten, die sich in Ruths Leben vollzogen, doch einige davon werde ich hier erwähnen.

Der Vorgang des Durcharbeitens von Ruths Beziehung durch Repräsentanzen von Primärobjekten erleichterte die Differenzierung zwischen den Erfahrungen des Stiefvaters und Ruths eigenen infantilen Phantasien über Zerstörung und Verlust. Die Objektrepräsentanz des Stiefvaters als Mörder und Held veränderte sich und wurde dadurch für Ruth weniger bedrohlich. Hierdurch fühlte sie sich weniger schuldig und verhielt sich nicht mehr so selbstzerstörerisch. Außerdem fühlte sie sich sicher genug, um ihre Gefühle eher sprachlich zu äußern, und ihre Suizidgedanken verschwanden. Der Prozeß der Individuierung war freilich noch nicht abgeschlossen, weil Ruth ihn in die Form eines Wunsches kleidete: »Daddy hatte einen gewaltigen Einfluß auf mich. Ich habe mein ganzes Leben mit dem Holocaust ausgefüllt. Das war sein Vermächtnis. Ich will frei sein von Daddy, ich will seine Erbschaft loswerden.«

Ruths äußere Erscheinung veränderte sich beträchtlich. Die Entzündungen in ihrem Gesicht heilten gut aus, auch wenn einige Narben für immer zurückbleiben werden. Sie empfand sich selbst als reifer und erheblich weiblicher. Sie konnte eine viel größere sexuelle Befriedigung erreichen. Außerdem veränderte sich ihre Einstellung zu den eigenen Kindern. Nicht nur lief sie nicht mehr von zu Hause weg, sondern behandelte die Kinder jetzt einfühlsam und mit Zuneigung. Die Veränderung in ihrer Beziehung zu inneren und äußeren Objekten ging mit einer veränderten Beziehung zum eigenen Selbst einher: »Ich bin jetzt kein verrücktes kleines Mädchen mehr. Ich habe nicht einmal bemerkt, daß ich erwachsen geworden bin. Jetzt bin ich eine Frau. In den letzten beiden Jahren bin ich viel älter geworden – zwölf Jahre in zwei Jahren.«

Ruth vermochte ihre Gefühle der Dankbarkeit zu äußern und auch die symbolische »Nahrung« zu akzeptieren, die ihr in der Analyse angeboten wurde. »Als ich stürzte, fingen Sie mich auf und ernährten mich«, sagte Ruth, »Sie gehören jetzt zu meinem Leben.«

Ruth hatte zwar immer noch mit vielen Problemen zu kämpfen, zum Beispiel mit ihrer Unfähigkeit, in der Welt außerhalb der Wohnung zu funktionieren oder ihrem Leben durch einen Beruf oder eigene Interessen einen anderen Inhalt als die Familie zu geben. Sie hatte immer noch das Bedürfnis, sich an meiner Hand festzuhalten, wenn sie »auf dem Hochseil des Lebens läuft«. Wie ihre schlechte Haut, so heilte allmählich auch ihr verwundetes Selbst, doch die Narben werden wohl immer zurückbleiben.

Trotz ihrer Schwierigkeiten hatte Ruth nun das Gefühl, leben zu können. Uns beiden war klar, daß der Analyseprozeß noch eine lange Zeit weitergehen mußte.

## Diskussion

Ich möchte hier auf die Beziehung zwischen Selbst, Körper und Objekt eingehen, wie sie sich im zunehmenden Gefühl der Abtrennung in der Übertragung widerspiegelt.

Identitätsbildung ist ein Prozeß, der auf die wechselseiti-
ge und erfolgreiche Assimilation aller bruchstückhaften
Identifizierungen der Kindheit zurückgeht (Grinberg und
Grinberg, 1974), wobei das Ich nach und nach die Fragmente auswählt, mit denen es sich identifiziert (Erikson, 1956).

Es scheint, daß die Patientin zwar bewußt spürte, daß sie
sich mit der Mutter in der Rolle eines gierigen und hilflosen Kindes identifizierte, daß die unbewußten Facetten
ihres Ichs (Szasz, 1957) sich aber so auf ihren Körper bezogen, als ob dieser ihr traumatisierter Stiefvater wäre. Dieses
Phänomen läßt sich in der Form einer vollständigen Vereinigung mit einem wunderbaren und dennoch scheußlichen
inneren Objekt erkennen, wodurch die inneren Grenzen
zwischen Ich und einverleibtem Objekt aufgehoben wurden
(Milner, 1952).

Durch die Verlagerung der symbolischen Objektrepräsentanz auf ihren Körper (Szasz, 1957) unternahm die Patientin
den Versuch zu einer Beherrschung mittels Konkretisierung
(Bergmann, 1982). Dieses Phänomen führte zu einem Leben
in zwei getrennten Wirklichkeiten. Der unbewußte Teil des
Selbst, der mit der Vergangenheit des Stiefvaters verbunden
war, spielte die Rolle eines Urbildes des Über-Ichs, während der andere Teil, der besser an die Wirklichkeit ange-
paßt war, die Rolle eines unterwürfigen Ichs übernahm.
Aus dieser Spaltung entstand Verfolgungsangst.

Hintergrund für die Identifizierung der Patientin mit dem
Stiefvater war ihr traumatisches Verlassenwerden durch
beide Eltern. Ihr richtiger Vater hatte die Familie im Stich
gelassen, als sie zweieinhalb Jahre alt gewesen war, und
war seitdem für immer fremd geworden; die Mutter, krank
und depressiv, konnte ihr die für sie erforderliche »ausreichende Bemutterung« nicht geben (Winnicott, 1962). Ihr
Stiefvater trat in einer Zeit der körperlichen und seelischen
Deprivation in ihr Leben; er spielte gleichzeitig die Rollen
des Vaters und der Mutter, wobei die adoptierten Kinder

einen Ersatz für jene Kinder waren, die er selbst niemals würde haben können.

Die körperliche Identifizierung der Patientin mit ihrem Stiefvater beruhte auf ihrer unbewußten Allmachtphantasie, ihn retten zu können. Durch den ständigen Beweis ihrer Fähigkeit, angesichts von Gefahr und Deprivation überleben zu können, besiegte die Patientin auf omnipotente Weise den Tod und die Kastration, die den Stiefvater bedrohten. Diese Identifizierung half ihm auch dabei, die Trauer um Familie und Männlichkeit, die er verloren hatte, zu umgehen. Deshalb läßt sich dies als »Trauerersatz«-Mechanismus (Bergmann, 1982) bezeichnen.

Der Vorgang, sich von mir in der Übertragung zu trennen, kam bei der Patientin in einem Fortschritt der Kommunikationsweise zum Ausdruck. Bei Behandlungsbeginn äußerte sie sich mir gegenüber wie ein Kleinkind: durch Körperempfindungen; sie brauchte mich auf einer konkreten Ebene. Es bestand eine auffällige Übereinstimmung zwischen ihrem Funktionieren als Erwachsene und der Angst des Kleinkindes (Sandler, 1977). In dieser Phase empfand sie eine völlige Verschmelzung mit mir und war sich nicht sicher, zu wem das geäußerte Gefühl eigentlich gehörte. Wie das Kind im Anfangsstadium war sie sich nicht bewußt, daß Grenzen bestanden, und sie entdeckte sie auf dem Wege des Spiels (Milner, 1952). Mit Zeichnungen brachte sie ihre subjektive imaginäre Welt zum Ausdruck, ohne sie mit der realen Welt zu verwechseln. Wie ein Kind in der Spieltherapie erging sie sich in einer Atmosphäre, wo die »Vorschläge, Aufträge, Ablehnung, Zurückhaltung, Kritik, Mißbilligung, Unterstützung und Aufdringlichkeit von Erwachsenen nicht existieren. Dies alles wird ersetzt durch die völlige Akzeptanz und Permissivität, sie selbst zu sein« (Axline, 1969). Diese Phase diente als »Dialog des Auftankens« (Sandler, 1977), wobei die Patientin die Analytikerin und sich selbst nach sensorischen und affektiven Schlüsselreizen absuchte, die ihr ein Gefühl der Sicherheit verschaffen konnten. Dieses Auftanken förderte ihre Gefühle der Selbständigkeit und der Autonomie, so daß sie sich allmählich von mir lösen und sowohl mit ihrer Ambivalenz als auch mit der neuen Verbalisierungserfahrung umgehen konnte, ohne daß dabei ihr inneres Gefühl der Sicherheit zu sehr bedroht wurde. Verbalisierung bedeutet die Bildung von Symbolen und ist somit ein Mittel, um Differenzierung zu erlangen. Statt zu versuchen, innere Bedeutung durch Handlungen oder Sinnesempfindungen zu entäußern, versuchten wir diese zu verstehen und in einen Modus der Kognition zu übersetzen. Die Patientin wurde sich der unbewußten Bedeutung ihrer Handlungen bewußt, und damit verminderte sich bei ihr auch das Bedürfnis zu agieren.

Zusammen mit dem Vorgang der Trennung von mir in der Analyse entdeckten wir den Vorgang der Differenzierung von primären Objektrepräsentanzen. Die Wahrheitssuche der Patientin und ihr Bedürfnis, die Vergangenheit ihres Stiefvaters kennenzulernen, stellten einen Versuch dar, die Realität zu betrauern und nicht irgendwelche illusorischen Schattenbilder (Kestenberg, 1982). Dadurch konnte sie ihre Welt des phantasierten Traumas verlassen, die ihr Ich auf das Unbekannte festgenagelt hielt – auf das fehlende Stück der Lebensgeschichte ihres Stiefvaters. Sie hatte nämlich das, was ihrem Stiefvater in der Realität zugestoßen war, dazu benutzt, um zu ändern, was ihr Ich sich in der Phantasie angetan hatte. Auf diese Weise begann sie zwischen ihrem Stiefvater und ihrer introjizierten Repräsentanz zu differenzieren; zwischen seinen Erlebnissen und ihren eigenen Körperempfindungen.

Sowohl ihr Stiefvater als auch ihre Mutter waren als emotional beeinträchtigte Container verinnerlicht worden. Beide Eltern projizierten ihre eigenen depressiven und aggressiven Neigungen auf das Kind und benutzten es somit als ein Selbstobjekt, um den enormen Grad an Depression und Selbstdestruktivität zu mindern, der für sie beide hätte tödlich werden können (Klein und Kogan, 1986).

Die allmähliche Verinnerlichung einer haltenden und bewahrenden Umwelt in der Analyse sowie der Repräsentanz der Analytikerin als eines emotional hinlänglichen »Containers« oder »Behälters« – einer »zweiten Haut« –, der die verschiedenen Persönlichkeitsaspekte zusammenhält, führte schließlich zu einem reiferen und besser integrierten Selbst.

# 4 Reise zum Schmerz[1]

»Was der Leidende nicht begreift, ist die schwierige
Aufgabe, eine Beziehung zum Schmerz herzustellen – darin
liegt sein wirkliches Leiden –, im Leiden zu leiden.«
Henri Michaux (1944)

In diesem Kapitel wird die Wiedergewinnung der
Fähigkeit, Schmerz und Schuld erleiden zu können, am Beispiel der Analyse einer Frau beschrieben, deren vier Monate alter Säugling bei einem Autounfall ums Leben kam, den
sie durch ihre rücksichtslose Fahrweise selbst verschuldet
hatte. In der Analyse kam zum Vorschein, daß dieser Vorfall auf das Bedürfnis der Patientin zurückzuführen war,
ihre unbewußten Phantasien und Konflikte im Zusammenhang mit den Überlebens-Schuldgefühlen ihrer Eltern zu
wiederholen und zu vergegenwärtigen. In der Übertragung
fand dieses Bedürfnis seinen Ausdruck im Versuch der Patientin, die Analytikerin durch eine Reihe von Angriffen auf
die therapeutische Beziehung zu vernichten. Die Fähigkeit
der Analytikerin, diese Angriffe ohne jegliche Vergeltung zu
überleben, ermöglichte es der Patientin, zwischen ihrem
Selbst und den Liebesobjekten zu differenzieren und die
Allmachtsvorstellungen von ihrer eigenen Destruktivität aufzugeben.

Die Analyseerfahrung machte es der Patientin leichter,
Gefühle der Trauer und der Schuld aufkommen zu lassen,
vor denen sie sich früher durch den Aufbau einer starken
Abwehr geschützt hatte. Dadurch wurde auch ihr Seelenleben wieder lebendiger und ihr Selbst neu integriert.

## Falldarstellung

Josefa, eine siebenunddreißigjährige Naturwissenschaftlerin, verheiratet und Mutter eines zweijährigen Sohnes, entschied sich wegen ihrer Gefühle der Leere und der Sinnlosigkeit des Lebens dazu, psychoanalytische Hilfe zu suchen. Sie hatte zwar schon lange mit dem Gedanken an eine Analyse gespielt, hatte jedoch nicht den Mut aufbringen können, sich wirklich darauf einzulassen.

Josefa ist die Hauptfigur einer überaus tragischen Geschichte. Im Alter von vierunddreißig Jahren war sie in einen schweren Autounfall verwickelt. Ihr Säugling, ein vier Monate altes Mädchen, saß neben ihr auf dem Beifahrersitz in einem gewöhnlichen Kindersitz, der keine besonderen Sicherungsvorkehrungen aufwies, als Josefa plötzlich die Mittellinie einer Schnellstraße überfuhr und mit einem aus der Gegenrichtung heranfahrenden Auto zusammenstieß. Das kleine Mädchen wurde getötet, Josefas Beine, Becken und Kiefer waren gebrochen, ihr Gebiß weitgehend zerstört. Sie lag zehn Tage bewußtlos im Krankenhaus, wo man sie über den Tod ihrer Tochter informierte. Mit dem Verlust ihres Kindes konfrontiert, wünschte Josefa sich selbst den Tod, überlebte jedoch trotz allem. Sie unterzog sich einer Reihe von orthopädischen und kieferchirurgischen Eingriffen, die sie als überaus traumatisch erlebte. Nachdem sie eine gewisse Zeit im Rollstuhl verbracht hatte, kehrte sie wieder zur Arbeit zurück und mußte beim Gehen Krücken benutzen. Entgegen den Erwartungen der Mediziner konnte sie schließlich wieder gehen. Es blieb nur ein leichtes Hinken zurück. Sie ließ sich eine Zahnprothese machen, und ihre Kieferknochen wurden wieder in Ordnung gebracht. Sie hatte jedoch bleibende Schwierigkeiten beim Öffnen des Mundes. Fünf Jahre nach dem Unfall brachte Josefa einen Sohn zur Welt.

Josefa suchte nach ärztlicher Hilfe zu einem Zeitpunkt in ihrem Leben, als sie den Eindruck hatte, die irreversiblen

Folgen des Unfalls bereits überwunden zu haben. Gleichzeitig wurde sie durch eine gewisse seelische Taubheit, durch die Unfähigkeit, Freude oder Schmerz zu empfinden, in Verbindung mit einem Gefühl der Vergeblichkeit und der Sinnlosigkeit, dazu bewegt, Hilfe zu suchen.

Ich werde nun kurz meine Gefühle beschreiben, als ich bei unserer ersten Verabredung mit Josefas Katastrophe konfrontiert wurde. Ich muß zugeben, daß ich etwas durcheinander war und bei der Aussicht darauf, diese Frau zu behandeln, einige Befürchtungen hatte. Ich fragte mich, was mit der Psyche eines Menschen geschieht, dessen Todeswünsche auf eine so schreckliche Weise realisiert werden, und zwar kraft seiner eigenen destruktiven Handlungen. Ich fragte mich, ob die Psychoanalyse wirklich jemandem helfen konnte, der unter so schrecklichen Umständen ein Kind verliert und dessen gesamtes Seelenleben wie gelähmt erscheint.

Ich hatte vor Jahren mehrere Zeitungsartikel über Josefas Unfall gelesen, die von Photographien von ihr aus der orthopädischen Abteilung des Krankenhauses begleitet waren: sie war in Verbände eingewickelt, die Beine in Zugvorrichtungen eingespannt. Die unheimliche Schlagzeile lautete: »Ich habe mein Baby getötet«, und der Unfall wurde in allen Einzelheiten beschrieben. Ich erinnere mich, daß mich dieser journalistische »Knüller« schockierte und anwiderte. Niemals hätte ich daran gedacht, daß Josefa einige Jahre später zu mir kommen würde, um sich nach einer Analyse zu erkundigen. Als sie zum erstenmal in mein Sprechzimmer trat, dachte ich, daß sie einen Mut bewies, den ich, unter vergleichbaren Umständen, vielleicht nicht aufgebracht hätte. Um jedoch ihre Verlusterfahrung klar zu verstehen und ihr eine Stütze bieten zu können, mußte ich für ihre Angstvorstellung zugänglich sein, daß sie für den unwiderruflichen Verlust ihres Kindes selbst verantwortlich war.

Dies wurde mir noch deutlicher, als ich in der Reaktion auf ihre Schilderung des Unfallhergangs unfähig war, Furcht oder Mitleid zu empfinden, sondern vielmehr von einem Gefühl der Empfindungslosigkeit überwältigt wurde. Allmählich erkannte ich, daß ich mich vor dem Schrecken schützte, den ihre Geschichte vermittelte, und mich zugleich mit den Formen der Abwehr identifizierte, die es ihr ermöglichten, in dieser Welt weiterhin zu funktionieren. Ich fragte mich, ob meine persönliche Erfahrung mit dem Leiden ausreichte, um mir zu ermöglichen, sie auf ihrem Analyseweg zu begleiten. War es erstrebenswert, den Schmerz der Trauer und die Last der Schuld wieder aufzuwecken, um ihr psychisches Leben zu reaktivieren, und wenn ja, um welchen Preis? Und wenn die Wiederbelebung ihres Seelenlebens das Ziel der Analyse war, war dies denn überhaupt möglich?

## Fallgeschichte

Josefa war die fünfte Tochter einer Farmerfamilie. Ihre Eltern waren knapp vierzig, als sie zur Welt kam. Während ihres ersten Lebensjahres wurde der Vater über ein Jahr lang eingezogen, und die Mutter hatte die schwere Last zu tragen, die Farm allein in Gang zu halten.

Josefas Eltern waren als Teenager nach Israel gekommen, nachdem sie ihre Schulausbildung in Osteuropa abgeschlossen hatten. Ihre Mutter hatte zwei ältere Schwestern und einen Bruder, den sie nie kennengelernt hatte, da er nach Südamerika emigriert war, bevor Josefas Mutter geboren wurde.

Als Josefas Großvater mütterlicherseits starb, wurde ihre Mutter, die eine zionistische Erziehung hinter sich hatte, allein nach Israel geschickt. Sie lebte dort in einem Kibbuz, wo sie ihren Ehemann kennenlernte, der von ähnlicher Herkunft war. Sie beschlossen, den Kibbuz zu verlassen, kauften Land und bauten aus dem Nichts eine Farm auf. Beide sahen dieses Projekt als lebenswichtig für ihre Existenz an.

Josefa wuchs mit Erzählungen über Hungersnot und Entbehrungen wegen Nahrungsmangel auf. Über die Familie ihres Vaters wußte sie fast gar nichts. Sie wußte nur, daß er eine enge Bindung zu seinem Vater unterhielt – nach dem sie auch benannt war –, und der gestorben war, nachdem ihr eigener Vater nach Israel ausgewandert war.

Ich werde nun die verschiedenen Phasen der Analyse beschreiben, die für unser Thema wichtig sind. Die ersten drei Phasen vollzogen sich im Laufe von etwa zwei Jahren; die letzte Phase dauerte noch weitere anderthalb Jahre.

### 1. Phase – Das fragmentierte Selbst
### hinter dem gebrochenen Kiefer

In den ersten Sitzungen vermittelte mir Josefa mit ihrer bruchstückhaften und zusammenhangslosen Redeweise das Gefühl einer schrecklichen Katastrophe, die über sie hereingebrochen war. Ihr Durcheinander aus Ideen und Wörtern erweckte in mir das Bild von Trümmern, die bei einem Autounfall in alle Richtungen geschleudert werden. Allmählich dämmerte es mir, daß ihre unzusammenhängenden Sätze ein Beispiel für ihre Unfähigkeit waren, die eigene Person zusammenzuhalten.

Im Hier und Jetzt der Analysesituation fühlte ich mich wie verloren, wie in einer chaotischen und sinnlosen Welt. Ich erkannte, daß dies Josefas Art war, mir ihre eigenen Gefühle der Verwirrtheit und des Verlustes zu übermitteln. Außerdem fühlte ich mich in einem sadomasochistischen Spiel gefangen, bei dem mir abwechselnd die Rolle des Opfers und die des Verfolgers zugewiesen wurde.

Wenn Josefa mich zum Opfer machte, versuchte sie mich in ihrem unverständlichen Gerede, das mich lähmte und

empfindungslos machte, zu ertränken. Als ich sie darauf hinwies, daß ich geistig gesund und lebendig sei, wenn ich den
Anspruch stelle, ihr Geplapper zu verstehen, wies sie mir unverzüglich die Rolle eines Verfolgerobjektes zu. Meine Versuche, ihre Äußerungen und Ideen zu einem stimmigeren
Muster zusammenzufügen, um daraus einen Sinn gewinnen
zu können, empfand sie als unterdrückend. Sie rebellierte
dagegen, »in die Normalität gedrängt« zu werden, und lehnte »Sinn« als einer anderen Welt zugehörig ab, »wo Ihre
Sprache vorherrscht«. Stimmigkeit, Verständlichkeit und Integration erlebte sie als Bedrohungen ihres fragmentierten
Selbst, das sie als ein »Konglomerat aus Welten« bezeichnete.

Josefa verabscheute die Realität und sah mich als deren
Vertreterin an. Sie spielte auf omnipotente Weise mit der
Realität der Zeit, indem sie zu unseren Sitzungen zu spät
kam, nach ihrer Uhr jedoch immer »rechtzeitig«. »Ihre«
Zeit war anders als die meine, anders als die Zeit, welche
die Analyse sie zu akzeptieren zwang. Josefa verdrehte oft
meine Deutungen, entleerte sie ihres Sinnes und wies sie
zurück. Mir wurde bewußt, daß eine Konfrontation mit
ihrem phantasierten Mörderaspekt unausweichlich war.

Josefas Geplapper war gewöhnlich von unzulänglichen
Affekten begleitet, etwa einem starren Lächeln oder einer
freudigen Miene. Ich war oft bestürzt und fragte mich, ob
sie nicht psychotisch sei. Es gab jedoch zwei wichtige Bereiche, die bewiesen, daß Josefa gewisse Ressourcen für ihr
Ich besaß: ihre Fähigkeit, sich um die Familie zu kümmern,
und ihre Fähigkeit, in der Wissenschaftswelt zu funktionieren.

Offenbar konnte Josefa durchaus kohärenter sein, wenn
es für ihr Funktionieren in der Welt notwendig war. Allerdings hielt sie dies für eine Maske, unter der sie ihr reales,
fragmentiertes Selbst versteckte. Josefa warnte mich davor,
sie nicht etwa zu ermutigen, während der Sitzungen Normalität zu fingieren.

Ihre Träume waren ein weiterer Bereich, der »stimmiger« erschien und auf ein gesunderes Selbst hinwies. Die Träume stellten gewöhnlich eine klarere und verständlichere Erzählung dar, als ob Primär- und Sekundärprozeß – ihre unbewußten und ihre bewußten Gedanken – den Platz getauscht hätten. Nach und nach kam ich zu dem Schluß, daß Josefa sich danach sehnte, mit mir eine besondere Beziehung einzugehen, die auf einem überempfindlichen *rapport* beruhte: Ich sollte wissen, wie sie sich fühlte und was sie dachte, ohne daß sie es mir in Worten mitteilte. Für sie stellte dies den einzigen engen, gültigen und gehaltvollen Weg dar, sich auf Objekte zu beziehen.

In dieser Behandlungsphase formulierte ich einige Arbeitshypothesen:

a) Josefas Sprachzerstückelung symbolisierte die Art, wie sie ihr fragmentiertes Selbst erlebte (Körper und Psyche).

b) Josefa war gegen eine Behandlung eingestellt, die sprachliches Denken zur Lösung emotionaler Probleme einsetzte (Bion, 1955). Sie fürchtete und haßte mich, wenn ich ein psychoanalytisches Verständnis ihrer Probleme erreichen wollte, zum Teil, weil sie meinte, die Psychoanalyse verlange von ihr ebenjene verbale Denkweise, vor der sie sich so sehr fürchtete.

c) Josefas destruktive Angriffe auf unseren sprachlichen Austausch während der Sitzungen symbolisierte die Art und Weise, wie sie sich im Laufe ihres ganzen Lebens auf primäre Liebesobjekte bezogen hatte. Ich nahm an, daß dies alles mit einer Flucht vor dem Schuldgefühl zusammenhing: sie wollte wohl lieber fragmentiert, infantil und psychotisch sein, als sich des Mordes schuldig zu fühlen.

*2. Phase – Das Tor zum psychischen Schmerz*

In dieser Phase der Analyse suchten wir nach Josefas eingesperrten Gefühlen. Mit einem Traum äußerte Josefa ihren Wunsch, aus der therapeutischen Beziehung Kraft zu gewinnen und ihrem inneren Gefängnis zu entfliehen. Im Traum sah sich Josefa in Sträflingskleidung in der wissenschaftlichen Abteilung; sie verirrte sich, war völlig orientierungslos und konnte den Ausgang nicht finden. Auf der anderen Straßenseite sah sie Kranke, die in einer psychiatrischen Abteilung hospitalisiert wurden. Trotz des räumlichen Abstandes fühlte sie sich ihnen nahe. Sie suchte Hilfe. Eine junge Frau kam näher und deutete für sie ihren Traum. »Sehen Sie denn nicht, daß man mich an die Hand nehmen und mir den Ausgang zeigen muß?« fragte Josefa. Die Frau verdoppelte ihre Anstrengungen, um ihr zu helfen. Josefa hatte den Eindruck, daß alle diese Versuche vergeblich waren. Plötzlich traf sie eine Entscheidung: Sie folgte der Frau und fand den Ausgang. Es war ein langer Weg.

In ihren Assoziationen zu dem Traum verwies Josefa auf ihre ambivalenten Gefühle mir gegenüber. Sie hielt mich für unfähig, ihr zu helfen, und sie betrachtete meine Deutungen als nutzlos. Erst in letzter Zeit begann sie ein gewisses Vertrauen in die Analyse zu entwickeln.

Ein Fortschritt im Reintegrationsprozeß, eine allmähliche Verschmelzung der vielfachen Spaltungen ihres Selbst zu immer weniger Fragmenten, die es ihr erlaubte, nach und nach eine gewisse Bedeutung in ihre Sätze zu legen und der Behandlung Verständnis entgegenzubringen, ergab sich, als Josefa mit ihrem psychischen Schmerz vertraut wurde. Auf der Landkarte ihrer Psyche wurde dieser Schmerz »an der Grenze und Verbindungsstelle von Körper und Seele, von Tod und Leben« (Pontalis, 1981) lokalisiert.

Gerade weil psychischer Schmerz bei Josefa so auffällig fehlte, erkannte ich, daß sie eine Konfrontation mit etwas, das sie überwältigen könnte, ablehnte. Emotional empfand sich Josefa als leer und tot; Schuld und Trauer waren ihrem Gefühlsrepertoire fremd. Die körperliche Entsprechung dazu war die Empfindungslosigkeit ihres Körpers, das völlige Fehlen von körperlichem Schmerz trotz ihrer schrecklichen Verletzungen. Josefa war stolz darauf, diese Empfindungslosigkeit künstlich herbeiführen zu können.

Die erste Veränderung in der Analyse trat ein, als Josefa die Begegnung mit dem körperlichen Schmerz wegen eines schmerzenden Zahns zuließ. Dieser unstillbare Schmerz wurde durch Druck auf einen Nerv verursacht. Josefa behauptete, es gebe Menschen, die bei solchen Schmerzen das Bewußtsein verloren, Morphium schluckten oder Selbstmord begingen. Sie selbst zog es jedoch vor, in die Analyse zu kommen. Uns beiden wurde bewußt, welchen außergewöhnlichen Mut sie brauchte, um einen so quälenden körperlichen Schmerz auszuhalten, der die Wiederbelebung ihres seelischen Schmerzes symbolisierte. Josefa schrieb mir die Kraft zu, den durch die Behandlung ausgelösten Schmerz zu lindern, ebenjenen Schmerz, dessen Zweck es war, sie vor dem inneren Tod zu erretten, dem sie sich überlassen hatte.

Ebenso wie einst die Suche nach analytischer Behandlung verschob sie auch den Besuch beim Zahnarzt. Als sie endlich hinging, projizierte sie ihre Schuldgefühle auf ihn und behauptete, er sei von ihrem Leiden so beeindruckt gewesen, daß er ihr ein Stück Schokolade schenkte, bevor er mit der Operation an ihrem Zahn begann – wie man den letzten Wunsch eines zum Tode Verurteilten erfüllt. Josefa hatte Angst, daß ich wegen Schuldgefühlen und wegen meiner Unfähigkeit, den Schmerz auszuhalten, den ich ihr zufügte, Mitleid mit ihr haben könnte und dadurch meine Objektivität verlieren würde. Die analytische »Operation«, der sie sich zu unterziehen hatte, um den toten Teil in ihr wiederzubeleben, erlebte sie deshalb wegen der überwältigenden Schmerz- und Schuldgefühle, die in ihr wiederbelebt wurden, zugleich als eine Bedrohung ihrer Existenz und als eine schreckliche Hinrichtung.

In der Übertragung wies Josefa mir die Rolle des Zahnarztes zu, der die äußerst schwierige Aufgabe zu erfüllen hatte, ihren Zahn durch die beschädigte Öffnung ihres Mundes hindurch zu behandeln. Die Arbeit an dem faulen Zahn sollte zwar den Schmerz beseitigen, der durch den Druck auf einen Nerv verursacht wurde, doch die erzwungene Öffnung des Mundes war allein schon eine qualvolle Prozedur. In der Analyse »den Mund zu öffnen« – Wörter und Sätze zu einer sinnvollen und schlüssigen Erzählung zusammenzufügen – war für sie höchst bedrohlich, weil es ein Bewußtsein der psychischen Realität herbeiführte, mithin die Depression, die mit der Zerstörung und dem Verlust von guten Objekten verbunden ist. Josefas Assoziationen zu dem schlechten Mundgeruch wegen des faulenden Zahns in ihrem Mund brachten uns ihrer inneren Realität näher. Der Geruch des Zerfalls erinnerte sie an einen üblen Geruch im Eingang ihres Wohnhauses. Sie war überzeugt davon, daß eine tote Katze oder ein toter Hund in einem der Schränke lag, die geöffnet werden sollten, damit man den Kadaver beseitigen und den Geruch im Eingang loswerden konnte. Sie war entschlossen, den »Kadaver« in ihr selbst zu finden, ohne ein Bewußtsein davon zu haben, daß sie selbst sein Henker gewesen sein könnte.

### 3. Phase – Die Rekonstruktion des Traumas

Als Josefa ihre Furcht überwand, die eigene Vergangenheit zu durchsuchen, begann sie einige verständliche Kindheitserinnerungen zu erzählen, die uns eine Vorstellung von der Atmosphäre vermittelten, in der sie aufgewachsen war.

Josefa hat vier ältere Schwestern, die ebenfalls Naturwis-

senschaftlerinnen sind. Die Schwestern waren die Lieblinge
der Mutter, und Josefa hatte im Wettkampf um die Mutter-
liebe das Nachsehen. Wenn sie mit ihnen zusammen war,
hatte sie dauernd das Gefühl, die Aschenbrödel-Rolle zu
spielen. Ihre besondere Bindung an den Vater war der Aus-
gleich dafür. Ihr Vater war es, der sich von Anfang an um
sie kümmerte und alle ihre Bedürfnisse befriedigte. Die Geschichte, die man Josefa weitererzählt hatte, war die: Es sei
eine große Enttäuschung für ihren Vater gewesen, daß sie
als Mädchen geboren wurde, er habe einen Sohn gewünscht,
der den Vaternamen hätte tragen sollen. In der Kindheit
und während der Adoleszenz agierten Josefa und ihr Vater
die Phantasievorstellung, sie sei der Sohn ihres Vaters; sie
hörte sogar getreu auf den Namen Josef, den Namen ihres
Großvaters.

Mit sechs Jahren begann Josefa ihren Vater bei der
Arbeit auf der Farm zu begleiten. Zunächst wurden ihr einfache Arbeiten zugewiesen, die bald durch zeitraubende
und anstrengende Aufgaben ersetzt wurden. Josefa mußte
vor Sonnenaufgang aufstehen, um die Hühner zu füttern
oder irgendwelche anderen unangenehmen Arbeiten auf
der Farm zu erledigen, während die Schwestern, die »Töchter der Mutter«, für feminin gehalten wurden und ihnen
schwere Arbeiten deshalb erspart blieben. Josefa erinnerte
sich mit gemischten Gefühlen an ihre Arbeit auf der Farm.
Am Anfang mochte sie die Arbeit – sie konnte viel Zeit zusammen mit ihrem Vater verbringen –, und die anderen
Arbeiter auf der Farm mochten sie. Später strengten die
langwierigen und langweiligen Stunden körperlicher Arbeit
neben der Arbeit für die Schule sie sehr an. Sie erinnert ihre
Kindheit als eine Geschichte der Ausbeutung, des Zorns
und der Bitterkeit. Josefa wurde auf ihren Vater wütend,
während sie gleichzeitig alles tat, um ihm zu gefallen. Ihr
Vater spielte zugleich die mütterliche und die väterliche
Rolle. Er sang Wiegenlieder für sie, kürzte ihre Kleider,

kaufte ihr Wäsche und so weiter. Außerdem erzählte er ihr Geschichten von einer fernen Vergangenheit in einem anderen Land und über seine Sehnsucht nach dem eigenen Vater, der gestorben war, kurz nachdem er von zu Hause weggegangen war.

In den Geschichten ihres Vaters war der Großvater häufig auf Geschäftsreisen unterwegs, während ihr Vater auf ihn wartete. Als Josefa älter wurde und mit Freunden ausging, stieß sie bei der Rückkehr auf den Vater, der an der Kreuzung, wo der Weg zur Farm von der Hauptstraße abzweigte, auf sie wartete. Josefa hatte das Gefühl, daß ihr Vater sehr darauf bedacht war, sie wiederzusehen, gleichzeitig jedoch befürchtete, sie zu verlieren; gleichsam die Erfahrung mit dem eigenen Vater zu wiederholen.

In dieser Zeit kam Josefa ständig zu spät zu ihren Analysestunden (fünfzehn bis zwanzig Minuten). Mit dem Zuspätkommen agierte sie ihr Omnipotenzspiel mit dem Tod (ihrem Abgang) und dem Überleben (neuer Auftritt). In diesem Spiel erfüllte sie die Doppelrolle von Vater und Kind, die jeweils verschwinden und auf wunderbare Weise ins Leben zurückkommen. Indem sie als fehlender Vater agierte, versuchte sie mir die Rolle des hilflosen Kindes zuzuweisen, das ängstlich und wütend wartet, bis sein omnipotenter Elternteil zurückkehrt. Wenn sie mein vermißtes Kind spielte, versuchte sie mir den tödlichen Schmerz einzuflößen, den Eltern empfinden, deren Kind verschwunden ist. Vater und Kind kamen durch Josefas Ankunft zur Analysestunde beide wie durch ein Wunder ins Leben zurück. Trotz der warmherzigen Beziehung zum Vater beschrieb Josefa ihre Kindheit als ein Versteckspiel mit dem Tod, das mit der Vater-Kind-Beziehung verbunden war. Sie machte dies an morbiden Episoden deutlich, in denen Realität und Phantasie miteinander verschmolzen.

Eine von Josefas Lieblingsbeschäftigungen in der Freizeit war, sich der Gefahr auszusetzen, von einem Nachbarn beschossen zu werden. Dieser Nachbar ärgerte sich über die streunenden Katzen, die auf seiner Farm lebten. Wenn er sie miauen hörte, holte er jeweils sein Gewehr und schoß ohne zu zögern auf sie. Josefa pflegte sich manchmal hinter einem Gebüsch zu verstecken und zu ›miauen‹, um ihn zu provozieren. Der Mann kam dann aus dem Haus, fluchte auf die Katze und schoß in das Gebüsch, wobei er sie knapp verfehlte.

Diese Episode ist eine Illustration für Josefas Thema, vom geliebten und gehaßten Vater getötet zu werden; ein Thema, das wir in der Analyse später als Umkehrung ihrer eigenen Todeswünsche gegen ihn deuten konnten.

In der Übertragung fürchtete Josefa ihre destruktive Kraft und warnte mich davor. Andererseits projizierte sie ihr eignes, strafendes Über-Ich auf mich, wobei sie meine Vergeltung fürchtete. In der therapeutischen Beziehung attackierte sie mich: Ich sei unempfindlich für ihren Schmerz, zu distanziert und »zu normal«, um sie zu verstehen. Sie ließ mich nicht aussprechen, sondern unterbrach mich schroff und wies meine Deutungen als unerheblich zurück. Sie war mit meinem Honorar in Verzug und versuchte ihre Schulden in kleinen Beträgen über einen langen Zeitraum hinweg abzutragen. Wir beide verstanden, daß ihre unbewußte Vorstellung hinter dem Wunsch, das Honorar in unbedeutende Teilbeträge aufzuspalten, die war, den Wert ihrer Analytikerin in wertlose Schnipsel zu zerteilen. Damit versuchte sie zu mir die gleiche Beziehung herzustellen wie zu ihrem eigenen entwerteten Selbst.

Bei der Analyse von Josefas mörderischen Wünschen gegen mich kam in der Übertragung zutage, daß sie den gleichen Wunsch auch gegen ihr Vaterobjekt gerichtet hatte. Schließlich konnte Josefa mit mir die tiefempfundene Überzeugung teilen, daß die tödliche Herzkrankheit ihres Vaters durch ihren Haß und ihre Destruktivität verursacht worden war. Sie brachte die erste Herzattacke, die sich ereignete, als sie noch in der High School war, damit zusammen, daß er mit ihrem Arbeitstempo nicht mithalten konnte. »Er verfluchte mich und sagte, ich brächte ihm den Tod«, erzählte Josefa. »Er schaufelte sich sein eigenes Grab.« Als ihr Vater einen zweiten Herzanfall hatte, wurden die schlimmsten Phantasien Josefas Wirklichkeit. Sie ließ es nicht zu, sich schuldig zu fühlen, sondern projizierte vielmehr ihre mörderischen Gefühle auf den Vater – »Er wartete dauernd auf etwas Schreckliches von meiner Seite. Der Tod stand immer zwischen uns.«

Der Gesundheitszustand des Vaters verschlechterte sich, und als er einige Jahre später dem Tod nahe war, äußerte er den Wunsch, daß Josefa ein Kind haben sollte, bevor er starb. Josefa gehorchte und wurde schwanger, wobei sie die unbewußte Phantasie hegte, es werde »Vaters Kind« sein. Der Vater verstarb während der Schwangerschaft, und Josefa trauerte nie wirklich um ihn. Wie ihr Vater es getan hatte, gab sie dem kleinen Mädchen den Namen ihres Vaters und vergegenwärtigte damit die Omnipotenzphantasie, ihn ins Leben zurückzubringen.

Als ich mich nach dem tragischen Unfall erkundigte, der sich ereignet hatte, als ihre Tochter vier Monate alt war, erfuhr ich, daß er einige Tage vor dem ersten Jahrestag des Todes ihres Vaters geschehen war. Dadurch wurden der Tod des Vaters und der Tod des Kindes, das seinen Namen trug, unlösbar miteinander verknüpft. In ihren unbewußten Phantasien hatte Josefa ihren Vater zum zweitenmal »getötet«. Josefa wünschte sich selbst den Tod, doch sie sah sich als eine Gefangene des Lebens, belastet mit einem doppelten Verbrechen gegen Vater und Kind. Sie teilte mir eine Unmenge von magischen Omnipotenzvorstellungen mit, die den »Mord« am Vater mit dem »Mord« am Kind verknüpften. Sie glaubte, der Vater habe sich mit dem Unfall für ihre »mörderische« Tat gegen ihn gerächt; er wartete auf sie mit dem Todesengel hinter ihm und versuchte, ihr einen Schlag zu versetzen. Versehentlich traf er das Kind und ließ sie am Leben, womit er ihr die höchste Bestrafung zuteil werden ließ. Mir wurde deutlich, daß Josefa magische Allmachtgedanken als Abwehr gegen Gefühle der Trauer und der Schuld einsetzte, die sie hätten überwältigen können.

An diesem Punkt begann ich Josefa in der Analyse auf meine bevorstehenden Ferien vorzubereiten. Auf unsere Trennung reagierte sie mit einer lebhaften Kindheitserinnerung. Als sie sechs Jahre alt war, reiste ihre Mutter für sechs Monate nach Südamerika, um die Schwester zu besuchen, die sie noch nie gesehen hatte. Josefa fühlte sich von ihrer Mutter im Stich gelassen und vom Vater vernachlässigt, der damals viel Arbeit auf der Farm hatte. Sie hörte auf zu essen und nahm so stark ab, daß sie in Lebensgefahr geriet. Nur die Rückkehr der Mutter konnte eine Besserung bei ihr bewirken.

In der Übertragung versuchten wir zu klären, wie wichtig die Analyse für Josefa war und für wie lebensbedrohend sie unsere Trennung ansah.

### 4. Phase – Die Wiederbelebung von Schmerz- und Schuldgefühlen

Josefas aggressive, destruktive Reaktionen auf mein »Im-Stich-Lassen« zeigten sich erst, als wir die Behandlung wiederaufnahmen und sie in der Übertragung die traumatischen Ereignisse nachzuvollziehen versuchte, die durch unsere Trennung reaktiviert worden waren.

Zunächst startete Josefa eine Reihe von destruktiven Angriffen sowohl gegen mich als auch gegen die therapeutische Beziehung. Sie traf die plötzliche Entscheidung, die Analyse für einen Monat zu unterbrechen, weil sie wegen eines Abschlußexamens »ihre Kräfte konzentrieren« müsse. Vergeblich versuchte ich ihren Wunsch nach der Unterbrechung mit ihren Gefühlen des Zorns und der Vergeltung zu verknüpfen, die sie wegen unserer Trennung gegen mich hegte. Sie lehnte meine Deutung ab, sie »verschwand« und tauchte bei der nächsten Sitzung nicht auf. Zwei Wochen später erschien sie wieder, aber erst, nachdem ich durch mehrere Telephonanrufe nach ihr »gesucht« hatte. Als sie wieder in der Analyse war, sprachen wir über ihre Behauptung, »die Analyse nie verlassen zu haben«. In ihrem Kopf war die Analyse immer weitergegangen, und sie hätte so auch ihren weiteren Fortgang genommen, wenn ich nicht angerufen und ihr die Realität dessen bewußtgemacht hätte, was sie tatsächlich getan hatte. Tatsächlich kam sie wieder, um mir mitzuteilen, daß sie wegen finanzieller Schwierigkeiten die Analyse nicht auf regelmäßiger Basis fortsetzen könne.

Statt viermal pro Woche zu ihren Stunden zu kommen, »bot« sie »an«, zweimal monatlich zu erscheinen. Josefa hob ihre »Unfähigkeit, Beziehungen zu töten« als Hauptgrund dafür hervor, einen »Faden« der Analyse beizubehalten. Als ich ihren Vorschlag anhörte, spürte ich Gefühle des Zorns und der Enttäuschung in mir aufsteigen. Ich ahnte den tödlichen Schlag, den Josefa sowohl gegen mich als auch gegen die therapeutische Beziehung vorhatte. Sie wollte mich in einen schwachen und unwirksamen »Faden« verwandeln und die Analyse zu einem bedeutungslosen Bruchstück ihres Lebens machen.

Ich hielt mich jedoch davor zurück, dem Impuls zu folgen und Josefas »Angebot« abzulehnen. Statt dessen bat ich sie darum, erst einmal zu einigen Sitzungen zu kommen, um den Sinn ihrer Bitte besser zu verstehen. Bei den anschließenden Sitzungen wurde mir bewußt, was es hieß, für sie »am Leben zu bleiben«: zu vermeiden, durch »Ermordung« der therapeutischen Beziehung in die Falle ihrer Vergeltung zu geraten. Meine Ablehnung, sie nach ihrem Terminkalender zu sehen, hätte bedeutet, genau in dem

Augenblick aus ihrem Leben zu verschwinden, da sie mich (ihren Vater) zu »ermorden« suchte und damit ihre Omnipotenzphantasie ausspielte, eine Mörderin zu sein. Ein Bruchstück aus Josefas Äußerungen macht dies deutlich: »Ich habe das Buch bemerkt, das auf Ihrem Regal steht – *Die Brüder Karamasow*, das kommt vor *Schuld und Sühne*. Jemand beging Vatermord, aber das trifft doch auf alle Söhne zu, nicht wahr? Wer hätte nie gewollt, seinen Vater zu töten?« Erst später konnten wir in der Analyse ihren aggressiven Akt gegen mich damit zusammenbringen, daß sie in der Kindheit von ihrem anderen primären Liebesobjekt (ihrer Mutter) im Stich gelassen wurde.

Die Suche nach den unbewußten Wünschen und Phantasien hinter Josefas besonderer Bitte führte zu einem Verständnis ihrer symbolhaften Bedeutung. Den Zeitraum von vier Monaten, in dem sie mich sporadisch sehen wollte, verbanden wir mit dem Alter ihres kleinen Mädchens, als es bei dem Autounfall getötet wurde. Wir fanden heraus, daß Josefa die Absicht gehabt hatte, in der verhängnisvollen Woche jenes Monats wieder zur Analyse zu kommen, in der sie ihr Kind und ihren Vater verloren hatte. Ich erkannte, daß Josefa trotz ihrer Bemühungen, mich zu vernichten, zur Analyse zurückkehren und feststellen mußte, ob ich noch für sie da sei, lebendig und gesund.

Ich stimmte also zu, sie in den nächsten vier Monaten sporadisch zu sehen. Danach sollte die Analyse auf regelmäßiger Basis fortgeführt werden. Josefa war mehr als erleichtert. Zum erstenmal konnte sie Gefühle der Dankbarkeit äußern.

Zu dem vereinbarten Termin nahm Josefa ihre regelmäßige Analyse wieder auf. In der Einstellung zur Analyse hatte sich etwas verändert: Sie akzeptierte realistische Zeitbegrenzungen und Zahlungstermine. Josefa brachte dies wie folgt zum Ausdruck: »Als ich heute zu Ihnen kam, sah ich auf einem Plakat eine lustige Werbung. Sie hieß ›Ich ging verloren‹. Es drehte sich um einen kleinen weiblichen Welpen, dessen Eigentümer ihn zum Röntgen bringen und der anschließend verschwand. Eine schreckliche Geschichte. Wer auch immer einen krummbeinigen Welpen wie mich findet, sollte ihm helfen, den Rückweg zu finden.« Im folgenden Jahr versuchten wir erneut, ihre aggressiven Wünsche gegen den Vater im Lichte der Übertragungsbeziehung durchzuarbeiten. Josefa begann zwischen der Phantasie über ihren Vater, der sie bestraft, indem er ihr Kind umbringt, und der Realität des tragischen Unfalls zu differenzieren. Sie glaubte nun nicht mehr, daß der Unfall durch seine Vergeltung für das, was sie ihm angetan hatte, verursacht worden war. »Das war bloß eine Phantasie«, erklärte sie mir.

An die Stelle ihrer lähmenden Abwehr traten Gefühle der Trauer und der Schuld. Zum erstenmal war Josefa in der Lage zu weinen. Sie trauerte um ihr verlorenes Kind, auf das sie sich wie auf einen verlorenen Teil ihrer selbst bezog. Sie kam auf die Liebe zu ihrem Sohn zu sprechen und versuchte zwischen dem lebenden und dem verstorbenen Kind zu differenzieren: »Das ist ein neues Leben, eine neue Geschichte.«

Wir versuchten die Gefühle der Leere und der psychischen Abgestumpftheit zu verstehen, über die sie zu Beginn der Analyse geklagt hatte. Das Gefühl, von mir im Stich gelassen worden zu sein, konnte sie nun mit den verstörenden Erinnerungen an ihre Mutter verbinden. So kam die leidvolle Erzählung der Mutter über den Holocaust allmählich zum Vorschein.

Josefa war unter ungewöhnlichen Umständen gezeugt und geboren worden. Am Ende des Zweiten Weltkriegs hörte ihre Mutter gerüchteweise, daß ihre Verwandten (die Mutter, die Schwestern und ihre Familien) in Konzentrationslagern umgekommen waren. Sie wurde überaus depressiv und reagierte körperlich und seelisch. Sie bekam furchtbare Kopfschmerzen und Gefühle von Depersonalisation und Wirklichkeitsverlust. Im selben Jahr wurde sie mit Josefa schwanger und entschloß sich, im Gegensatz zu den früheren Abtreibungen, dieses Kind zu behalten.

Josefa erfuhr später, daß sich die körperliche und seelische Verfassung der Mutter nach ihrer Geburt merklich verschlechterte.

In der Analyse beschrieb Josefa das »große Loch«, das sie schon seit der Kindheit an sich bemerkte. Sie meinte, dieses Loch sei durch das mangelnde Interesse der Mutter für ihr Überleben verursacht worden. Sie hatte sich für ihre Mutter als nichtexistent (als ein Loch) erlebt: Die Mutter machte sich damals viele Gedanken über den Tod ihrer Angehörigen. Sie fühlte sich besonders schuldig ihrer eigenen Mutter gegenüber, die, wie sie meinte, von allen Kindern verlassen worden war, um dann von den Nazis ermordet zu werden. Als Josefa sechs Jahre alt war, bekam ihre Mutter Besuch von einer Frau aus ihrer Heimatstadt, die ihr vom Schicksal ihrer Angehörigen berichtete. Sie erfuhr, daß bis auf eine alle ihre Schwestern samt Familien tatsächlich im Konzentrationslager umgekommen waren, daß die Mutter jedoch vor der deutschen Invasion friedlich an Altersschwäche gestorben sei.

Diese Nachricht brachte Josefas Mutter zu dem Entschluß, ihre eigene Familie für sechs Monate zu verlassen und nach Südamerika zu reisen, um ihre ältere Schwester, die einzige Überlebende der Familie, zu besuchen. Josefa blieb mit dem Vater zu Hause, der auf der Farm sehr viel zu tun hatte. Genau zu dieser Zeit hörte sie auf zu essen; manchmal schlich sie sich zu den Essenszeiten aus dem Haus und versteckte sich irgendwo, doch niemand suchte nach ihr. Wir konnten nun verstehen, warum sie sich vor mir »versteckte«, als sie aus der Analyse »verschwand«, und warum sie mich dazu brachte, nach ihr zu suchen. Josefa konnte einsehen, daß sie Nahrung, Überleben und Analyse zu einem einzigen Knäuel verwickelte.

Josefa versuchte ihre Beziehung zum eigenen Mutterobjekt durchzuarbeiten. Nach ihrer Beschreibung war die Persönlichkeit der Mutter fragmentiert, wobei sie drei verschiedene Bilder ihrer Mutter zeichnete und jedem einen eigenen Namen gab. Das erste Bild war das einer Frau, die sich um Normalität bemühte, für die die Außenwelt sehr wichtig war. Josefa erlebte diese Mutter als einschränkend und falsch, als jemanden, der sie dazu zwingen wollte, »wie die anderen zu sein«. Dieses Bild hatte Josefa zu Beginn der Therapie in der Übertragung auf mich projiziert. Die »zweite« Mutter war die Unvorhersehbare, die Verrückte, die keiner Regel folgte. Josefa gestand, daß sie früher oft gedacht hatte, unter meiner Fassade der Normalität sei ich »wild« und ungebärdig.

Josefas Mutter hatte den Verlust ihrer Verwandten nie akzeptieren können, und sie glaubte, sie hätten überlebt; ein Glaube, den sie an ihre Kinder weitergeben wollte. Auf ähnliche Weise nahm Josefa mich als jemanden wahr, der bei ihr die Überzeugung erkämpfen wollte, daß sie nicht tot sei, sondern wieder fühlen könne.

Die schmerzlichste Beziehung Josefas war die zu der Mutter als »Fremder« (Josefa gab ihr den Namen »sie«); einer Wüste, von allen Gefühlen entleert. Josefa beschrieb eine Frau, die sie vor kurzem beobachtet hatte, wie sie in einem Restaurant Lebensmittel stahl. Sie war verrückt, alt und hatte ein »großes Loch in der Schläfe«. »Diese Frau hätte meine Mutter sein können«, sagte sie. »Diese Frau bin ich.« Es war genau das »Loch«, das sie introjiziert hatte und von dem sie glaubte, es könne nicht ausgefüllt werden.

In der Übertragung wurde Josefa sich ihres Verlangens bewußt, die Leere in ihrem Herzen mit den warmherzigen Gefühlen zu füllen, die ihr in der Analyse angeboten wurden. Wir begannen die Schuldgefühle im Zusammenhang mit ihrer unbewußten Schuld durchzuarbeiten, sie habe die

Mutter vernichtet, weil sie geboren wurde. Josefa war mir dankbar, nicht nur weil sie ihre Aggression überstanden hatte, sondern weil ich ihr auch ermöglichte, in der Analyse emotional wiedergeboren zu werden, ohne daß sie das Gefühl haben mußte, mich dabei zu verletzen. In dieser Zeit kam das Thema der Wiedergeburt auch wiederholt in ihren Träumen vor. Ein typischer Traum war dieser: Josefa rutschte einen Hügel hinunter, einem See mit blauem Wasser entgegen, wobei ihre Mutter hinter ihr saß. Unten im See brachte sie ein Kind zur Welt; sie kam dann mit einem Säugling aus dem Wasser. Wir verknüpften diesen Traum mit Josefas Wunsch, das »Loch« in ihr zu füllen, indem sie ihrem inneren kindlichen Aspekt in der Analyse zur Welt verhalf. Josefa sagte von ihrem Sohn, er repräsentiere diesen Aspekt der Neugeburt ihrer selbst. Sie beschrieb ihn als gutaussehend und intelligent, mit guten sprachlichen Fähigkeiten. In der Übertragung wies ich auf die Veränderung ihrer Kommunikationsweise mir gegenüber hin. Uns war beiden bewußt, daß Josefa die lange Reise in der Analyse genutzt hatte, um das Tor zu ihren eingesperrten Gefühlen zu finden und aufzuschließen.

## Diskussion

Ich möchte nun auf folgendes zu sprechen kommen: a) das Phänomen des psychischen Schmerzes aufgrund eines Objektverlustes; b) die Unfähigkeit der Leidenden, mit ihrem Schmerz in Berührung zu kommen, und c) die Wiederherstellung der Fähigkeit, Schmerz und Schuld zu erleiden, als Ergebnis der emotionalen Erfahrung in der Psychoanalyse.

a) *Psychischer Schmerz wegen Objektverlust.* Freud hielt den psychischen Schmerz für ein Phänomen, das dem physischen Schmerz gleichkommt. Er skizzierte eine Theorie des Schmerzes in »Entwurf einer Psychologie« (Freud,

1895) und in *Hemmung, Symptom und Angst* (1926d). Im
»Entwurf« definierte Freud den Schmerz als Folge des
»Durchbrechens der Schirmvorrichtungen«.

Freud hielt den psychischen Schmerz außerdem für eine
Reaktion auf den Verlust eines Objekts und brachte ihn mit
der Angst in Verbindung. Er glaubte, daß beim psychischen
und beim physischen Schmerz die »ökonomischen« Bedingungen dieselben seien; die libidinöse Energie (Kathexis),
mit der das auf das verlorene Objekt gerichtete Verlangen
besetzt wird und Angst verursacht [Freud: »Sehnsuchtbeset-
zung«], gleicht der libidinösen Energie, mit welcher der verletzte Körperteil besetzt wird [Freud: »Schmerzbesetzung«]
und die zum Schmerz führt. Die zeitliche Verlängerung
dieses psychischen Prozesses und die Unmöglichkeit, ihn
anzuhalten, rufen einen Zustand der psychischen Hilflosigkeit hervor, der der Hilflosigkeit gleicht, die ein überwälti-
gender Schmerz bewirkt. So können wir den schmerzhaften
Charakter des Objektverlusts verstehen (Freud, 1926d, Nach-
trag C).

Grinberg (1964) verwies ebenfalls auf den Zusammenhang zwischen physischem und psychischem Schmerz. Er
glaubte, das Auftreten von Schmerz in einer Trauersituation
wegen eines Objektverlusts erfolge deshalb, weil der Objektverlust von der unbewußten Phantasie als Angriff auf
das Körper-Ich erlebt werde; dieser Angriff rufe physischen
Schmerz hervor, der wiederum als psychischer Schmerz erlebt werde.

Joffe und Sandler (1965) weisen auf einen weiteren
Aspekt des psychischen Schmerzes im Zusammenhang mit
Objektverlust hin. Sie betrachten den psychischen Schmerz
als eine Diskrepanz zwischen dem aktuellen Zustand des
Selbst und einem ideellen Zustand des Wohlbefindens.
Wenn ein Liebesobjekt verlorengeht, verlieren wir nicht nur
das aktuelle Objekt, sondern auch jenen Aspekt unseres
eigenen Selbst, der die innere Ergänzung zu diesem Objekt

ist, und damit auch das eng mit ihm verbundene Wohlbefinden.

Pontalis (1981) meint ebenfalls, daß psychischer Schmerz
mit Objektverlust zusammenhängt. Schmerz ist darauf zurückzuführen, daß das Objekt zwar für immer verloren ist,
aber ewig festgehalten wird: »Wo Schmerz ist, ist das ab-
wesende, verlorene Objekt gegenwärtig; abwesend ist das
aktuelle, gegenwärtige Objekt.«

b) *Die Unfähigkeit der Leidenden, mit ihrem Schmerz
in Berührung zu kommen.* Im vorliegenden Fall setzte die
Patientin eine psychische Empfindungslosigkeit als Abwehr
gegen ihre unerträglichen Gefühle von Schmerz und Schuld
ein. Solche Empfindungen rühren von Situationen her, in
denen aktuelle Traumata (der Verlust des Kindes) mit einer
zugrundeliegenden Haß- und Destruktionsphantasie (gegen
den Vater) verbunden sind. Dies beeinträchtigt die Trauer-
arbeit und führt dazu, daß die Aggression gegen das Selbst
gerichtet wird.

Greenacre (1967) zeigte, daß in Situationen, wo aktuelle
traumatische Erlebnisse mit einer darunterliegenden, aus
schwerwiegenden Erlebnissen hervorgegangenen Phantasie
verbunden sind, die Einwirkung des aktuellen Traumas viel
intensiver und die Tendenz zur Fixierung viel größer ist als
in Fällen, wo die Erlebnisse oberflächlich und zufällig waren. Deshalb führten Krankheit und Tod von Josefas Vater,
die sie als Umsetzung ihrer omnipotenten Destruktions-
phantasien wahrnahm, zu unerträglichen Schmerz- und
Schuldgefühlen. Da sie ihre Trauer nicht abschließen konnte, versuchte Josefa nicht nur, mit ihrem Kind den Vater ins
Leben zurückzubringen, sondern sie wurde auch selbst zum
Vater (Freud, 1917e). Ihr Aggressionswunsch gegen den
Vater wurde schließlich auf sie selber umgelenkt.

Josefas Aggressionsgefühle gegen die Mutter äußerten
sich in ihrem fragmentierten Selbst, in ihrer Ablehnung der
Realität und in ihrer Beschäftigung mit dem Tod. Das

»Loch« in der Psyche ihrer Mutter wurde ihr eigenes. (Vermutlich war dieses »Loch« auch der Ausdruck von Josefas anaklitischer Depression, hervorgerufen durch die beeinträchtigte Fähigkeit der Mutter, Josefa im ersten Lebensjahr zu ›halten‹ [holding ability].) Die Aggression gegen die Mutter wurde auf sie selber umgelenkt und äußerte sich in dem Wunsch, sich während der Abwesenheit der Mutter zu Tode zu hungern.

Ein weiterer Mechanismus, den Josefa als »Trauerersatz« benutzte, war das Phänomen der Konkretisierung (Bergmann, 1982). Statt mit den Trauer- und Schmerzgefühlen in Berührung zu kommen, lebte sie ihre Phantasien über die elterliche Vergangenheit aus und versuchte sie im eigenen Leben zu verwirklichen. Diese Phantasien enthielten unbewußt geäußerte Themen des ursprünglichen Traumas: Der Akt, ihrem Kind den Namen des verstorbenen Vaters zu geben, war ein Symbol dafür, den Vater wieder zum Leben zu erwecken; indem das Kind den Vaternamen erhielt, wurde es zum Vater (Gampel, 1986a). Der tragische Unfall war ein Symbol dafür, daß die Verletzung des Vaters sich weiter auf ihren Körper und auf den des Kindes erstreckte. Josefas Todeswunsch sehen wir bei der Auslandsreise der Mutter; Josefas Unfall ist die Aktualisierung der unbewußten Konflikte und Phantasien der Eltern im Zusammenhang mit deren eigenen Überlebens-Schuldgefühlen. Die Konkretisierung von Josefas Wünschen wies auf eine Vermischung von Selbst und Objekt, Vergangenheit und Gegenwart, von Phantasie und Realität hin.

c) *Die Wiederherstellung der Fähigkeit, Schmerz und Schuld zu erleiden.* Die Patientin war unfähig, Gefühle von Schmerz und Schuld zu erleiden, weil diese mit ihren Haßgefühlen und ihren destruktiven Wünschen verbunden waren. Den Verlust ihres kleinen Kindes verknüpfte sie mit einer Reihe von Ereignissen, die ihr als Verwirklichung ihrer aggressiven Wünsche gegen Primärobjekte vorkamen.

Freud (1920g) verwies auf die Polarität von Liebe und Haß gegenüber einer geliebten Person und brachte sie mit der »großen Gegensätzlichkeit von Lebens- und Todestrieben« in Verbindung. Riviere (1955) entwickelte diesen Gedanken weiter und fügte hinzu, der Verlust und die Abwesenheit von Liebesobjekten könne in unserem Unbewußten dem Mangel an Liebe, Feindschaft, Haß und Bosheit von ihnen uns gegenüber und bei uns ihnen gegenüber gleichkommen. Sie brachte dies in einer poetischen Weise zum Ausdruck: »Tief im dynamischen Reservoir der Triebkräfte, im Es, liegen Eros, die Lebenskraft, und Thanatos, die Todeskraft, in ewigem Streit, und jeder versucht den anderen zu übertreffen. Ob bei Abwesenheit, im Tod oder bei anderen Situationen der Entfremdung, es wächst die unerträgliche Angst davor, daß unser eigener tödlicher Haß den Verlust herbeiführt, und je größer die Liebe, desto größer die Furcht vor dem Haß« (Riviere, 1955, S. 364).

Es waren somit Josefas Liebe zum Vater und ihr Bedürfnis nach ihm, die sie in ihrer eigenen Wahrnehmung zur Mörderin werden ließen. Traumatisch wurde es, als die Realität diesen Phantasien durch den tragischen Unfall, bei dem ihr kleines Kind starb, Glaubwürdigkeit verschaffte. Kris (1956) hielt die Destillation der Lebenserfahrungen im Laufe eines Lebens für einen Faktor, der bestimmt, welche Erfahrung als eine traumatische Bedeutung erlangen könnte. Das Trauma erzeugte bei Josefa die Empfindung, die einzige angemessene Strafe für ihre mörderische Tat sei ihre Selbstzerstörung.

Seit sie sich erinnern konnte, hatte sich Josefa ihrer Mutter gegenüber schuldig gefühlt. Schon ihre Existenz war ein Grund für Schuldgefühle, weil ihre Geburt die Ursache dafür war, daß der gefährdete Gesundheitszustand ihrer Mutter sich endgültig verschlechterte. Ihre Schuldgefühle wurden noch größer, als sie sechs Jahre alt und die Mutter lange Zeit abwesend war. Der unbewußte aggressive Wunsch gegen die Mutter erfüllte sich durch das Verschwinden der Mutter, das Josefa wie einen Tod erlebte. Sich zu Tode hungern war die Strafe, die sie sich selbst auferlegte.

Sowohl die Krankheit des Vaters und seinen anschließenden Tod als auch das Verlassenwerden von der Mutter nahm Josefa deshalb als Umsetzung ihrer Aggressionswünsche wahr, wodurch sich der Glaube an ihre Destruktivität und ihr Streben nach Bestrafung noch verstärkten.

Im Laufe der Analyse wurden bei der Übertragung Gefühle von Schmerz und Schuld reaktiviert. Josefas Reaktion war eine aggressive Attacke gegen die therapeutische Beziehung, ausgeführt in einer Episode des Agierens[2] (ihr Wunsch, die Therapie aufzugeben). Mit dem Versuch, die therapeutische Beziehung zu zerstören, versuchte sie den Analytiker-Vater zu »ermorden«, mithin ihre destruktiven Phantasien während der Behandlung zu verwirklichen. Gleichzeitig versuchte sie die Analytikerin-Mutter zu vernichten, weil diese sie verlassen hatte (Gefühle, die durch unsere Trennung reaktiviert wurden).

Indem sie ihre Destruktionsphantasie überwand und es nicht zuließ, daß Josefa die therapeutische Beziehung zerstörte, gab die Analytikerin Josefas Omnipotenzphantasie, eine Mörderin zu sein, nicht nach. Ein Ergebnis dieser Erfahrung war, daß Josefas Omnipotenzgefühle schwanden und sie sich selbst als weniger destruktiv auffaßte. Sie begann zwischen der Realität und ihren infantilen Aggressionswünschen und -phantasien zu unterscheiden (Kogan, 1989a).

Josefas Schmerz- und Schuldgefühle wurden erst erträglich, als diese sich von ihrem Haß und ihren Destruktionswünschen (Winnicott, 1964) abtrennten. Damit konnte Josefa der Depression ohne überwältigende Angstgefühle standhalten und einige Anpassungen an die Realität vornehmen (Balint, 1952).

## 5 Vom Agieren zum Wort und zur Bedeutung[1]

»Jetzt weiß ich, was ihn ängstigte. Ich weiß, daß er sich
schuldig fühlte. Und ich weiß auch, daß er sich irrte. Und
von wem weiß ich das? Von wem wohl, von mir natürlich.
Von mir selbst, seinem Sohn. Wir gleichen uns nämlich.
Ich trage seine Vergangenheit und sein Geheimnis in mir.«
Elie Wiesel (1986)

Ich möchte hier das Verhaltensphänomen der
»Konkretisierung« (Bergmann, 1982) darstellen und untersuchen, das im Einleitungskapitel dieses Buches beschrieben wurde und das Bergmann zufolge für Überlebende des
Holocaust und ihre Nachkommen typisch ist. Dieses Phänomen, das mich bei meiner eigenen klinischen Arbeit (Kogan,
1987, 1989a, 1989b, 1990, 1991, 1993) und bei der meiner
Kollegen häufig beeindruckt hat, umfaßt Phantasien, die,
weil sie nicht verbalisiert werden können, ausgelebt, der
Umwelt aufgepfropft und mit der aktuellen Realität verwo-
ben werden [Bergmann, in Bergmann u.a., 1995, S. 345].
Besonders deutlich zeigt es sich in den Anfangsstadien der
Analyse von Patienten, deren Eltern eine massive Traumatisierung erlebten und ihre Erlebnisse später verleugneten.
Diese Kinder versuchen in endlosen Bemühungen das, was
die Eltern erlebten, durch Wiederholung der elterlichen Erfahrungen samt ihrer Begleitaffekte im eigenen Leben er-
fahrbar zu machen.

Ich möchte dieses Phänomen am Material aus der Analyse eines jungen Mannes illustrieren, der unter psychotischen Episoden litt und bei einem Versuch des Vaters, ihn

vor dem Selbstmord zu retten, auf den Vater schoß und ihn verletzte. Ein Hauptbestandteil dieser Gewalttat war die Konkretisierung.

Die Episode ließ sich in der Entwicklung der Übertragungsbeziehung durcharbeiten, als der Patient den destruktiven Angriff sowohl gegen die Analytikerin (durch zeitweilige Unterbrechung der Analyse) als auch gegen sich selbst (in Form der Psychose) wiederholte. Die Analyseerfahrung trug beim Patienten dazu bei, die unbewußte Bedeutung seiner Handlungen zu erkennen und bewußte ebenso wie unbewußte Identifizierungsprozesse durchzuarbeiten, was zur Entstehung eines eigenständigen Selbstgefühls führte.

## Falldarstellung

Den damals zweiundzwanzigjährigen Isaac lernte ich in meiner Eigenschaft als klinische Psychologin der geschlossenen Abteilung einer staatlichen Psychiatrie kennen. Der tragische Vorfall, der zu seiner Einweisung geführt hatte, war ein Selbstmordversuch, bei dem er auf seinen Vater geschossen und ihn verletzt hatte.

Der Hintergrund dieses Vorfalls war folgender: Zwei Jahre zuvor hatte Isaac an einer psychotischen Depression gelitten und das College aufgeben müssen. Sein Zustand verbesserte sich dank psychiatrischer Hilfe, einem Rehabilitationsprogramm für junge Erwachsene auf Ambulanzbasis. Nach seiner Genesung wurde er zur Armee eingezogen, wo er die beiden ersten Jahre recht gut zurechtkam. Daraufhin wurde er von neuem depressiv und fand es immer schwieriger, im Rahmen der Armee zu funktionieren und Routineaufgaben zu erledigen. Er erkannte die Symptome einer bevorstehenden Erkrankung und schwankte zwischen seinem Bedürfnis, Hilfe zu suchen, und seinen selbstzerstörerischen Wünschen, die von seiner Verzweiflung herrührten.

Inmitten dieses Konflikts rief er eines Abends, als er in seinem Militärbüro allein war, aus einem Impuls heraus seinen Vater an und sagte ihm, er sei kurz davor, sich umzubringen. Sein Vater flehte ihn an, es nicht zu tun, und versprach, unverzüglich zu kommen. Isaac wartete mit einem geladenen Gewehr in der Hand auf ihn. Der Vater traf ein und fand eine verschlossene Tür vor. Er hämmerte gegen die Tür und rief nach seinem Sohn, bekam aber keine Antwort. In Panik geraten, brach er zusammen mit einem Wachtposten die Tür auf. In dem entstandenen Lärm und dem Durcheinander betätigte Isaac den Abzug. Schüsse trafen den Vater an Armen und Händen und verletzten ihn; einer von Isaacs Daumen wurde ebenfalls von einer Kugel getroffen. Der Wachtposten blieb unverletzt.

Aufgrund dieses Vorfalls wurde Isaac in eine staatliche Psychiatrie eingeliefert; der Vater kam zur Behandlung seiner Verletzungen in ein allgemeines Krankenhaus.

### 1. Phase – Das fragmentierte Selbst
### hinter einem gebrochenen Finger

Zu Beginn seiner Einlieferung verfiel Isaac ins Grübeln und zeigte eine negativistische Einstellung. Er meinte, daß diese Einlieferung ein Fehler sei, daß die Ärzte sein Leiden nicht verstanden und daß die Patienten in seiner Umgebung primitiv und verrückt seien.

Es wurde beschlossen, Isaac nicht medikamentös zu behandeln. Statt dessen wurde er für eine dynamische Psychotherapie, der er bereitwillig zustimmte, an mich überwiesen.

Der Inhalt unserer Therapiesitzungen drehte sich um Isaacs Ekelgefühle gegenüber seinem Körper. Er hatte den Eindruck, in der letzten Zeit fett geworden zu sein, seine Muskeln seien schlaff geworden und der Daumen trotz mehrerer Operationen verkrümmt. Er hatte das Gefühl, mit einem solchen Finger nicht weiterleben zu können. Aus all dem wurde mir klar, daß Isaac eine psychotische Angst zum Ausdruck brachte.

In der Therapie versuchte Isaac meine Anwesenheit zu ignorieren. Er sprach mich nie an, sondern saß recht mürrisch da und redete mit sich selbst. Meine wiederholten Versuche einer Intervention stießen auf taube Ohren. Sitzung um Sitzung hatte ich das Gefühl – während Isaac in einer Orgie des Selbsthasses schwelgte –, daß Isaac jeden Hoffnungsschimmer, den ich für ihn hatte, zerstörte. Als ich erkannte, daß Isaac in diesem Therapiestadium keinerlei Deutung seiner destruktiven Wünsche sich selbst und mir gegenüber ertragen konnte, nahm ich die Haltung einer neutralen, doch einfühlsamen Beobachterin ein.

Meine Gegenübertragungsreaktionen waren in dieser Zeit die einzige Basis für die Arbeit mit ihm. Auf ihr formulierte ich die folgenden Arbeitshypothesen:

a) Die Verletzung und Schädigung seines Vaters aufgrund des eigenen Hasses und der Destruktivität hatten Isaacs Ich überschwemmt und eine Art von psychischem Schock ausgelöst. In diesem seelischen Zustand war er völlig unfähig, mit seinen Schuld- und Schmerzgefühlen in Berührung zu kommen.

b) Isaac setzte eine massive projektive Identifizierung ein, um mir auf nichtsprachliche Weise seine Gefühle der Einsamkeit und Verzweiflung mitzuteilen. Nach meiner Überzeugung war dies ein Kommunikationsmodus, der ihm seit der Kindheit vertraut war.

c) Isaac litt unter einer Angst, die ihn daran hinderte, eine emotionale Bindung zu mir herzustellen; sein verletzter Finger symbolisierte möglicherweise sowohl sein beschädigtes Selbst als auch seine kastrierte Männlichkeit. Vielleicht befürchtete er, daß er sich in eine Frau verwandeln würde, wenn er mir emotional nahekäme. Vielleicht war dies auch der Grund, weshalb er keine Deutungen ertragen konnte: Er erlebte sie als Penetrationen, und er hatte eine konkrete Angst davor, penetriert und in eine Frau verwandelt zu werden.

Das einzige Anzeichen eines Arbeitsbündnisses bestand zu dieser Zeit darin, daß Isaac bereitwillig und pünktlich zu seinen Sitzungen erschien. Nach mehreren Monaten endloser Grübelei, als meine Hoffnungsreserven sich der Erschöpfung näherten, berichtete Isaac von einem Traum. Im Traum hatte er die Sitzung verlassen und sah, daß der Finger heilte. In seinen Assoziationen zum Traum verband Isaac die Heilung seines Fingers mit dem therapeutischen Prozeß. Er äußerte die Hoffnung, ebenso zu genesen wie sein Finger. Außerdem sagte er mir, er habe das Personal in seiner Abteilung darüber informiert, daß er mich schätze. Ich fühlte, daß die langen und zähen Stunden, die wir zusammen verbracht hatten, nicht vergeblich gewesen waren. Hier lag der Anfang eines Grundvertrauens, auf dem unser künftiges therapeutisches Bündnis aufbauen konnte.

In der Schlußphase seiner Hospitalisierung gab es einige bedeutsame Ereignisse. Isaac hatte sich nie nach dem Schicksal seines Vaters erkundigt. Nun erzählte man ihm, daß er den Vater verletzt habe und daß der Vater in einem Krankenhaus behandelt werde. Außerdem teilte man ihm mit, daß sein Vater ihn sehen wolle. Er nahm die Einladung ohne jede Gefühlsregung an. Später erzählten mir jedoch Angehörige des Personals, die ihn bei dem Besuch seines Vaters begleiteten, daß sich zwischen Vater und Sohn eine anrührende Begegnung vollzogen habe. Der Vater umarmte den Sohn mit seinen verletzten Armen und sagte ihm, daß er ihm vergebe.

In der Therapie lehnte Isaac jeden Versuch ab, seine Gefühle gegenüber dem Vater aufzudecken. Möglich wurde dies erst viel später in der Analyse. Isaac wurde aus dem Krankenhaus mit der Empfehlung entlassen, sich in der Armee weiter behandeln zu lassen, und hatte damit die Möglichkeit, seine Dienstzeit zu beenden. Trotz seiner außerordentlichen Angst vor der Unfähigkeit, auf eigenen Füßen zu stehen und den Militärdienst zu beenden, nahm Isaac die Herausforderung an. Unsere bevorstehende Trennung wurde mit der Leugnung jeglicher Gefühle des Zorns oder der Kränkung beantwortet.

### 2. Phase – Das verlorene Selbst

Aufgrund der Gefühle eines Grundvertrauens, das wir hergestellt hatten, suchte mich Isaac anderthalb Jahre später wegen einer Analyse auf.

Im Erstinterview äußerte er seinen dringenden Wunsch nach Behandlung und beschrieb die Ereignisse des vergangenen Jahres. Er hatte seinen Militärdienst abgeschlossen und dadurch seine Selbstachtung gestärkt. Er hatte eine Freundin, und die Beziehung war ihm wichtig. Trotz dieser Leistungen hatte er eine große Angst, die Kontrolle zu verlieren. Er fürchtete sich davor, allein zu leben; er wohnte immer noch bei den Eltern, von denen er abhängig war, mit denen er aber nicht zurechtkam. Nach der Entlassung aus der Armee hatte er sein Studium nicht wiederaufgenommen und fand keine Arbeit.

In diesem Interview stellte ich fest, daß Isaac sich zum Besseren verändert hatte. Er war mitteilungsfreudiger und konnte seine Gefühle besser ausdrücken. Er sagte mir, unsere Therapiebeziehung sei für ihn sehr wichtig gewesen; sie habe ihm Stärke und den Mut gegeben, einen schwierigen Lebensabschnitt zu überstehen. Außerdem erfuhr ich, daß er unsere Trennung als Verlassenwerden gedeutet hatte und daß er sich eine Zeitlang zurückgewiesen fühlte und wütend war. In der Armee hatte er entgegen der ausgesprochenen Empfehlung die Behandlung nicht fortgesetzt. Dafür hatte er jedoch Verständnis und Hilfe bei seinen Offizieren gefunden, die ihn unterstützten.

Ich war von Isaacs Fortschritt und seinem Wunsch nach

weiterer Behandlung beeindruckt. Allerdings machte ich
ihn darauf aufmerksam, daß ich ihn nicht in die Analyse
aufnehmen werde, wenn er keine Arbeit habe, um die Behandlung selber bezahlen zu können. Isaac hielt dies für
eine große Schwierigkeit.

Kurz nach diesem Gespräch rief Isaac mich an und teilte
mir mit, daß er in einer Fabrik am Ort eine Arbeitsstelle gefunden habe und daß er darauf erpicht sei, mit der Behandlung anzufangen. Er wollte beiden von uns beweisen, daß
er stark motiviert war, seinen Anteil zu der bevorstehenden
schweren Arbeit beizutragen.

Der Analysebeginn stand in einem scharfen Gegensatz zu
dem etwas optimistischen Bild des Erstinterviews. Es zeigte
sich ein mürrischer Isaac, der an die Person erinnerte, die
ich im Krankenhaus kennengelernt hatte. Isaac lebte in
einer dürren, leeren Welt, in der Gefühlsreaktionen völlig
abgespalten waren. Gefühlen der Liebe, der Ambivalenz
und der Schuld ging er konsequent aus dem Weg. Die Sitzungen bestanden aus langweiligen Aufzählungen seines
Tagesablaufs, begleitet von einer ausführlichen Beschreibung seiner unbegreiflichen Stimmungsumschwünge.

Im Hier und Jetzt der Analysesituation fühlte ich mich
hilflos und verloren; ertränkt in einer Anhäufung von Einzelheiten, die das unbewußte Ergebnis von Isaacs Aggression mir gegenüber waren. Aufgrund unserer vorherigen Be-
kanntschaft wußte ich, daß dies seine Art war, die Gefühle
von Verzweiflung und Selbstverlust zu vermitteln. Da sein
Zustand sich seit der Entlassung aus dem Krankenhaus
entschieden gebessert hatte, meinte ich, daß er nunmehr in
der Lage sein könnte, ein deutendes Vorgehen ohne zuviel
Angst und ohne Zerfallserscheinungen zu ertragen. Ich
wies ihn also darauf hin, was nach meiner Ansicht der unbewußte Wunsch hinter seiner Aggression war. Ich äußerte
die Vermutung, daß er durch seinen Versuch, mich in seinem Gefühl der Vergeblichkeit und Sinnlosigkeit zu erträn-

ken, meine Kraft auf die Probe stellte, wobei er im Grunde wünschte, sich auf mich zu stützen, um die schwere Last seines Kummers und seiner Schuld etwas leichter zu machen.

Isaac hörte mir schweigend zu; er schien nach innen zu blicken und sich selbst zu ergründen. Dann reagierte er auf meine Deutung mit einem Gefühlsausbruch. Zum erstenmal erlaubte er sich zu weinen. Endlich wich sein zwanghaftes und sinnloses Grübeln dem Ausdruck von Wünschen und Phantasien. Es waren kindliche Sehnsüchte, umsorgt zu werden (etwa von mir gefüttert und geschützt zu werden), durchmischt mit einem starken ödipalen Verlangen. In seinen Phantasien war Isaac mein Kind und mein Liebhaber, der wegen seiner inzestuösen Sehnsucht Schuld, Scham und Zorn empfand. Der Versuch, in der Übertragung Isaacs libidinöse und aggressive Wünsche mir gegenüber durchzuarbeiten, führte zu der Entdeckung seiner komplexen und schmerzlichen Beziehung zu den Repräsentanzen der Primärobjekte.

Isaac war der einzige Sohn einer Unterschicht-Familie. Seine Mutter hatte sehr jung geheiratet, nachdem sie von zu Hause weggelaufen war, weil die Eltern ihre Zustimmung zu der Ehe verweigerten. Sie hatte nur eine geringe Schulbildung und leistete schwere Arbeit als Näherin, um die Familie zu unterstützen. Der Vater, ein Überlebender des Holocaust, war kurz vor dem zwanzigsten Lebensjahr zusammen mit seiner Mutter nach Israel gezogen. Der Großvater väterlicherseits, von dem Isaac den Namen bekommen hatte, war zu Beginn des Krieges im Holocaust umgekommen. In Israel arbeitete der Vater zuerst als Handlanger in einer Fabrik, erlernte dann im Lauf der Jahre das Zimmerhandwerk und besaß nun einen eigenen Betrieb.

Isaac beschrieb seine komplizierte Beziehung zu einer zusammengesetzten Mutterfigur – sie umfaßte seine Mutter, seine Großmutter väterlicherseits und seine Tante (die Schwester seiner Mutter), die auf seine Persönlichkeitsentwicklung alle einen großen Einfluß hatten. Er beschrieb seine Mutter, mit der er sich eng verbunden fühlte, als eine einsame, unglückliche Frau. Die Mutter sah ihren Ehemann nicht als Partner an, mit dem sie ihr Leben teilen konnte, sondern wandte sich statt dessen ihrem einzigen Sohn zu, um Liebe und Befriedigung zu bekommen.

Zum einen behauptete Isaac, alles getan zu haben, um seine Mutter glücklich zu machen: Er bemühte sich um gute Schulnoten, sang im Schulchor mit und tanzte in einer Jugendgruppe; er versuchte für sie erfolgreich zu sein. In der Übertragung sprach Isaac von seinen Bemühungen bei der Arbeitssuche, um mich zufriedenzustellen. Zum anderen ärgerte es Isaac, daß er der Partner seiner Mutter war und sich für ihr Wohlbefinden verantwortlich fühlte. In der Analyse klagte Isaac: »Ich mache so viel für Sie; ich arbeite mir den Arsch ab, um diese Sitzungen bezahlen zu können. Ich weiß, daß ich zahlen muß, doch das alles erscheint mir ungerecht.«

Seit dem dritten Lebensmonat wurde Isaac von der Großmutter väterlicherseits versorgt, die bis zur Adoleszenz im Hause seiner Eltern lebte. Isaacs Mutter kam erst abends von der Arbeit zurück, deshalb war es die Großmutter, die im Grunde die Mutterrolle einnahm; sie fütterte und beschützte ihn, und er fühlte sich ihr eng verbunden. Häufig fühlte er sich hin- und hergerissen und schuldig, weil sie und seine Mutter oft Streit miteinander hatten.

Isaac erinnerte sich daran, daß seine Großmutter ihm beim Essen oft Geschichten von einer fernen Vergangenheit und von dem wunderbaren Großvater erzählte, dessen Namen er trug. Der Gesundheitszustand der Großmutter war schlecht; zuweilen lag sie tagelang im Bett, klagte über ihre Schmerzen und weinte. Bei diesen Anlässen befürchtete Isaac, sie könnte sterben und ihn zurücklassen. Er fühlte sich oft schuldig und meinte, sein Ungehorsam sei der Grund für ihr Leiden.

In der Analyse erzählte Isaac eine Geschichte, die er über ein Kind gelesen hatte, das auf brutale Weise ermordet worden war. Der Mörder riß den Bauch des Kindes auf, nahm die Eingeweide heraus und stopfte sie ihm in den Mund. Aufgrund dieser Geschichte wurde mir bewußt, daß Isaac meine sadistische Vergeltung für seine destruktiven Wünsche mir gegenüber fürchtete. Er hatte Angst, ich würde hinter die innere Bedeutung seiner Taten kommen und ihm jene Gedanken und Ideen eingeben, die er zu ignorieren entschlossen war, wodurch sie seine Vernichtung zur Folge hatten.

In dieser Zeit äußerte Isaac das Verlangen nach der unbegrenzten, bedingungslosen Liebe, die er als Kind erfahren hatte. Er ärgerte sich über die realitätsbezogenen Schranken der analytischen Therapie. »Ich weiß nicht, warum ich an diesen verdammten vier Stunden pro Woche festhalten muß: Manchmal habe ich das Bedürfnis, fünf Minuten nachdem ich weggegangen bin, zu Ihnen zurückzukehren. Dann wieder hasse ich schon den Gedanken, überhaupt hierherzukommen. Warum kann ich nicht bei Ihnen sein, solange ich will und wann immer es mir danach zumute ist?«

In der Übertragung hatte ich das Gefühl, daß Isaac sich wie ein gieriger, aggressiver Säugling verhielt. Er klammerte und forderte nicht nur, sondern versuchte mich mit seiner emotionalen Gier sogar zu bedrohen. Ein gewaltsamer Vorgang schärfte mein Bewußtsein von der konkreten Natur seiner Phantasien und von seinem schwachen Realitätsbezug. Am Ende einer Sitzung weigerte sich Isaac ganz einfach wegzugehen. »Was werden Sie machen, wenn ich trotz allem, was Sie sagen, nicht gehe?« fragte er herausfordernd. »Ihr nächster Patient ist mir scheißegal.« Einige Augenblicke lang schwiegen wir, und ich fühlte, wie mich Angst beschlich. Auf meine Angst »hörend« sagte ich ruhig: »Ich werde das nächste Mal für Sie dasein. Seien Sie nicht so ängstlich.« Isaac erhob sich und lächelte. »In Ordnung, dann gehe ich.«

Dieser Vorfall machte mir meine Angst vor Isaac und vor seinem gewalttätigen Agieren deutlich. Ich erkannte aber auch, daß sein Erschrecken davor, eine emotionale Bindung an mich zu entwickeln, der Anlaß meiner Angst gewesen sein mußte. Er hatte seine Angst auf mich projiziert, und ich identifizierte mich mit ihr. Diese Erkenntnis wurde durch einen Traum bestätigt, den er in der nächsten Sitzung erzählte. In diesem Traum sah Isaac eine nackte Frau vor einem Kind tanzen. Es war eine ältere Frau; ihr Körper war alles andere als vollkommen. Als das Kind sich ihr näherte, tat sich plötzlich eine gewaltige Vagina vor ihm auf, und es wurde beinahe von ihr verschlungen. In den Assoziationen zu dem Traum sprach Isaac darüber, wie er in der Kindheit seine Mutter erlebt hatte. Sie pflegte in ihrer Unterwäsche im Haus herumzugehen, und er fand ihre körperliche Nähe abstoßend. Später hatte er als Heranwachsender die Gewohnheit entwickelt, in ihrem Bett zu masturbieren.

Die gewaltige Vagina im Traum erinnerte ihn an seine Schüchternheit und an seine Scheu gegenüber Frauen, bis zu seiner jetzigen Freundin. Er hatte lange geglaubt, er werde niemals fähig sein, den Geschlechtsakt zu vollziehen. Er war immer ganz erstaunt, wenn Frauen sein gutes Aussehen lobten. Er hatte den Eindruck, sie sprachen von einem Fremden. Er kam sich häßlich vor und fühlte sich der Rolle eines Mannes nicht gewachsen. Bei der nächsten Sitzung hörte Isaac mitten in einem Satz auf und sagte, er schäme sich zu sehr, seine Gefühle zu beschreiben. Erst nachdem ich ihn ermutigt hatte fortzufahren, konnte er voller Scham beschreiben, wie er während der Sitzung eine Erektion bekommen hatte. »Es ist unmöglich, Ihnen gegenüber solche Gefühle zu haben«, sagte er. »Manchmal habe ich den Eindruck, daß die Therapie mich wieder krank machen wird und daß ich dann genauso ohnmächtig sein werde wie früher.« Beim Durcharbeiten dieser Angst, daß ich seine Abwehr durchbrechen und ihn verrückt machen könnte, erkannte ich, daß Isaac seine ödipalen Gefühle mir gegenüber als eine Abwehr gegen viel tiefere Ängste einsetzte, die durch seine emotionale Bindung an mich ausgelöst wurden, von der er glaubte, sie könnte bei ihm zum Kontrollverlust und zur Vernichtung führen. In seinen unbewußten Phantasien war es so, daß er mich entweder kränkte und mir Schaden zufügte oder daß er von mir verschlungen, einverleibt und vernichtet wurde. Erkennbar wurde dies aus seiner Erinnerung an die verrückte Tante, die Schwester seiner Mutter. Isaac wußte, daß sie manisch-depressiv war und daß man sie von Zeit zu Zeit im Krankenhaus unterbrachte. Seine Mutter hielt ihn mit Bedacht von der Tante fern, damit »er sich nicht ihre Krankheit holt«. In der Übertragung wies er mir die Rolle der gefährlichen, verfolgenden Tante zu, die ihn verführen und dann in ihre Verrücktheit hineinziehen könnte. Die folgende Geschichte, die er mit einer Mischung aus Entsetzen und Wohlbehagen erzählte, macht dies deutlich.

In einem Film, in dem eine Ehefrau sich an ihrem Mann rächte, weil er ihren Liebhaber umgebracht hatte, bereitete die Frau eine gräßliche Mahlzeit vor. Sie briet ihren toten Liebhaber im Ofen, servierte den Leichnam an einem Stück ihrem Mann und steckte Messer und Gabel hinein. Am Ende aß die Frau ihren Liebhaber auf, um mit ihm vereint zu sein. In der Übertragung äußerte Isaac seine Angst davor, von mir verzehrt zu werden. Er war mein Liebhaber, den man auf diese fürchterliche Weise für seine Inzestwünsche bestrafen könnte. Zugleich war er auch der Mörder, der mich umbringen und verschlingen wollte. Als wir die Übertragungsbeziehung durcharbeiteten, konnten wir Isaacs Angst davor, daß ich ihn verzehren werde, mit seiner Phantasie in Verbindung bringen, von der Tante verschlungen zu werden. Erst später in der Analyse konnten wir seinen Versuch, die Tante zu töten und sich einzuverleiben, mit den Leichen in Beziehung setzen, mit denen er durch die Geschichten seiner Großmutter »gefüttert« wurde und die unbewußt zu einem Teil seiner selbst geworden waren.

An diesem Punkt versuchte Isaac die Entstehung einer emotionalen Bindung an mich durch eine Episode des Agierens zu unterbinden. Er war seiner Freundin untreu gewesen und hatte mit einem jüngeren Mädchen aus der Fabrik geschlafen, wobei er zu verstehen gab, daß er sich an mir »rächen« wollte, indem er mir zeigte, daß er mich mühelos durch jemand anderen ersetzen konnte, um seine sexuellen Wünsche zu erfüllen. Die genauere Erkundung nach den unbewußten Phantasien und Wünschen hinter dieser manifesten Botschaft führten uns jedoch wieder zu dem Schluß, daß sein Weglaufen vor mir auf seine Angst zurückzuführen war, er könnte sein Selbst in der Beziehung verlieren. Ein weiterer Beweis für diese Angst ging auf die schmerzliche und komplexe Beziehung zu seinem Vater zurück. Isaac brachte seine Angst in einem Traum zum Ausdruck, den er mit ungeheurer Furcht erzählte. In seinem Traum hatte Isaac eine Verwandlung durchgemacht und war mit seinem Vater identisch geworden – alt, fett, ungekämmt und hilflos. In der Übertragung hatte Isaac das Gefühl, mit mir identisch zu werden. Isaac nahm mich als schwach und ohnmächtig wahr, weil ich eine Frau war, und dies führte zu Klagen über seine eigene Schwäche und Ohnmacht. Er äußerte sein Verlangen nach einer starken Männerfigur, mit der er sich identifizieren konnte und die ihn mit den bewunderten männlichen Attributen ausstatten würde, die ihm seiner Meinung nach fehlten.

Die tragische Wirklichkeit zu Hause verstärkte Isaacs Angst, im Bild seines Vaters sein eigenes Spiegelbild zu sehen. Das Zusammenleben mit der Familie war wegen der erfolglosen Rehabilitation seines Vaters unerträglich ge-

worden. Der Vater konnte seine Arbeit nicht wieder aufnehmen, weil er an Händen und Armen behindert war. Da
er als vollständig behindert galt, wurde er äußerst depressiv, blieb tagelang im Bett liegen und weigerte sich, aufzu-
stehen oder zu essen. Weil sein psychischer Zustand sich
weiter verschlechterte, wurde er in dieselbe psychiatrische
Klinik eingeliefert, in die man auch Isaac eingewiesen hatte. In der Übertragung wurde mir deutlich, daß mir die
Rolle des schwachen, impotenten Analytiker-Vaters zugewiesen wurde und daß Isaacs Befürchtung, mit mir identisch zu werden, sich steigerte. Diese Gefühle lösten bei ihm
eine so große Angst aus, daß er mich zu vernichten (sein
Bild) versuchte, indem er die therapeutische Beziehung ab-
brach. Er trat einer bizarren religiösen Sekte bei, die sich an
östlichen Philosophien orientierte. Dort wurde er zum Un-
tergebenen eines allmächtigen Führers, der schmerzhafte
und demütigende Zeremonien durchführte und dessen Macht
Isaac durch eine spirituelle Vereinigung zu erreichen hoffte.
Als diese religiösen Zeremonien ihn immer mehr verein-
nahmten, gab er seine Arbeitsstelle auf und beschloß, die
Analyse zu verlassen.

Als Folge des tödlichen Schlages, den Isaac gegen unser
Therapiebündnis zu führen versuchte, wurden mir meine
Gefühle der Enttäuschung und der Wut deutlich. Ich fühlte
mich in dieser Situation zu kraftlos, um ihn davon abzuhal-
ten, die Beziehung zu zerstören. Ich begann an meiner Rolle als Analytikerin zu zweifeln und auch an der Eignung
der Analyse für ein psychotisches Individuum, das aus der
Beziehung mit mir zu fliehen versuchte, indem es sie in seiner Abwehrhaltung zerstörte. Allmählich dämmerte es mir,
daß meine Gefühle Isaacs Versuche widerspiegelten, »meine
therapeutischen Arme« auf dieselbe Weise »zu verletzen«,
in der er seinen Vater verletzt hatte, als dieser ihn von
seinem selbstzerstörerischen Angriff abhalten wollte. Dies
brachte mich auf die weitere Hypothese, daß Isaac unser

therapeutisches Bündnis unbewußt attackierte, um meine
Fähigkeit zu prüfen, ob ich seiner Aggression widerstehen
könne, ohne dabei vernichtet zu werden. Diese Hypothese
gab mir die Kraft, meine Therapeutenrolle wiederaufzuneh-
men. So machte ich Isaac den Vorschlag, zu einigen Sitzungen zu kommen, damit wir seine Entscheidung überprüfen
konnten. Während dieser Sitzungen wurde deutlich, daß
Isaac unnachgiebig an seinem Wunsch festhielt, vor mir
wegzulaufen, da ich zur Verkörperung seines eigenen, beschädigten Selbst geworden war. Ich wies ihn darauf hin,
daß ich ihm trotz seiner Zurückweisung zur Verfügung stehen werde, um ihm zu helfen, und daß ich ihn zur Analyse
zurückerwartete, um die Suche nach seinem Selbst fortzusetzen. Isaac schien sehr erleichtert zu sein; er stand zwar
zu seiner Entscheidung, die Analyse zu verlassen, konnte
mir aber auch zum Ausdruck bringen, wie sehr er mich
mochte.

Einige Monate später stürmte Isaac plötzlich unangemel-
det in meine Praxis und verlangte, mich sofort zu sprechen:
Es handle sich um einen Notfall. Er war sehr aufgeregt und
völlig durcheinander; erst als ich ihm versprach, ihn bald
zu sehen, beruhigte er sich etwas.

Isaacs Äußeres hatte sich stark verändert – er hatte sich
einen Bart wachsen lassen und war dicker geworden, wodurch er viel älter wirkte. Mir ging flüchtig der Gedanke
durch den Kopf, daß er äußerlich mit seinem Vater identisch geworden war und damit den erschreckenden Wunsch
erfüllt hatte, der in seinen früheren Träumen zum Ausdruck
gekommen war.

Als Isaac schließlich in meinem Sprechzimmer saß, redete
er unzusammenhängend über heilige Schriften, heilige Männer und seinen Kampf mit dem Teufel. Seine Ausführungen
waren von erregten Körperbewegungen begleitet. Er warf
den Kopf zurück und schloß wie in Trance die Augen. Trotz
seines akut psychotischen Zustandes entnahm ich seinen

Äußerungen, daß er gekommen war, um meine Hilfe in Anspruch zu nehmen.

Ich rief im Krankenhaus an und leitete seine sofortige Aufnahme ein. Im Gegensatz zu seinem anfänglichen aggressiven Verhalten akzeptierte er meine Entscheidung bereitwillig. Isaac ging weg und gab mir seinen Segen. Erst nachdem er weggegangen war, merkte ich, daß meine Knie zitterten und daß ich einem möglichen körperlichen Angriff ausgesetzt gewesen war. Dies wurde bestätigt, als ich vom Krankenhaus erfuhr, daß Isaac nach seinem Eintreffen dort den diensthabenden Arzt gewalttätig angegriffen hatte. Später stellte ich fest, daß Isaac seinen Personalausweis in meiner Praxis hatte liegenlassen, zusammen mit einem kleinen Notizbuch, wo er Tag für Tag seinen Kampf um die oralen und libidinösen Wünsche aufgeschrieben hatte, als er in der Kommune gelebt hatte.

Mir wurde deutlich, daß Isaac mir mit diesen beiden Mahnzeichen unbewußt eine Botschaft hinterlassen hatte, daß er in die Analyse zurückkommen werde, um nach seiner verlorenen Identität zu suchen.

## 3. Phase – Die Suche nach dem Selbst

Nach mehreren Monaten rief Isaac mich an und bat darum, in die Analyse zurückkommen zu dürfen. Er erzählte mir, daß er eine schwere Zeit durchgemacht habe, sich jetzt aber viel besser fühle. Seine Stimme klang ruhig und nüchtern.

In der ersten Sitzung kam Isaac darauf zu sprechen, daß er seinen Personalausweis verloren hatte. Bei seinem Krankenhausaufenthalt dachte er, er könne den Ausweis seines Vaters benutzen und niemand werde es bemerken. Seinen Vater im Krankenhaus zu sehen war für ihn sehr verwirrend, da er nicht immer wußte, wer nun wer war. In der Krankenhauszeit hatte er Träume, in denen er von seinem kranken und behinderten Vater wegzulaufen versuchte. In diesen wiederholt vorkommenden Träumen rannte er durch den Wald, um sich vor den Nazis zu retten, wobei er einen kranken Vater zurückließ. Bei anderen Gelegenheiten war er der verwundete Vater, dessen Sohn flüchtete, um das eigene Leben zu retten.

Wir versuchten Isaacs Verwechslung mit seinem Vater im Lichte der Übertragungsbeziehung zu verstehen. Ich äußerte die Vermutung, daß eine ähnliche Verwirrung auch zwischen uns bestanden haben müsse, weil er in der Analyse vor mir davonlaufen wollte. Zum erstenmal versuchte er die Ängste vor einer Bindung an mich durchzuarbeiten, die er in den verschiedenen Phasen der Analyse erlebt hatte. Am Anfang habe er sich stark bedroht gefühlt, sagte er, weil er sich völlig leer vorkam, keine Wünsche und keinerlei Initiative hatte und die Gefahr verspürte, von meinen Gedanken und Werten durchdrungen zu werden. Die Abwehr, die er dagegen errichtete, bestand in dem Versuch, meine Existenz zu ignorieren. Als die Beziehung sich allmählich entwickelte und ich für ihn zu existieren begann, löste sie in ihm das erschreckende Gefühl aus, wir seien identisch. Er hielt mich für verloren und für unfähig, gegen dieses Schicksal anzukämpfen – genau wie er. Deshalb verließ er mich mit dem Gedanken, nur ein starker Führer könne ihm die Kraft wiedergeben, die er brauchte.

Für Isaac war es sehr wichtig, alles in Erinnerung zu rufen, was zwischen uns geschehen war. Er betonte, daß meine Reaktion auf sein Weglaufen ihn davon überzeugt hatte, daß ich anders war als er. Er erlebte mich als jemanden, der stärker war, als er gedacht hatte, weil ich ihm die Gelegenheit geboten hatte, zur Analyse zurückzukommen. Ich merkte, daß dies seine Befürchtung auflöste, der Beziehung geschadet zu haben, und die Schuldgefühle wegen seiner Destruktivität verminderte.

Im Hinblick auf unsere therapeutische Beziehung fühlte

sich Isaac sicher genug, um die Unterschiede auszuloten, die zwischen ihm und seinem inneren Vaterobjekt bestanden.

Isaac nahm seinen Vater als einen primitiven, ungebildeten und brutalen Mann wahr; er hatte keine höhere Schule besucht und beschäftigte sich zwanghaft mit Essen und Geld. Zu Hause war er immer mürrisch und gereizt. Isaac hatte keinerlei Erinnerung an eine gefühlsmäßige Nähe zu ihm. Als Kind hatte er die Launenhaftigkeit und die depressiven Schübe seines Vaters gehaßt. Noch mehr hatte er die schrecklichen Streitereien zwischen seinen Eltern gehaßt. Ständig hatte er den Eindruck, er müsse seine Mutter vor dem Zorn und der Brutalität des Vaters beschützen. Das Haus seiner Kindheit kam ihm in der Erinnerung alt und verfallen vor; buchstäblich in Stücke fallend.

Trotz seiner Ausbildung, seiner Jugend und seines guten Aussehens nahm sich Isaac als Ebenbild seines Vaters wahr. Er hielt sich für dumm und unwissend. Er verachtete seine eigene Gier, seinen Geiz und seine depressiven Neigungen – die Eigenschaften seines Vaters, die in ihm selbst verankert waren.

Isaac war zum erstenmal bereit, den schrecklichen Vorgang zu betrachten, bei dem er sowohl seinen Vater als auch sich selbst verletzt hatte. Ich wies ihn auf die Möglichkeit hin, daß der Angriff auf seinen Vater ebenso wie sein Angriff auf mich in der Analyse – indem er mich verließ – die Absicht verfolgte, den Vater in sich selbst zu töten, von dem er sich nie wirklich getrennt hatte. Auf meine Deutung reagierte Isaac, indem er den Wunsch äußerte, seinen Vater besser kennenzulernen. Im Gegensatz zu früher fand er nun, daß er gerne die konkreten Einzelheiten der Vergangenheit seines Vaters erfahren würde, die irgendwie mit den Geschichten der Großmutter zusammenhingen. Meine unterstützende Haltung gab ihm den Mut und die Kraft, in diesem Sinne zu handeln.

Zur großen Überraschung Isaacs antwortete der Vater so

bereitwillig auf seine Fragen, als ob er schon lange auf diesen Augenblick gewartet hätte. Vor Isaac breitete sich eine Geschichte voller Kummer und Schrecken aus. Als er sie hörte, hatte er das Gefühl, sie immer schon gekannt zu haben.

Isaacs Vater, ein Einzelkind, war ein Halbwüchsiger, als die Nazis Polen besetzten. Es folgte eine Zeit des Terrors, in der er und seine Eltern sich im Haus von nichtjüdischen Freunden versteckten. Eines Nachts drangen die Nazis in das Haus ein und verhafteten den Vater, während er und seine Mutter sich in einem Schrank im Nebenzimmer versteckten. Sie verhörten den Vater und fragten ihn nach den anderen Familienangehörigen. Er und seine Mutter hörten in ihrem Versteck alles – das brutale Verhör, die Panik des Erwürgens und das schreckliche Todesröcheln. Nach einer Zeit, die ihnen wie eine Ewigkeit vorkam, verließen sie den Schrank und entdeckten die Leiche des Vaters, die in einer Blutlache lag. Sie flohen in den Wald, wo sie einige Jahre als Flüchtlinge lebten. Aus diesem Grund hatte Isaacs Vater keinerlei Schulbildung bekommen. Isaacs Vater fügte noch hinzu, daß er trotz einer Verletzung froh darüber sei, ihn vor der Selbstzerstörung gerettet zu haben.

Isaac war nach der Geschichte seines Vaters und vor allem nach seiner letzten Bemerkung völlig sprachlos. In der Analyse versuchte er die überwältigenden Gefühle, die sie in ihm ausgelöst hatte, unter Kontrolle zu bringen.

Es wurde Isaac nun klar, daß er den Gefühlen für seinen Vater lange Zeit ausgewichen war. Verstörende und erschreckende Gedanken kamen ihm in den Sinn: Warum hatte er in der Nacht, als er an Selbstmord dachte, seinen Vater angerufen? Wie war es möglich, daß die Kugeln, die für ihn selbst bestimmt waren, auf die Hände und Arme des Vaters abgefeuert wurden? Warum hatte er das Gefühl, die Geschichte, die der Vater ihm erzählte, sei etwas, das er selbst durchgemacht hatte?

Wir versuchten Isaacs Fragen im Lichte der Übertragungsbeziehung verständlich zu machen. Zuerst befaßten wir uns
mit der nichtsprachlichen Art der Kommunikation, in der
Isaac mir seine Gefühle von Schuld und Depression mitge-
teilt hatte. Wir erkannten, daß ihm diese Kommunikationsweise seit der Kindheit vertraut war. »Ich brauchte ihn gar
nicht anzusehen«, sagte Isaac. »Ich wußte schon, wie er
sich fühlte, da ich mich ebenso fühlte.« Ich wies Isaac darauf
hin, daß seine Gefühle der Hilflosigkeit und Verzweiflung,
die ihn an den Rand des Selbstmordes gebracht hatten, auf
einer bestimmten Ebene zum Leben seiner Großmutter und
seines Vaters gehört haben mochten; vielleicht waren sie im
Laufe der Jahre sowohl durch die Geschichten der Großmutter als auch in nichtsprachlichen Formen weitergegeben
worden.

Wir befaßten uns außerdem mit der Möglichkeit, daß
Isaac durch den Versuch, sowohl sich selbst als auch den
Vater zu töten, vielleicht versucht hatte, verschiedene Rol-
len im Drama der väterlichen Vergangenheit zu agieren. Es
sei möglich, sagte Isaac, daß er durch den Anruf in der
Nacht des Selbstmordversuchs seinem Vater die Gelegen-
heit geben wollte, zum Retter zu werden und damit seine
lebenslange Schuld zu sühnen. Ich wies Isaac auf die andere
Möglichkeit hin, daß er sich durch die Verwundung seines
Vaters mit dem Naziaggressor identifizierte, der den Vater
seines Vaters umgebracht und das Kind einem Leben voller
Elend und Schuld überlassen hatte.

Wir kamen beide zu der Einsicht, daß Isaac sein inneres
Vaterobjekt sowohl heilen als auch umbringen wollte. Durch
seinen destruktiven Angriff hatte er gleichzeitig die Rolle
des »Mörders« (indem er seinen Vater loswerden wollte)
und die des »Retters« gespielt (indem er die Schuldgefühle
seines Vaters zu vermindern suchte). Der »Retter«-Aspekt
des Vaters wurde nun in einem Vorfall deutlich, der bei
Isaac einen Gefühlssturm auslöste. Der Vater, dessen Zu-

stand sich gebessert hatte, kam aus dem Spital wieder nach Hause. Er fand einen kleinen Hund, der von einem Auto angefahren und schwer verletzt worden war, brachte ihn unter, fütterte ihn und rettete ihm so das Leben. In der Übertragung hatte Isaac das Gefühl, daß ich für ihn dasselbe getan hatte. Die Entdeckung der traumatischen Geschichte seines Vaters und das Durcharbeiten ihrer Folgen für sein Leben waren von einem Sturm von Gefühlen der Schuld und der Liebe zu seinem Vater begleitet. Auf dem Weg zur Festigung seines neugeborenen Selbstgefühls brachen wir auf die lange Reise auf, Isaacs Schuldgefühle ohne die Bedrohung durchzuarbeiten, daß er vernichtet werden könnte. Isaac kam auch wieder auf ein früheres Thema seiner emotionalen Beziehung zu mir als Mutterobjekt zu sprechen. Er vermochte dies nun mit einer geringeren Angst davor durchzuarbeiten, in der Beziehung verschlungen zu werden und sich dabei zu verlieren. Es war so, als ob zwischen uns eine psychische Grenze festgelegt worden wäre, die es Isaac ermöglichte, die Analyse mit einem gefestigteren Selbstgefühl fortzusetzen.

## Diskussion

Ich möchte mich auf einen Aspekt von Isaacs destruktivem Angriff auf den Vater konzentrieren – das Phänomen der Konkretisierung. Außerdem möchte ich den Vorgang genauer betrachten, der als Resultat der Analyseerfahrung zur Stabilisierung von Isaacs Ich-Grenzen führte.

### *Konkretisierung*

Isaac wuchs in einem Elternhaus auf, wo die Großmutter in seiner Kindheit als Ersatzmutter gedient hatte. Diese Frau, die kränkelte und an depressiven Schüben litt, hatte ihre Geschichte sowohl durch Erzählungen

als auch durch ihr Verhalten an Isaac weitervermittelt. Die
Wahrnehmung ihrer traumatischen Erlebnisse muß in den
frühen Stadien von Isaacs Entwicklung stattgefunden haben. Ebendies hatte Isaac vielleicht das Gefühl vermittelt,
das Geheimnis seines Vaters zu teilen, ohne es wirklich gekannt zu haben, als ob er immer schon mit seinem Vater
zusammengewesen wäre, sogar vor seiner eigenen Geburt
(Klein, 1973 a).

Die besondere Bindung zwischen Isaac und seiner Großmutter erhöhte die Durchlässigkeit seiner Ich-Grenzen in
jenen Bereichen, die mit dem Trauma zusammenhingen.
Isaac wurde zum Ventil für die riesigen, unauslöschbaren
Angstgefühle seiner Großmutter, die sie wohl nicht bewälti-
gen konnte und deshalb zu verleugnen suchte. Schon seit
seiner frühen Kindheit nährte sich Isaac von ihren Geschichten, die ihm die Botschaft eines Lebens vermittelten,
in dem die Toten niemals vergessen wurden.

Indem er diese Botschaft introjizierte, wurde er dazu bestimmt, zu denjenigen zu werden, die umgekommen waren
(indem man ihm den Namen seines Großvaters gab, sollte
er zu seinem Großvater werden [Gampel, 1986a; Gampel
1986b, Kogan, 1990]). Die Kenntnis der traumatischen Erlebnisse, die Isaac introjiziert und jahrelang verdrängt hatte, erzeugte bei ihm das Gefühl, die Vergangenheit zu entäußern und psychische Konflikte und Phantasien konkret
zum Ausdruck zu bringen.

Allerdings glaube ich, daß eine Konkretisierung durch
ein solches gewalttätiges Agieren nicht vorgekommen wäre,
wenn Isaac nicht an einer psychischen Störung gelitten hätte. Wegen seines psychotischen Zustandes waren die seinem
Ich zur Verfügung stehenden Mittel, um zwischen Selbst
und Objekt, zwischen innerer und äußerer Realität zu unterscheiden und seine Aggression zu bezwingen und im
Zaum zu halten, unzulänglich. Seine Fähigkeit zu phantasieren war dadurch beeinträchtigt, daß er bei traumatisier-

ten Elternfiguren aufwuchs, die ihre traumatischen Erlebnisse verleugneten (Grubrich-Simitis, 1984).

Deshalb konnte Isaac mit den Erlebnissen der Großmutter und des Vaters allein auf der Ebene der Phantasie nicht
umgehen. Er war nicht in der Lage, seine sadistischen
Wünsche allein durch den Einsatz seiner Einbildungskraft
unter Kontrolle zu halten, ohne sie zu agieren. Die Konkretisierung setzte er ein, um seine Wut und seine Angst zu
unterdrücken und eine bessere Kontrolle über die traumatischen Erlebnisse seines Vaters und seiner Großmutter zu
erlangen, die er selbst so auslebte, als ob sie seine eigene
Geschichte wären. Der Aspekt der konkretisierten Phantasie,
den wir in dieser Phase der Analyse ausarbeiteten, enthielt
unbewußt geäußerte Themen des ursprünglichen Traumas.
Er symbolisierte die Reanimation des Großvaters, dessen
Namen Isaac trug (indem Isaac zum Großvater wurde),
und zugleich dessen Deanimation (Tötung). Damit konnten
wir die Aufspaltung des Vaterbildes in den »Retter« und
den »Mörder« sowie seine Identifizierung mit beiden Rollen durch sein Agieren durcharbeiten.

Die Konkretisierung dient als Mechanismus zur Vermeidung von psychischem Schmerz; sie gleicht jener Art von
Phänomen, die in der französischen Schulrichtung als *pensée opératoire* bezeichnet wird (Marty und de M'Uzan,
1983). Dieses Phänomen beschreibt eine pragmatische Weise des Denkens über Menschen und Ereignisse sowie einen
Mangel an emotionalen Reaktionen auf lebenswichtige Ereignisse oder traumatische Verluste im Leben der Betroffenen. Isaacs Verfassung im affektlosen Zustand glich dem
Phänomen der *pensée opératoire*.

*Stabilisierung der Ich-Grenzen*

Die Stabilisierung von Isaacs Ich-Grenzen war ein Ergebnis der emotionalen Erfahrung im späteren Stadium der Analyse. Während dieses Stadiums prüfte Isaac immer wieder meine Stärke. Er brauchte das Gefühl: »Meine Analytikerin läßt sich nicht von meinem Haß und meiner Aggression durchdringen; sie weist mich nicht zurück, deshalb unterscheiden wir uns voneinander.« Anders gesagt, Isaac mußte mich als eine eigenständige Person wahrnehmen, die sich nicht von ihm einverleiben ließ. Damit verringerte sich seine Angst, in der Beziehung von mir verschlungen zu werden, und sein Selbstgefühl verstärkte sich. Um Winnicott zu zitieren (Winnicott, 1971; deutsche Übersetzung 1992, S. 107): »In der psychoanalytischen Praxis kann die positive Veränderung, die in diesem Bereich stattfindet, sehr tiefgreifend sein. Sie beruht nicht auf Deutungsarbeit. Sie beruht vielmehr darauf, daß der Analytiker den Angriff des Patienten überlebt, so daß sich die Vorstellung beim Patienten entwickeln kann, daß Angriffe nicht unabdingbar zur Vergeltung führen müssen.« Ich glaube, daß es im vorliegenden Fall mein Überleben war, das zusammen mit dem analytischen Verständnis dem Patienten Hilfe brachte.

Um die inneren Bedeutungen zu klären, die in diesem schrecklichen Agieren verborgen liegen, nahm Isaac mich als Begleiter auf seine Suche nach den konkreten Einzelheiten der väterlichen Vergangenheit mit. Im Durcharbeiten seines Versuchs, die therapeutische Beziehung abzubrechen, wurden Isaac die unbewußten Bedeutungen bewußt, die sich in seinem Selbstmordversuch äußerten – indem er seinem Vater die Möglichkeit gab, ihn zu retten und seinen Vater loszuwerden. Dieser Prozeß ermöglichte es uns, unsere analytische Arbeit fortzusetzen und mit verminderter Angst vor einem Verlust des Selbst mit dem Durcharbeiten von Isaacs Beziehung zum Mutterobjekt zu beginnen.

Die Verwischung der Grenzen zwischen Selbst und Objektrepräsentanzen bedroht das Selbst mit Vernichtung (Jacobson, 1964; Kernberg, 1986). Der Zweck dieses Analyseteils bestand darin, diese Bedrohung dadurch aufzuheben, daß die Fähigkeit zur Differenzierung geschaffen und Isaacs Fähigkeit wiederhergestellt wurde, Schuld, Liebe und Ambivalenz zu empfinden.

## 6 Die Liebe und das Erbe der Vergangenheit[1]

>»Die Bejahung des eigenen Lebens, die Bejahung von Glück, Wachstum und Frieden, gründet in unserer Liebesfähigkeit.«
>Erich Fromm (1962)

### Einleitung

Die Fähigkeit, sich zu verlieben und dauerhaft zu lieben, ist in der psychoanalytischen Literatur umfassend untersucht worden (Freud, 1912d; Balint, 1948; May, 1969; Wisdom, 1970; Josselyn, 1971; Kernberg, 1976). Im vorliegenden Kapitel möchte ich das Thema aus einem ganz besonderen Blickwinkel betrachten: der Wirkung der traumatischen Vergangenheit von Holocaust-Überlebenden auf das Liebesleben ihrer Nachkommen.

Hätte man einen einzelnen Aspekt zu wählen, der den Unterschied zwischen der Analyse von Nachkommen der Holocaust-Überlebenden und der Analyse anderer Patienten kennzeichnet, dann wäre es das Problem der Trauer. In diesem Kapitel wird die Beziehung zwischen dem Trauerprozeß und der Fähigkeit, sich zu verlieben, daran untersucht, wie sie sich in der Fallgeschichte der Tochter einer Holocaust-Überlebenden darstellt, deren Mutter den Holocaust als Kind durchlebt hatte.

Ich verfolge hier die Absicht, die Beziehung zwischen Trauerprozessen und der Fähigkeit, sich zu verlieben und dauerhaft zu lieben, aus zwei Blickwinkeln zu untersuchen: 1. der Beziehung zwischen »normaler« Trauer, der man im

Prozeß des Wachstums und der Trennung begegnet, und der Herstellung von Liebesbeziehungen; 2. der Beziehung zwischen der verleugneten Trauer von Überlebenden, die Eltern wurden, und dem Verkümmern der Liebesfähigkeit beim Kind.

1. Bergmann (1971) schrieb, die Liebesfähigkeit setze eine normal sich entwickelnde Symbioseerfahrung und eine Phase der Individuation—Separation voraus. Bak (1973) betonte die Beziehung zwischen Verliebtsein und Trauer, wobei er darauf hinwies, daß das Verliebtsein ein Gefühlszustand sei, der auf der Trennung von Mutter und Kind beruhe und sich darauf richte, sowohl diese als auch spätere Trennungen und Verluste wichtiger Objekte zu überwinden.

Bei Nachkommen von Überlebenden des Holocaust sind diese Prozesse häufig gestört. Freyberg (1980) zeigte in ihrer Untersuchung über die Beziehung zwischen Kindern von Holocaust-Überlebenden und ihren Eltern, die um Hinterbliebene trauerten, daß die Nachkommen von Holocaust-Überlebenden ihre trauernden Eltern tendenziell als emotional distanziert erleben und dazu neigen, sich an sie zu klammern, wobei sie sich unfähig fühlen, den Prozeß der Trennung von ihnen durchzustehen. In diesen Fällen erlebt das Kind die Individuierung häufig als etwas Destruktives, das sich gegen die verletzlichen Eltern richtet, die in ihrem Leben keine weiteren »Verluste« ertragen dürfen. Das Kind neigt dazu, mit den Eltern in einer Weise verbunden zu bleiben, die es ihm nicht gestattet, sie zu verlassen und die »normale« Trauer der Trennung durchzuarbeiten, wenn dies erforderlich ist, um eine Liebesbeziehung herzustellen (Kernberg, 1974).

2. Ein weiteres Element, das dazu beiträgt, die Fähigkeit zu beeinträchtigen, sich zu verlieben und dauerhaft zu lieben, ist der Entzug der Möglichkeit zur Trauer. Josselyn (1971) vermutet, daß Eltern, die dem Kind die Gelegenheit zur Trauer über verlorene Liebesobjekte nehmen, zur Ver-

kümmerung der Liebesfähigkeit beitragen. Der Grund dafür ist, daß eine Vorbedingung zur Liebesfähigkeit das Erreichen einer Entwicklungsstufe ist, auf der es eine Fähigkeit zur Trauer, zur Schuld und zum Interesse an anderen gibt, die zu einem erweiterten Bewußtsein des Selbst und anderer führt sowie zum Ansatz der Fähigkeit, Einfühlung und höherstufige Identifizierungen zu erreichen. Damit wird die Entwicklung der Liebesfähigkeit mit der Fähigkeit und der Neigung zur Depression verknüpft.

Wenn es um die Fälle von Nachkommen der Holocaust-Überlebenden geht, leugnen die Eltern häufig ihre Trauer um die verlorenen Angehörigen und entziehen ihren Kindern die Möglichkeit zur Trauer, wodurch sie deren Empathievermögen und Liebesfähigkeit beeinträchtigen.

Im Lichte der angesprochenen theoretischen Prämissen sowie im Hinblick auf die Beziehung zur traumatisierten Mutter, die ich hier untersuchen werde, möchte ich eine Fallstudie vorlegen, bei der ich zeigen werde, daß die Liebesunfähigkeit der Patientin aus zwei Umständen resultierte: zum einen das Unvermögen, die notwendigen Trauerprozesse, die mit der Trennung von ihrer um die Hinterbliebenen trauernden Mutter einherging, durchlaufen zu können und zum anderen ihre Fixierung auf die unendliche und verleugnete Trauer ihrer Mutter. Pines (1993) äußerte in ihrem Aufsatz »The impact of the Holocaust on the second generation« die Meinung, daß die Entwicklung von Kindern der zweiten Generation stärker betroffen sei, wenn die Mutter, die erste Pflegeperson, die Verluste zu tragen hatte und dadurch unfähig wurde, ihrem Kleinkind eine sichere Grundlage zu bieten.

In der vorliegenden Fallgeschichte war die Beziehung der Patientin zur beeinträchtigten Mutter häufig durch eine gegen sie gerichtete intensive, unbewußte Wut gekennzeichnet, vor der die Patientin sich schützte, indem sie durch einen Prozeß der »primitiven Identifizierung« ihr autonomes Selbst verlor (Freyberg, 1980; Grubrich-Simitis, 1984; Kogan, 1990, 1991). Durch Identifizierung mit ihrer trauernden Mutter kam es zu einer Wiederbesetzung von Spuren des Traumas, die der Tochter übermittelt worden waren: Dies verstärkte das übermittelte Trauma und festigte dadurch das neurotische Muster.

Als Ergebnis dieser Wiederbesetzung kam es zu einem Bedürfnis nach »Konkretisierung« (Bergmann, 1982; Kogan, 1987, 1990, 1991, 1993), zu dem Versuch der Tochter, ihre Vorstellungen über die Erlebnisse der Mutter im Holocaust durch eine Wiederholung dieser mütterlichen Erlebnisse mit ihren Begleitaffekten im eigenen Leben erlebbar zu machen.

Die Wiederbesetzung des übermittelten Traumas durch den Prozeß der primitiven Identifizierung und das Konkretisierungsbedürfnis wirkten sich auf die künftigen Liebesbeziehungen der Tochter aus. Sie verlieh den Liebesobjekten eine libidinöse Bedeutung, indem sie sie von der Gegenwart abkoppelte und zu Schauspielern in jenem Drama verwandelte, das ihrer Vorstellung nach die Mutter in der Vergangenheit durchgemacht hatte; ein Drama, das die Tochter als von libidinöser Bedeutung erfüllt ansah. Dieses Drama, zu dem die Themen der Rettung und des Todes gehörten, war gewöhnlich von einem manischen Sadismus gefärbt, weil es für die Tochter unmöglich war, ihre Aggression gegen das zu richten, was sie als ihre verletzliche Mutter ansah. Die Tochter, fixiert auf die traumatische Vergangenheit der Mutter, verzerrte die Beziehungen zu den Objekten und beutete sie unbewußt aus, um ihrem Bedürfnis nachzukommen, ihre Phantasien über die traumatische Vergangenheit der Mutter im eigenen Leben zu agieren.

Mit einigen Ausschnitten aus der Analyse werde ich die Verzerrung der Objektbeziehungen und das Bedürfnis der Tochter illustrieren, die Rolle des Opfers/Verfolgers im Hinblick auf die vorgestellte Vergangenheit der Mutter zu spielen, wodurch ihre Fähigkeit, sich zu verlieben und dauerhaft zu lieben, beeinträchtigt wurde.

## Falldarstellung

Sara, eine Erziehungspsychologin, suchte wegen ihres unglücklichen Liebeslebens nach Hilfe. Mit achtunddreißig Jahren immer noch allein lebend, hatte sie eine lange Liste von Partnern. Ihre Beziehungen hielten nicht lange. Entweder verließen die Männer sie, weil sie das Interesse an ihr verloren, oder sie gab die Männer wegen der von ihr so bezeichneten »Angst vor der Ehe« auf. Ihr Gefühlsleben war ein einziges Durcheinander; sie hielt sich für anders als andere Menschen und fürchtete, vor einer einsamen und kinderlosen Zukunft zu stehen.

Sara war für die Zeit eines Jahres bei zwei verschiedenen männlichen Therapeuten in Behandlung gewesen. Sie verließ die Therapie mit dem Gefühl, nichts in der Hand zu haben – so, wie sie sich am Ende jeder früheren Beziehung auch immer gefühlt hatte.

Sara erfüllte mein Zimmer mit ihrer überwältigenden Erscheinung. Sie war groß, schlank und von einer dunkelhäutigen, exotischen, orientalischen Schönheit. Sie war elegant gekleidet und wirkte jünger, als sie war. Sara schien mir intelligent und auf die Behandlung erpicht zu sein. Ich schlug eine Analyse (vier Wochenstunden) als die angemessene Behandlung vor; sie akzeptierte meinen Vorschlag mit Gefühlen einer großen, von Angst durchmischten Erwartung.

Ich habe nicht vor, ausführlich alle Faktoren zu beschreiben, die Saras Liebesleben beeinflußten, etwa ihre innere Repräsentanz des Vaters; wie sie die Beziehung zwischen den Eltern wahrnahm usw. – es soll der Hinweis genügen, daß Sara ihren Vater als einen kindlichen, kastrierten Mann wahrnahm, der von allen Menschen Liebe und Bewunderung brauchte und sowohl körperlich als auch emotional von ihrer Mutter abhängig war. Die Tatsache, daß der Vater in seinem Beruf sehr erfolgreich und ein guter Ernährer war, wurde von Sara geringgeschätzt: Sie hielt ihn für einen Schwächling, der im Schatten ihrer starken, dominanten und begabten Mutter lebte. Sara sah ihre Mutter als jemanden, der ihn dauernd kritisierte und sich über ihn beklagte, als ob er unfähig wäre, ihren Erwartungen zu entsprechen.

Ich werde die Beziehung zwischen dem Trauerprozeß und der Fähigkeit, sich zu verlieben und dauerhaft zu lieben, deutlich machen, indem ich mich auf Saras Beziehung zur Mutter konzentriere.

In den ersten Analysesitzungen konnte ich aus dem Übertragungsbild, das sie von mir geschaffen hatte, bevor sie in die Behandlung kam, eine Hypothese über die Eigenart von Saras Objektbeziehungen formulieren. Einer von Saras Freunden hatte vor kurzem eine Reihe von Einführungsvorlesungen in die Psychoanalyse besucht, die ich an einer Universität im Fachbereich Psychologie gehalten hatte. Der Leiter des Fachbereichs war anwesend und beteiligte sich an der Diskussion. Sara behauptete, ihr Freund habe mich als eine attraktive Frau geschildert, die sich mit ihrer schneidenden Ironie und ihrem Sarkasmus über den Fachbereichsleiter lustig gemacht habe. Sara fand diese Beschreibung verlockend, und sie veranlaßte sie, einen Termin mit mir zu vereinbaren.

Ich war bestürzt über das, was Sara in mir finden wollte – eine phallische, sadistische Frau, die ihren männlichen Partner zermalmt. War dies die Art von Behandlung, die sie von mir erwartete? Oder war es Saras eigene Projektion auf den Spiegel, den ich ihr in der Analyse bereitstellte? Wenn ja, war ich dann bereits dazu verdammt, eine ebenso wirkungslose und wertlose Analytikerin zu werden wie die Therapeuten, die mir vorangegangen waren?

Zu Beginn der Analyse steigerte sich Saras Angst bis zu einem Höhepunkt. Sara faßte die Analyse ebenso wie die

Ehe als ein »grenzenloses schwarzes Loch« auf, in das sie
hineingezogen werden konnte und wo sie sich verlor. Ihre
Hauptphantasie in dieser Hinsicht war sowohl die Sehnsucht
als auch die Furcht, ein passives Opfer von Folter und Vergewaltigung zu werden. »Mich hinlegen heißt für mich völlige
Hingabe. Wie – nimm diesen Körper und mach etwas damit!« Und später: »Sie stecken ihre Hand in den Rumpf und
holen Dinge heraus, von denen ich nicht einmal spürte, daß
sie da sind.« Saras aggressive Wünsche, mich einzuverleiben,
wurden in der Übertragung verdreht, indem sich Sara in mein
Opfer verwandelte; sie erwartete von mir, daß ich sie zwinge,
Dinge zu verschlucken, die sie gar nicht verschlucken wollte,
weil ihr Bedürfnis nach mir so groß war. Erkennbar wird dies
an ihrem ersten Traum, in dem sie einen Berg bestieg, um zur
Sitzung zu kommen. Auf der Bergspitze war eine Frau, die
ihr ein Glas Milch anbot, die wie Asche schmeckte. Sara
hatte Durst und trank das Glas in einem Zug aus. Bei ihren
Assoziationen zu dem Traum sagte sie:

> Ich erinnere mich, daß ich als Kind nicht essen konnte,
> ich kaute die Nahrung auf der einen Seite im Mund und
> schob sie dann auf die andere Seite, schluckte sie jedoch
> nie hinunter. Die Mutter hatte Angst, ich sei so dünn,
> daß ich niemals wachsen würde. Als ich dann tatsächlich
> wuchs, wurde ich zu dick, ich mußte die Mutter ja glück-
> lich machen. Ich war immer ein so gutes Mädchen, zum
> Kotzen. Mutter wollte von mir dauernd, daß ich Dinge
> tue, die ich nicht tun wollte. Sie wollte, daß ich einen
> anderen Beruf habe und eine hohe Position in der Welt
> einnehme. Ich mußte einen »perfekten« Ehemann von
> hohem Rang finden. Ich war nie in der Lage, ihre Erwar-
> tungen zu erfüllen.

In der Übertragung wurde ich zu dieser erdrückenden Mutter, die Nahrung in ihren Schlund drückte, die sie nicht

wollte: »Du bist so stur, am Ende wirst du mich an der Nase irgendwohin führen, wo ich gar nicht hinwill, vielleicht werde ich deinetwegen im Leben Dinge tun, die ich eigentlich nicht tun will.« Andererseits hatte Sara Angst, daß sie durch Zurückweisen der verdorbenen Nahrung, die sie von mir erwartete, meine Liebe verlieren könnte. »Die Leute sind oft von mir enttäuscht. Ich wecke Erwartungen, die ich nicht erfüllen kann. Ich fürchte, ich werde Sie hängenlassen.«

In der nächsten Sitzung beschrieb Sara einen Traum, bei dem es um die Ablehnung von Nahrung ging. »Es gab eine Party mit vielen Menschen, mein kleiner Bruder war da und kotzte, und ich sagte zu ihm: ›Kotz nur, laß alles aus dir heraus!‹ Mir war ebenfalls schlecht, und ich wollte kotzen. Ich konnte aber nicht, die ganze Kotze blieb mir im Hals stecken.« Saras Assoziation zu diesem Traum war: »Mutter verschlang Tonnen von Scheiße. Erst nahmen sie ihr den Vater weg, dann die Mutter. Ich kann auf meine Mutter nicht böse sein, ich liebe sie sehr.«

Beim Durcharbeiten dieser Träume verhalf ich Sara zu der Erkenntnis, daß der junge Bruder im Traum ihren jüngeren Aspekt symbolisierte, der die »Scheiße« zurückwies, die sie ihrem Eindruck nach das ganze Leben lang geschluckt hatte. Ihr älteres Selbst schien trotz seiner Wünsche dazu unfähig zu sein. Ich trug Sara die Vermutung vor, daß sie nach meinem Gefühl nicht nur Angst davor hatte, meine Bedürfnisse und Wünsche »schlucken« und ihnen gemäß handeln zu müssen, sondern von mir auch erwartete, ich werde sie zum »Kotzen« zwingen, um die Gefühle des Zorns herauszuholen, die sie gegenüber ihrer geliebten Mutter hegte. Somit wurde von mir erwartet, daß ich der Verfolger werde, der ihre Trennung von der Mutter herbeiführt.

Nachdem ich Saras Traumerzählungen zugehört hatte, wandten sich meine Gedanken wieder Saras komplexer Beziehung zu ihrer Mutter zu. Was war es denn nur, das Sara weder verschlucken noch erbrechen konnte? War es nur der Zorn auf die geliebte Mutter, der für sie so schwer zu ertragen war? Oder war es der unbekannte Teil von Mutters Vergangenheit; der Teil, der vom Tod geprägt war, der bewirkte, daß »die Milch ihrer Mutter wie Asche schmeckte« und so im Hals steckenblieb, daß sie ihn weder »schlukken« (das heißt, in ihr unbewußtes Selbst integrieren) noch zurückweisen konnte als etwas, das zum Leben ihrer Mutter und nicht zu ihrem eigenen Leben gehörte?

Erst später in der Analyse konnten wir Saras Traum in Verbindung bringen mit der mütterlichen Geschichte einer beschädigten Kindheit, die Sara introjiziert hatte und in ihrem eigenen Leben so spielte, als ob es ihre eigene Geschichte gewesen wäre. Ich werde nun die traumatische Geschichte der Mutter, die nach meiner Auffassung einen ungeheuren Einfluß auf Saras Liebesleben hatte, kurz beschreiben.

Saras Mutter durchlebte den Holocaust im Alter zwischen neun und dreizehn Jahren. Ihr Vater war zwei Jahre vor dem Krieg zur Armee eingezogen worden und verschwand später in einem Konzentrationslager. Saras Mutter versteckte sich eine Zeitlang zusammen mit ihrer eigenen Mutter (Saras Großmutter) und ihrer Zwillingsschwester (Saras Tante), bis sie schließlich entdeckt und in ein Konzentrationslager transportiert wurden. Kurz danach trafen zwei Nonnen im Konzentrationslager ein, die ein Schreiben des ortsansässigen Bischofs vorlegten, dem zufolge einige Kinder abgeholt werden durften, um sie zu retten. Die Mutter ermutigte ihre Zwillingstöchter mitzugehen. Sie selbst blieb zurück und kam in Auschwitz um.

Die Zwillinge wurden zunächst in ein Kloster in der Nähe des Gestapo-Hauptquartiers gebracht, wo sie in schrecklicher Angst vor einem möglichen Überfall lebten. Man schmuggelte sie bald darauf in ein anderes Land, wo man sie trennte und an verschiedenen Orten unterbrachte. Saras

Mutter kam mit den Leuten, bei denen sie untergebracht war, nicht zurecht. Sie schlugen und mißhandelten sie. Die Geschichte von Mutters Reise war die Quelle einiger Verfolgungsphantasien Saras. Sara beschrieb lebhaft die hungernden Kinder, die froren und Angst davor hatten, erhängt zu werden, sowie die Menschen, deren Leichen ihre Mutter an den Bäumen hängen gesehen hatte. Schließlich wurden Saras Mutter und ihre Zwillingsschwester, die ein verletztes Bein hatte, auf einem Schiff nach Israel gebracht, wo man sie in einem Waisenhaus für Kinder aufzog, die den Holocaust überlebt hatten.

Jahre später wuchs bei der Schwester der Mutter eine Geschwulst am Rückgrat. Sie mußte sich einer Operation unterziehen, nach der sie für immer behindert war. Die Ärzte, die erwartet hatten, daß sie sich erholen würde, zogen die Möglichkeit in Betracht, daß ihre Erkrankung mit dem Trauma zusammenhängen könnte, das sie bei der Flucht durch den Wald erlitten hatte, als ein Bein verletzt wurde.

Im ersten Analysejahr trat Saras unbewußte Phantasie, die Zwillingsschwester ihrer Mutter zu sein, in einer Geschichte über eine Cousine zutage, die Zwillinge gebar, von denen der eine starb, weil ihm der andere »das Blut aussaugte«. Der überlebende Zwilling wurde sehr krank. Durch diese Geschichte wurde mir klar, daß Sara – in der Rolle der Zwillingsschwester der Mutter – den Eindruck hatte, ihre Existenz sei für die Mutter tödlich.

Saras Angst vor dem Drang, ihre Mutter (ihren Zwilling) zu töten, damit sie selbst überlebte, bestätigte sich später in der Analyse, wie ich mit Hilfe verschiedener Vignetten zeigen werde. In diesem Stadium formulierte ich die Hypothese, daß Sara die Depressions- und Schuldgefühle der Mutter schon im frühen Kindesalter »aussaugte«. Saras Mutter wurde innerlich »tot«, während Sara zwar am Leben blieb, aber viele Schwierigkeiten erlebte.

Saras Mutter unterzog sich während Saras Kindheit ebenfalls mehreren Operationen. Gebärmutter und Schilddrüse wurden chirurgisch entfernt, nachdem man Tumore gefunden hatte. Sara besuche ihre Mutter immer im Krankenhaus, schrieb ihr Briefe und versuchte sie aufzuheitern. Sie nahm ihre Mutter als »Bollwerk der Kraft« wahr. Die Mutter schwieg sich über ihre Erkrankungen aus und versuchte eine Welt aufzubauen, in der nichts fehlte.

Sara war neunzehn, als die Mutter zur Entfernung eines Gehirntumors ins Krankenhaus eingeliefert wurde. Als die Ärzte die Narben auf der Schädeldecke bemerkten, fragten sie sie über ihre Vergangenheit aus und erwogen die Möglichkeit, daß man sie brutal auf den Kopf geschlagen hatte. Zudem äußerten sie die Hypothese, daß die Narben auf dem Kopf möglicherweise von der üblichen Röntgenbestrahlung gegen Läuse herrühren könnten, der die Neuankömmlinge in Israel unterzogen wurden. Mit diesem Verfahren wurde aufgehört, als man entdeckte, daß es eine gefährliche Behandlung war, die an verschiedenen Körperteilen Geschwulste hervorrufen konnte.

Um die Wirkung von Saras unbewußten Phantasien über die mütterliche Vergangenheit auf das eigene Liebesleben zu illustrieren sowie das Bedürfnis, diese Phantasien durch verzerrte, sadomasochistische Männerbeziehungen zu konkretisieren, werde ich Saras erste sexuelle Beziehung beschreiben, die mit der Gehirnoperation ihrer Mutter zusammmenhing. Diese Episode wurde durchgearbeitet, nachdem Sara etwa ein Jahr in der Analyse war.

Sara beschrieb ihre Mutter vor der Operation als »mager, rasiert, wie das Bild eines Kindes im Konzentrationslager«. Diesmal gelang es Saras Mutter nicht, ihr Leiden zu verbergen. Weinend sagte sie zu Sara, sie wisse nicht, was mit ihr geschehen werde. Sie äußerte den Wunsch, daß Sara ihre Ringe und den Pelzmantel bekommen sollte. Sara erinnerte sich, daß sie sich völlig empfindungslos vorkam, ohne jedes Gefühl. An Ort und Stelle entschloß sie sich, ihre Jungfräulichkeit zu verlieren. Sie suchte sich dazu einen Krankenpfleger aus, der vor der Operation alle Aufgaben der intimen Körperpflege ihrer Mutter übernommen hatte. Sara gab zu verstehen, daß sie an einer Affäre mit ihm interessiert sei. Er nahm sie nach einem ihrer Krankenhausbesuche mit nach Hause, prahlte mit seinen Frauenbeziehungen und erzählte ihr Geschichten über seine sexuellen Kontakte mit Tieren. Sara erinnerte sich, daß sie miteinander Sex hatten, während sein Zimmergenosse ein und aus ging. Danach schickte er sie ohne viel Aufhebens weg. Jahre später sah sie sein Bild in der Zeitung. Er war Zahnarzt geworden, und man hatte ihn angeklagt, Patientinnen sexuell mißbraucht zu haben.

Als Sara mir ihre Geschichte erzählte, reagierte sie darauf sarkastisch. »Was für einen guten Kopf ich hatte!« sagte sie lachend. »Einen guten Kopf?« fragte ich. »Es war doch Ihre Mutter, die die Operation am Kopf durchmachte.« »Mein Kopf war vom Körper völlig getrennt. Ich fühlte mich abgekoppelt«, gab Sara zur Antwort.

Wir versuchten diese Episode im Lichte der Übertragungsbeziehung verständlich zu machen. Mir war deutlich geworden, daß ich aufgefordert wurde, der sadistische Analytiker zu sein, der Sara mißbraucht, indem er mit seinen Deutungen in ihren Kopf (Vagina) einbricht. Gleichzeitig hatte ich die Aufgabe, eine bösartige Geschwulst (ihre Phantasien über die traumatische Vergangenheit der Mutter) von ihrem Kopf zu entfernen, um ihr Gefühlsleben zu retten. Sara gab folgende Beschreibung ihrer narzißtischen Kränkung, ihres fragmentierten Selbst und der fragmentierten Objekte:

Wenn ich mit Leuten zusammen bin, zeige ich ihnen dauernd meine Schwachpunkte; als ob ich ihnen sagen würde – gebt es mir, schlagt mich! Andererseits weiß ich, daß ich aggressiv bin, kritisch gegen andere eingestellt. Sie haben zu akzeptieren, was ich denke. Und ich kann nicht allein sein. Es ist verrückt, aber ich fülle meine Leere mit Männern aus. Ich vergesse ihre Namen. Ich kann mir nur vorstellen, eine enge Beziehung zu wollen. Ich habe nur winzige Splitter und Bruchstücke von Erlebnissen. Haben Sie überhaupt eine Vorstellung davon, wie es ist, nichts empfinden zu können? Ich bin von meinen Gefühlen völlig abgekoppelt...

Sara äußerte die Hoffnung, daß durch die analytische »Operation« ihre Gedanken wieder in eine engere Verbindung mit ihren Gefühlen gebracht würden und daß ihr dadurch geholfen werde, eine besser integrierte Person zu werden.

Das Durcharbeiten der Übertragungsbeziehung ermöglichte es Sara, ihre komplexen und schmerzlichen Gefühle im Zusammenhang mit diesem Ereignis genauer zu betrachten. Ich möchte dies an einigen Ausschnitten aus der Analyse verdeutlichen: Sara beschrieb die Erfahrung bei der Operation der Mutter als brutale Vergewaltigung. Sie fügte hinzu, daß sie nicht in der Lage war, mit den Gefühlen eines überwältigenden Schmerzes wegen der Möglichkeit, daß ihre Mutter sterben konnte, umzugehen.

Allmählich wurde mir klar, daß Sara, um diese schwierigen Gefühle zu beherrschen, vielleicht versucht hatte, selbst Mutter zu werden. Ich erkannte, daß dies Saras unbewußter Phantasie entsprechend dadurch geschehen könnte, daß sie von denselben Händen berührt wurde, die sich um die intime Körperpflege ihrer Mutter kümmerten. Indem Sara die Operation als Vergewaltigung ansah (unter Vertauschung von Kopf und Vagina), versuchte sie diese auf eine masochistische Weise an ihrem eigenen Körper zu verwirklichen.

Ich möchte mit Hilfe der folgenden Vignette zeigen, daß

Sara die analytische »Operation« ähnlich der Operation bei der Mutter als eine Vergewaltigung ansah, aber auch als eine Rettungsmaßnahme.

Anläßlich des Holocaust-Gedenktages in Israel sah Sara den Film *Shoah*. In der Sitzung beschrieb sie eine Szene, die eine große emotionale Wirkung auf sie hatte: das Interview mit einem Friseur, dessen Funktion im Lager darin bestand, den Frauen das Haar abzuschneiden, bevor sie in die Gaskammer gingen. Während des ganzen Gesprächs hatte der Mann ein starres Lächeln aufgesetzt. Als der Interviewer schließlich auf dieses Lächeln zu sprechen kam, das völlig unvereinbar war mit den schrecklichen Dingen, die er erzählte, brach der Mann in Tränen aus und ließ seinem unerträglichen Schmerz freien Lauf. »Es war erstaunlich, wie er sich an das Lächeln klammerte, damit der Kummer und die Traurigkeit nicht hervortreten konnten«, sagte Sara.

Ich fragte mich, ob Sara von mir wollte, daß ich wie der Interviewer war, der die Abwehr des Mannes durchbrach. Saras Antwort auf meine unausgesprochene Frage erfolgte durch die weitere Beschreibung des Films. Sie erwähnte eine Szene, in der eine weitere Überlebende vorkam, eine Frau, die Mengeles Selektion durchgemacht hatte. Man hielt sie für geeignet, in Birkenau in der Küche zu arbeiten, wo sie täglich zweiundzwanzig Stunden arbeitete. Sara fügte erregt hinzu, daß Mengele bei seiner Entscheidung den Körper der Frau mit einem Stock überprüfte.

Nach einer Pause rief Sara plötzlich aus: »Was versuche ich Ihnen eigentlich damit zu sagen? Ich fürchte, daß Sie mich berühren werden. Ich bin wie eine Seifenblase, wenn Sie mich berühren, werde ich platzen.«

Nun wurden mir die unbewußten, widerstreitenden Gefühle Saras bewußt. Sie wollte von mir, daß ich sie vergewaltigte, ihre Abwehr durchbrach, um ihr Gefühlsleben zu retten. Gleichzeitig warnte sie mich davor, wenn ich es versuchen würde, hätte dies ihre Vernichtung zur Folge.

Ich hatte das Gefühl, daß eine Deutung zu diesem Zeitpunkt für Sara keine Hilfe wäre, weil sie mir so verletzlich vorkam. Deshalb hörte ich ihr weiter einfühlsam zu, wobei ich den Eindruck hatte, daß dies die einzige »Haltefunktion« war, die ich ihr bieten konnte (Winnicott, 1965: »holding«). Erst viel später in der Behandlung konnte ich Sara auf ihre unbewußten und widerstreitenden Wünsche gegenüber der Analyse aufmerksam machen und ihr helfen, sie durchzuarbeiten (ich werde dies an einer späteren Stelle durch einige Vignetten aus dem vierten Analysejahr illustrieren).

Ähnlich der analytischen »Operation« hatte auch die masochistische Beziehung zu dem Krankenpfleger eine rettende Qualität. Sara beschrieb ein Buch mit Erzählungen, die sie vor kurzem fasziniert gelesen hatte und in denen schöne blonde halbwüchsige Frauen, ähnlich ihrer Mutter, von Naziliebhabern/Folterern gerettet wurden. Sie bezeichnete ihren Krankenpfleger als »ihren Naziaggressor« und sagte, sie sei ihm »erlegen«. »Doch am Ende blieb ich am Leben«, sagte sie.

Dies bestätigte meine unausgesprochene Hypothese, daß Sara sich in ihre Mutter verwandeln wollte, die schöne Halbwüchsige, die überlebte. Zu diesem Zweck benutzte sie den Krankenpfleger als Schachfigur, um eine perverse Szene aus der phantasierten Vergangenheit ihrer Mutter nachzuspielen, deren Zweck es war, ihr eigenes Leben (das ihrer Mutter) zu retten.

In der nächsten Sitzung sprach Sara ehrfürchtig von der Stärke und der Klugheit ihrer Mutter. Im Vergleich dazu fühlte sie sich als Versagerin: »Ich glaube nicht, daß ich hätte überleben können, ich bin nicht so stark wie sie, meine Mutter ist eine echte Überlebende.« Sara verlieh mir die Eigenschaften der »Überlebenden«-Mutter, mit der sie konkurrierte: »Ich denke, Sie sind vom selben Schlag, wenn Sie etwas wollen, kann Sie nichts aufhalten. In meinem Beruf kann ich niemals Ihren professionellen Rang erreichen. Wenn Sie den Holocaust durchgemacht hätten, dann hätten Sie wahrscheinlich überlebt.«

Als Antwort äußerte ich gegenüber Sara die Vermutung, nach meinem Eindruck habe sie, indem sie ihrem »Nazi-aggressor« »erlag«, ein Drama nachgespielt, in dem sie sich vor einer eingebildeten Gefahr rettete und damit in der Übertragung zu einer »echten Überlebenden« wurde, wie ihre Mutter oder ich.

Saras Reaktion auf meine Deutung erfolgte durch eine Episode des Agierens, die dieser Sitzung folgte. Diese Episode enthüllte Saras Wunsch, sich selbst (ihre Mutter/mich) vor der Gefahr zu erretten, der sie sich aussetzte, und sie ermöglichte es uns außerdem, die Motive hinter ihrem Bedürfnis, eine Retterin zu werden, aufzudecken und durchzuarbeiten: die unbewußten destruktiven Wünsche gegenüber dem Mutterobjekt.

Nach der oben beschriebenen Sitzung überfuhr Sara eine rote Ampel. Gleichzeitig bemerkte sie einen jungen Mann, der wartete, bis die Ampel umschaltete. Sie machte unverzüglich eine Kehrtwendung, fuhr an seine Seite und fragte ihn: »Sind Sie frei?« Der Mann lud sie zu sich nach Hause ein, und Sara folgte wortlos. Plötzlich bekam sie Angst, sie begriff nicht, was sie da tat, und lief davon.

Auf meine Fragen zu diesem Agieren kam Saras Wunsch zum Vorschein, einen männlichen Partner zu finden und mich mit einem Fußtritt aus ihrem Leben zu entfernen, weil sie sich von mir erdrückt fühlte. Gleichzeitig brachte sie sich jedoch in eine als gefährlich vorgestellte Situation und erwartete von dem Mann, den sie auf der Straße angesprochen hatte, daß er sie vergewaltigte, folterte und tötete. Im letzten Augenblick entschied sie, sich vor der phantasierten Gefahr zu retten, der sie sich ausgesetzt hatte.

Erst nach langwieriger psychischer Arbeit im Zusammenhang mit den Einzelheiten der Mutterbeziehung konnte

Sara ihren großen Zorn bei der Auseinandersetzung mit dem Tod der Mutter (den sie als emotionale Empfindungslosigkeit erlebte) bewußtmachen und durcharbeiten. Es brauchte eine lange Zeit, bis Sara die Existenz eines bestimmten Wunsches anerkennen konnte: daß ihre Mutter verschwinden und ihr die Freiheit geben sollte. Sie erinnerte sich, wie sie am Bett der leidenden Mutter saß, als ihr »ein verrückter Gedanke durch den Kopf ging: ›Jetzt liegt die Mutter im Sterben; einen Trinkspruch auf mein Leben!‹«

Die oben beschriebene Deflorationsszene, bei der Sara eine sadomasochistische Beziehung suchte und die in der Übertragung wiederholt wurde, legte das Muster für viele Beziehungen Saras im späteren Leben fest. Obwohl sie jung, schön und intelligent war und dadurch viele Möglichkeiten hatte, schien Sara unfähig zu sein, sich zu verlieben und feste emotionale Bindungen einzugehen. Begehrt zu werden hatte für Sara lebensrettende Bedeutung. Es bedeutete, sich selbst zu retten und zugleich das Objekt zu vernichten, das unbewußt als ihr Verfolger wahrgenommen wurde; als eine Figur, die der Vergangenheit ihrer Mutter angehörte.

Zu Beginn einer Beziehung spürte Sara gewöhnlich eine zeitweilige Begeisterung für das begehrte Sexualobjekt, die einen Zustand des Verliebtseins imitierte. Hinzu kam eine sexuelle Erregung, die kurzfristig ihre Illusion verstärkte, begehrt zu werden. Die sexuelle Erfüllung weckte jedoch bald ihr Bedürfnis, ihren Verfolger zu überwältigen. Dies fiel zusammen mit dem Prozeß, das bewußt zwar begehrte, unbewußt jedoch verhaßte Objekt zu entwerten, was dazu führte, daß sowohl ihre Erregung als auch ihr Interesse sich rasch verflüchtigten. Die Beziehung endete gewöhnlich mit Saras »Entdeckung«, daß ihr Partner unfähig war, ihrem Zorn standzuhalten und daß er in ihren Augen schwach und kindlich wurde. Sara beschrieb die Männer häufig als solche, die das sexuelle Interesse verloren oder gar impotent wurden.

Es folgen nun zwei Beispiele für Saras Liebesbeziehungen, die ihren unbewußten Wunsch verdeutlichen, sich in jene phallische Frau zu verwandeln, die ihre Verfolger vernichtet, indem sie sie kastriert.

Zu Beginn der Analyse beschrieb Sara ihren gegenwärtigen Liebhaber als aufgeweckten, gutaussehenden jungen Mann mit Aussicht auf eine vielversprechende Karriere. Der Freund hatte das Angebot erhalten, sein Studium im Ausland fortzusetzen. Er lehnte ab, um mit Sara zusammenbleiben zu können: ein konkreter Beweis seiner Liebe und seiner Bewunderung für sie, der ihre Selbstachtung erhöhte und ihr das Gefühl gab, begehrt zu werden. Sara wies darauf hin, daß die Mutter ihn schätze, weil er intelligente Gespräche führen konnte und weil er europäische Manieren und einen kultivierten Geschmack für die besonderen Kaffeesorten hatte, die sie ihm anbot. Saras Begeisterung begann jedoch zu schwinden, als er den Wunsch äußerte, mit ihr zusammenzuleben. Sara hatte das Gefühl, daß in ihrer Wohnung überhaupt kein Platz für ihn sei. Sie besorgte ihm einen Mitbewohner, und er wartete ein halbes Jahr geduldig auf sie.

Dann mieteten sie eine kleine gemeinsame Wohnung, doch die Situation verschlechterte sich. Sara fühlte sich durch seine Besitztümer, seine Bücher und seinen Schreibtisch erdrückt. Sie beschrieb sich genüßlich als Hexe mit einem Besen in der Hand, die ihn anschrie und seine Sachen aus dem Weg räumen wollte, während er sich hilflos wand und sich in einer Ecke versteckte. Da sie ihn als von ihr abhängig wahrnahm, hatte sie das Gefühl, daß er ihr Opfer war, und verachtete ihn deshalb. Nun »entdeckte« sie, daß er kalt und zurückhaltend war, ein einsamer Jüngling. Sie beklagte, daß ihm die Fähigkeit fehle, Gefühle offen zu zeigen. Außerdem hatte sie den Eindruck, daß er zu schwach und zu kindlich sei, um ihr die emotionale Unterstützung zu bieten, die sie brauchte. Der Freund schien das sexuelle Interesse an ihr rasch zu verlieren, was zu vielen Episoden führte, in denen er völlig impotent wurde. Sie deutete seine Impotenz als Rache, betrog ihn mit einem früheren Liebhaber und dachte daran, ihn zu verlassen. Ihr Freund, der verzweifelt die Beziehung zu retten versuchte, bot ihr an, sie zu heiraten, und brachte damit seine unrealistische Hoffnung zum Ausdruck, eine stabile Beziehung könnte ihr abgestorbenes Liebesverhältnis wiederbeleben.

Ähnlich wie in früheren Fällen fühlte Sara sich gefesselt und verängstigt und wollte den jungen Mann loswerden. Voller Bedauern erinnerte sie sich an ihre früheren Partner, die sie im Stich gelassen hatte und die im nachhinein viel eher ihrer Liebe würdig erschienen. Sara lehnte das Angebot zur Heirat ab, und ihr Freund, nunmehr besiegt, beschloß aus der Wohnung auszuziehen. Sara war durch seinen »Verzicht« äußerst gekränkt und »betrauerte« sogar seine Besitztümer, die sie von Anfang an nicht hatte akzeptieren können.

Die zweite Beziehung drehte sich ebenfalls um Saras Kastration ihres Partners, obwohl sie sich diesmal als Opfer des Mannes erlebte. Diese Beziehung fiel in das dritte Jahr der Analyse.

Ihr neuer Liebhaber war ein Mann, den sie vor Jahren während ihres Militärdienstes kennengelernt hatte. Er war dabei, sich scheiden zu lassen, und hatte zwei kleine Kinder. Am Anfang schien Sara über die Wärme und Zuneigung ihres Liebhabers sehr glücklich zu sein, und sie war von ihrer körperlichen Beziehung begeistert. Sie war glücklich, ihre One-night-Stands aufzugeben, nach denen sie sich gewöhnlich gedemütigt und mißbraucht fühlte. Das Liebesverhältnis schien bis zu dem Zeitpunkt zu gedeihen, als die Scheidung vollzogen wurde. Dann hatte Sara seine »Mittelmäßigkeit« »entdeckt«, und sie hatte den Eindruck gewonnen, daß er zu einer erfolgreichen Karriere unfähig war.

Sara begann ihren Zorn durch fortwährendes Kritisieren

und Klagen zu demonstrieren. Während sie den Mann zu Beginn ihrer Beziehung als stattlich und sportlich angesehen hatte, meinte sie nun, er sei zu dick. Sie nörgelte häufig an seinen Tischmanieren herum und auch an dem Vorhaben einer Diät, der zu unterziehen er sich offenbar weigerte. Sara beschrieb angeekelt, wie er beim Essen sabberte, seinen gewaltigen Appetit, die Vernachlässigung seines Äußeren. Sie beklagte sich darüber, daß sein Körpergeruch sie abstoße, den sie auf mangelnde Hygiene zurückführte. Sie hatte den Eindruck, es bestehe keine Chance, daß ihre Mutter den Mann so mögen könnte wie ihren früheren Freund, der ihr nunmehr weit überlegen vorkam.

Sara sagte, ihr Freund reagiere auf ihre Klagen, indem er schweigsam werde und ihrem Zorn auszuweichen versuche, indem er nach jedem schmerzlichen Vorfall für einige Tage aus ihrem Leben verschwinde. Sie beklagte sich darüber, daß sie daran gehindert werde, ihre Gefühle offen zu äußern. Sie hielt ihn für schwach, kindlich und unfähig, ihrem Zorn standzuhalten. Nach einer Reihe von stürmischen Ausbrüchen verkündete ihr der Freund seine Entscheidung, die Beziehung zu beenden.

Sara fühlte sich sehr gekränkt. Sie faßte sich als Opfer eines Mannes auf, der ihre Gefühle ausgenutzt und ihre »Liebe« nie mit dem Wohlbehagen und der Zuneigung erwidert hatte, die sie so dringend brauchte.

Ich möchte den Nachvollzug von Saras Phantasien über die traumatische Vergangenheit der Mutter in der Übertragung an einem Beispiel deutlich machen. Die Episode ereignete sich einige Monate vor dem Golfkrieg, als bereits von einem möglichen Angriff die Rede war.

In der Sitzung beschrieb Sara einen Film, den sie vor kurzem gesehen hatte und in dem der berühmte Schauspieler Klaus Maria Brandauer die Rolle des jüdischen Protagonisten spielte. Die Handlung drehte sich um einen jüdischen Uhrmacher, der 1939 versucht hatte, Hitler mit einer Zeit-

bombe zu töten, sein Ziel jedoch um sieben Minuten verfehlte. Er wurde 1945 nach Dachau gebracht und kurz vor
der Befreiung ermordet. »Wer war der kleine Uhrmacher,
der Hitler ermorden wollte?« fragte ich Sara. »Jemand, der
das Antlitz der Geschichte verändern wollte, um der Brutalität ein Ende zu machen«, gab sie zur Antwort.

Zur folgenden Sitzung kam Sara einige Minuten zu spät
(S: Sara, I: Ilany):

S: Die Verspätung ärgert mich sehr, ich verliere jedesmal
sieben Minuten.

I: Sieben Minuten? Erinnern Sie sich an die Geschichte
von gestern, über das Schicksal des Mannes, der versucht
hatte, Hitler zu töten?

S: Ja, der Uhrmacher, der Hitler umbringen wollte und sieben Minuten zu spät war... wie dem auch sei, man wird
uns angreifen, wir werden explodieren. Ihre Praxis kann
ein wunderbarer, hermetisch abgedichteter Schutzraum
sein. Sie können Ihre ganze Familie hier unterbringen.

I: Ich glaube, Sie wollen mir sagen, daß Sie sich hier im
Falle einer Explosion draußen sicher fühlen wollen. Wir
alle haben Angst davor, wissen Sie... aber ich habe das
Gefühl, daß Sie nicht bloß über Explosionen sprechen,
die von außen kommen, sondern auch über sich selbst,
wie Sie hier mit mir zusammen in diesem Raum innerlich
explodieren. Vielleicht haben Sie das Gefühl, daß ich
zwar ein guter Schutz für meine Familie sein kann, aber
eigentlich nicht für Sie hier in der Analyse...

S: Es ist gefährlich für mich, an meine Gefühle zu rühren, was werde ich mit meiner Aggression und meinem
Neid machen? Ich glaube nicht, daß meine Gefühle be-
rechtigt sind.

I: Es ist also möglich, daß Sie mit dem Zuspätkommen versuchen, die »Explosion« dieser Gefühle zu vermeiden und mich vor Ihrem Zorn zu schützen?

Sara beantwortete meine Fragen damit, daß sie zur nächsten Sitzung nicht erschien. Beim Nachdenken über ihr Agieren wurde mir bewußt, daß Sara meine Deutung vielleicht als mißglückte Einfühlung erlebt hatte. Richtete sich Saras Zorn nur gegen mich? Hatte sie nicht Angst davor, daß auch sie »explodieren« könnte und daß ich ihr keinen »ausreichenden Schutzraum« bieten konnte? Wollte Sara, daß ich sie gegen ihre eigenen destruktiven Aspekte, gegen den »Hitler« in ihr verteidigte?

Die Sitzung nach der Unterbrechung begann damit, daß Sara ganz aufgeregt eine weitere Episode aus dem Film beschrieb: »Ein Nazioffizier kam in die Toilette und sah den Helden, den armen Uhrmacher. Als er das erwartete ›Heil Hitler‹ nicht zu hören bekam, trat er den Uhrmacher in die Geschlechtsteile und urinierte auf ihn.«

Im Anschluß daran beschrieb Sara einen Vorfall an der Schule, wo sie arbeitete. Sie hatte sich mit einigen der Problemkinder verabredet, um ihnen zu helfen, doch statt ihre Pflicht zu tun, ging sie zu einem Vortrag an der Schule, der zur selben Zeit stattfand. Sara erklärte, sie habe bei ihrem Vorgesetzten, den man zu diesem Vortrag erwartete, Eindruck machen wollen. Sie schämte sich jedoch und fühlte sich schuldig, weil sie die Kinder, die auf sie warteten, versetzt und im Stich gelassen hatte.

An dieser Stelle kam ich auf Saras Erwartung und Befürchtung zu sprechen, daß ich ihr Verhalten verurteilen würde: daß sie die Kinder unbeaufsichtigt gelassen hatte. Ich fügte hinzu, daß sie vielleicht auch den Eindruck hatte, ich würde sie kritisieren, weil sie gestern nicht erschienen war, daß ich sie ablehnen und so treten würde wie der Nazioffizier aus der Filmszene, die sie geschildert hatte. War es aber nicht so, fragte ich, daß *sie* mich mit Füßen von sich stieß, indem sie nicht zur Analyse erschien und damit das Problemkind in ihr im Stich ließ? War sie nicht ihr eigener Naziaggressor?

Diesmal konnte Sara meine Deutung eher akzeptieren, und sie begann damit, ihren Zorn sowohl gegen mich als auch gegen sich selbst aufzudecken und durchzuarbeiten.

Das Durcharbeiten der Übertragungsbeziehung erweiterte das Verständnis ihrer sadomasochistischen Männerbeziehungen.

Nach jedem Scheitern in ihrem Liebesleben wurde Sara sehr depressiv und brachte Phantasien über Kinder zum Ausdruck, die gefoltert, mißbraucht und verstümmelt wurden. Diese Phantasien, die sie durch ihre sadomasochistischen Männerbeziehungen nachzuvollziehen versuchte, hingen mit ihren unbewußten Phantasien über die Kindheitserlebnisse ihrer Mutter während des Holocaust zusammen. Es brauchte sehr viel analytische Arbeit, um Sara zu dieser Erkenntnis zu verhelfen, wie ich in meiner Beschreibung der Analyse im folgenden zeigen werde.

Erst durch meine Gefühle der Gegenübertragung im dritten Jahr unserer gemeinsamen Arbeit begann ich etwas von Saras Sexualität zu begreifen, worüber sie mich bis zu diesem Zeitpunkt nur hatte raten lassen, nämlich ihre ausgeprägte Homosexualität. Diese Homosexualität entstammte ihrer Fixierung auf die körperlich beeinträchtigte Mutter und hinderte sie daran, eine ödipale Stufe sowie eine gefestigte Beziehung zu einem Mann zu erreichen.

Nach jedem Scheitern in ihrem Liebesleben nahm Sara sich in der Übertragung als mein nicht liebenswertes Kind wahr. Wie konnte eine idealisierte Mutter wie ich eine solche Tochter akzeptieren – die unordentlich und unweiblich war und regelmäßig dabei scheiterte, zur Reife zu gelangen? »Ich fühle mich Ihnen gegenüber wie bei meiner Mutter«, sagte Sara. »Mein ganzes Leben lang erwartete sie

etwas von mir, das ich ihr nicht geben konnte.« Merkwür-
digerweise weckte Saras Enttäuschung über sich selbst in
mir Gefühle der Hoffnungslosigkeit und des Unvermögens
in meiner Rolle als Analytikerin. Allmählich erkannte ich,
daß Sara mir bewußt die Rolle der allmächtigen Mutter
verliehen und mich dabei unbewußt in ihren kastrierten
Liebhaber verwandelt hatte.

Beim Durcharbeiten der Übertragungsbeziehung in diesem Stadium wurde sich Sara ihrer komplexen Beziehung
zum inneren Vaterbild bewußt, über das ich mich im vorliegenden Kapitel nicht ausführlich äußern werde. Ich werde mich auf die Rolle des Vaters als Protagonist im Drama
der Mutter und auf seine Introjektion in Saras Selbstbild
beschränken.

Im Gegensatz zur idealisierten Mutter wurde der Vater,
wenn er im analytischen Diskurs nicht völlig abwesend
war, von Sara durch und durch verabscheut. Sie beschrieb
ihn als eklig, laut, brutal und grobschlächtig, womit sie seinem Porträt eine anal-sadistische Komponente hinzufügte.
Ich wies Sara darauf hin, daß ihre nachdrückliche Wut
gegen ihre Mutter im Grunde vielleicht gegen den Vater gerichtet war. Wir versuchten dann Saras bewußte und unbewußte Wahrnehmung des Vaters durchzuarbeiten. Bewußt
sah sie ihren Vater als den Akteur an, der für das Unglück
der Mutter verantwortlich war, unfähig, ihr Trost zu spenden und ihre Depression zu mildern. Unbewußt schob sie
ihm die Rolle des Naziverfolgers zu, der ihre Mutter zwar
am Leben ließ, sie aber sexuell mißbrauchte und seelisch
quälte. Sara zeigte in ihrer Selbsteinschätzung, wie eng sie
sich sowohl mit dem anal-sadistischen Bild identifizierte,
das sie ihrem Vater zuordnete, als auch mit dem kastrierten
männlichen Liebhaber, in den sie ihn verwandelt hatte. In
ihrer Rolle als potentieller Verfolger kastrierte sie die phallischen Fähigkeiten des Vaters und verwandelte ihn dadurch in ein Kind. In der Folge wurde dies zum Muster

ihrer Beziehungen zu anderen Männern und in der Übertragung auch zu mir. In der Rolle des unzulänglichen Liebhabers ihrer Mutter fühlte sich Sara kastriert und impotent
wie ihr Vater. Trotz ihrer endlosen Bemühungen empfand
sich Sara als unfähig, die Last der Depression und der
Trauer, die auf ihrer Mutter lag, zu vermindern. Durch eine
massive projektive Identifizierung projizierte sie diese
Wahrnehmung ihrer selbst als unzulänglich und hilflos sowohl auf ihre männlichen Objekte als auch auf mich in der
Übertragung.

Das Rätsel von Saras Homosexualität wurde in der
Übertragung weiter bearbeitet, als sie ein Theaterstück beschrieb, das sie gesehen hatte: *Madame Butterfly*. Darin
geht es bekanntlich um eine komplizierte homosexuelle
Liebesgeschichte. Ein englischer Diplomat verliebte sich in
eine schöne chinesische Opernsängerin. Die Beziehung, die
daraus entsteht, dauert siebzehn Jahre, wobei der kultivierte Diplomat »blind« ist gegenüber der Tatsache, daß es sich
bei der schönen orientalischen Konkubine um einen Mann
handelt. Er wurde durch ihre Kostümierung getäuscht und
nahm sie als unschuldige, bescheidene Frau wahr, die es ablehnte, nackt gesehen zu werden, obwohl sie sexuell überaus anziehend war.

Als ich Saras Geschichte anhörte, erkannte ich, daß sie
mich davor warnte, mich nicht von ihrer Abwehr blenden
zu lassen, und mich dazu bringen wollte, vielmehr auf das
zu achten, was sie unter ihrer Verkleidung wirklich war.
Ihre langfristige, von vielen Unterbrechungen bestimmte
Beziehung zu einem bisexuellen Mann, die ich im folgenden beschreiben werde, erhellt ihre eigene Bisexualität.

In dieser Beziehung hatte Sara das Gefühl, daß ihr
Freund feinfühlig auf ihre Bedürfnisse reagierte, daß er
liebevoll war und sie vorbehaltlos akzeptierte. Andererseits
war er nie treu und pflegte sowohl einige seiner homosexuellen Freunde als auch eine andere Freundin mit nach Hau-

se zu bringen. Auf der Ebene der Phantasie wurde diese Beziehung zwar häufig idealisiert, doch in der Realität war sie stets am Rande eines Zusammenbruchs. Sara verließ ihn, als er anbot, sie zu heiraten, und sie verachtete ihn, weil er am Rande der Gesellschaft lebte. Ihm gegenüber spielte Sara unbewußt die Rolle der arischen Elite, während ihrem Freund die Rolle des verachteten, nichtsnutzigen Juden zugewiesen wurde. Die Rollen wurden häufig vertauscht, und er wurde zum Verfolger, als er sie bei mehreren Anlässen aus seinem Haus warf. Sara kehrte immer wieder zu ihm zurück, entweder wenn sie einem neuen Freund, den sie haßte, eins auswischen wollte, oder zwischen Beziehungen. Sie fand ihn beruhigend und warmherzig und sah in ihm eine Quelle der mütterlichen Zuneigung, die sie brauchte. Andererseits stieß seine Männlichkeit sie ab. In der Übertragung konnten wir beide im Lichte einer jüngeren Episode mit diesem Mann, von der sie eine lebhafte Schilderung gab, ihr homosexuelles Verlangen erkennen. Sara lud diesen Freund ein, ein Wochenende bei ihr zu verbringen. Er kam bereitwillig zu ihr und verbrachte den Abend mit Lektüre in ihrem Arbeitszimmer, während sie allein schlafen ging. In der Nacht wachte Sara plötzlich auf, von Geräuschen erschreckt, die jemand verursachte, der im Haus herumging. Ihr sofortiger Gedanke war, daß der Vergewaltiger, der sie in ihren Phantasien häufig bedrohte, bei ihr in der Wohnung war. Voller Panik stand sie auf und sah vor Schreck erstarrt auf den »Fremden«, der lachte und sagte: »Du hast wohl vergessen, daß ich bei dir in der Wohnung bin.« Dann nahm er sie in den Arm, beruhigte sie wie ein kleines Kind und brachte sie wieder zum Einschlafen. Saras Geschichte war von einem hysterischen Gelächter begleitet, das sich für mich wie ein gepeinigtes Schluchzen anhörte. Das Schluchzen wurde für mich so laut und unkontrollierbar, daß ich plötzlich Angst bekam. Ich hatte den Eindruck, daß Sara kurz davor war, den Verstand zu verlieren.

In meiner Gegenübertragung sah ich sie als Kind in Todesangst, das immer lauter schrie, die Kontrolle verlor und sich durch Ängste vor Mißbrauch und Verstümmelung auf das äußerste bedroht sah. Ich nahm meine Kraft zusammen und sagte zu Sara, daß ich das Gefühl hatte, sie möchte von mir wie ein Baby auf den Arm genommen werden und wegen des Schluchzens, das sich für mich wie ein unkontrollierbarer Schmerzensschrei anhörte, getröstet werden. Sie reagierte darauf, indem sie sich allmählich wieder beruhigte. Nachdem sie sich wieder unter Kontrolle hatte, sagte sie: »Ich sehe ein, daß ich ihn in eine Frau verwandeln wollte. Ich hasse seine Männlichkeit. Am nächsten Tag wollte er mit mir schlafen und meckerte die ganze Zeit an mir herum, wie ein nörgelndes Kind. Ich sah ihn nackt, und er machte einen so aggressiven Eindruck. Ein Mann kommt mir wie ein Tier vor. Er ißt sehr viel. Ich habe Angst vor seinem erigierten Glied. Es stößt mich ab.« Sara erzählte dann eine Geschichte von einem SS-Offizier, der ein zwölfjähriges Mädchen vergewaltigen wollte. Die anwesenden Frauen boten sich ihm an, um ihn von dem Mädchen abzulenken, aber es gelang ihnen nicht. Das Mädchen konnte nicht gerettet werden.

Ich fragte Sara, ob sie von mir wolle, daß ich sie vor dem Schicksal bewahre, mit einem Mann zusammenzusein. Sie antwortete: »Mir ist durch den Kopf gegangen, Sie zur Partnerin zu haben. Schade, daß ich Sie nicht heiraten kann. Ich könnte für immer mit Ihnen zusammenleben.«

Beim Durcharbeiten der Übertragungsbeziehung, vor allem ihrer homosexuellen Neigungen, entdeckten wir Saras Bedürfnis, sich in das geschlagene und mißbrauchte Holocaust-Kind zu verwandeln, das, ihren Phantasien zufolge, ihre Mutter war. In diese Rolle verstrickt, konnte Sara nicht erwachsen werden, weil sie den Trauerprozeß nicht durchlaufen konnte, der im Zusammenhang mit der Trennung von der Mutter notwendig war. Sie konnte das gemarterte Kind ihrer Phantasien nicht im Stich lassen und sich deshalb auch nicht in eine reife Frau verwandeln, die zu einem normalen Liebesleben fähig ist.

Ich möchte diesen Aspekt von Saras Identifizierung an einigen Auszügen aus dem vierten Analysejahr erläutern. Sara hatte vor kurzem einen Aufsatz über die Therapiearbeit mit Kindern gelesen, wo die Behandlung eines kleinen Mädchens beschrieben wurde, das autistisch geworden war, nachdem es miterlebt hatte, wie Soldaten ins Haus eingedrungen waren und seine Mutter entführt hatten. Die Therapeutin befaßte sich fünf Monate lang jeden Tag mit dem Kind, aber ohne Erfolg. Die Therapeutin kam sich völlig hilflos vor und gab schon beinahe auf. Dann gab das Kind plötzlich einen Ton von sich – das »d« auf der Tonleiter. Da die Therapeutin Musikerin war, hörte sie den Ton und reagierte. Dies trug dazu bei, daß das Mädchen mit ihr zu sprechen begann.

Ich wies Sara darauf hin, daß sie mit dieser Geschichte wohl zu vermitteln versuche, wie schwierig es für sie sei, mit mir zu kommunizieren und wie gerne sie von mir auf einer nichtsprachlichen Ebene verstanden würde, damit sie künftig mit mir über Dinge reden könnte, die sie noch nicht verbalisieren konnte. Saras Antwort drehte sich um eine Fernsehsendung vom Vortag, wo es um einen Holocaust-Überlebenden ging, der nach Auschwitz reiste, wo seine Großmutter mütterlicherseits umgekommen war.

Im Anschluß an Saras Antwort fragte ich mich laut, ob sie sich selbst als das kleine Mädchen sah, das Auschwitz überlebt hatte; den Ort, wo ihre Großmutter mütterlicherseits umgekommen war. Ist es möglich, fragte ich sie, daß dies die Musik war, die sie mir zu Gehör bringen wollte – die unaussprechlichen Geräusche des Holocaust, die zur Kindheit ihrer Mutter gehörten und die so sehr zu einem Teil ihrer selbst geworden waren?

Das Gefühl, daß das Erwachsenwerden und die Trennung

von der Mutter bedeuten würde, eine tote Mutter zurückzulassen (mithin das Schicksal ihrer Mutter zu wiederholen), wurde in den nächsten Sitzungen deutlich. Sara erzählte mir eine Geschichte, die sie von einer Freundin gehört hatte: Es ging um ein kleines Mädchen, dessen Mutter die Nazis zur Vernichtung ausgewählt hatten. Das Mädchen befand sich unter den Menschen, die man zunächst am Leben lassen wollte und die deshalb in dem Lager blieben. Jemand bemerkte seine schreckliche Panik und zeigte auf seine Mutter: »Schau, da ist deine Mutter.« Das Mädchen lief auf die Mutter zu, die sofort wußte, wie sie zu reagieren hatte. Sie trat das Mädchen mit Füßen und bestritt jede Verbindung zu ihm. Das Kind blieb zurück und wurde gerettet. Die Mutter ging mit einer schrecklichen Leere im Herzen in den Tod. Ich fragte Sara, ob diese Geschichte nach ihrem Empfinden ihre eigene Lebensgeschichte verkörpere. »Ich muß die Leere ausfüllen«, antwortete sie, »ich werde niemals fähig sein, mich von meiner Mutter zu trennen. Sie sagte einmal, sie habe ihre Familie verloren. Ich sei die einzige Familie, die sie habe.«

Die weitere Analysearbeit bestätigte meine Hypothese, daß ich in der Übertragung die trauernde Mutter war, mit der eine Beziehung zu haben zum einen lebenswichtig, zum anderen für Saras Wachstum und Entwicklung jedoch tödlich war. Sara war von der unbewußten Phantasie gefesselt, daß das Leben des Kindes gleichbedeutend mit dem Tod der Mutter war. Im Verlauf mehrerer Sitzungen beschrieb sie einen Film, den sie vor kurzem gesehen hatte: Ein Kind war von einem sadistischen Erwachsenen gefangengenommen worden, der es an den Füßen aufhängte und sich daran machte, ihm den Bauch aufzuschneiden (S: Sara; I: Ilany):

S: Das ist eine schreckliche Vergewaltigung. Die ganze Folter. Das Kind geht mir dauernd durch den Kopf. Nackt, mit hervortretendem Bauchnabel, blond, mager,

aufgehängt – ohne Strick. Seine Schmerzensschreie durchdringen die Luft. Ist es tot? Nein, vielleicht ist es noch
am Leben. Ich frage mich, ob Sie diese Dinge in meinen
Kopf hineinlegen oder ob Sie sie herausholen?

I: Offenbar fragen Sie sich, ob ich Ihr Retter oder Ihr
Folterer bin. Doch selbst wenn es an mir läge, diese
schmerzlichen Gedanken aus Ihrem Kopf zu entfernen,
käme dies dann nicht dem Sadisten gleich, der dem Kind
die Eingeweide aus dem Bauch holt? Letztes Mal sagten
Sie, die Nabelschnur sei das erste gewesen, das aus dem
Bauch gekommen sei.

S: Ja, die Nabelschnur, meine Verbindung zur Mutter.
Mutter, die äußerlich wie eine Blume aussieht, und die
ihren Schmerz im Inneren behält. Mutter, die mit ihrer
Schwester durch den Wald rannte und alle diese Leichen
von den Bäumen hängen sah. Es ist komisch, ich sehe es
wieder, dieses Kind, sein Bauchnabel steht hervor, und
manchmal gerät Schmutz hinein. Der Gedanke, meinen
Finger hineinzustecken und meinen Bauchnabel zu säubern, jagt mir einen Schauder ein. Das Kind ist in einer
Leere. Ich kann meinen eigenen Bauchnabel nicht berühren.

Als ich Sara zuhörte, sah ich, wie sie als Kind eine Leere
ausfüllte und zugleich das Gefühl hatte, selbst in einer Leere zu sein. Sie hatte keinen festen Boden unter den Füßen,
kaum so etwas wie Realität in ihrem Leben. Ich versuchte,
zart die »wunde« Stelle zu berühren, die sie mir zeigte:
ihren Bauchnabel. So sagte ich zu ihr:

I: Ich fühle, daß Sie mir sagen, wie empfindlich die Stelle
ist, die wir berühren, der wunde Fleck, wo Sie mit Ihrer
Mutter verbunden sind.

S: Ich bin so an sie gebunden, da gibt es nichts zu berühren. Ich kann mich nie von ihr lösen. Wenn meine Mutter
stirbt, zerfalle ich.

Sara war erst ruhig und fuhr dann fort:

S: Dieses Kind, das ich sehe – nackt, hervortretender Na-
bel, kein Gesicht, wenn ich hierherkomme und mit Ihnen
zu sprechen beginne, sehe ich es. Es ist hier geboren worden. Ich hatte diesen Traum, schwanger zu sein, aber
nicht wirklich schwanger; der Fötus klammerte sich
außen an mir fest.

Ich fragte Sara, was ihr in den Sinn kam, wenn sie an diesen Traum dachte. »Ich weiß nicht«, antwortete sie, »es
war so abstoßend. Ich konnte ihn nicht loswerden, so wie
ich Sie loswerden kann.«
Dann fiel mir ein, daß Sara mich in der Übertragung so
erlebte, wie sie ihre Mutter erlebte. Ihre Mutter war wie ein
Kind, das sich seit Beginn von Saras Leben an sie klammerte. Andererseits hatte ich das Gefühl, daß Sara der Fötus
war, der sich von außen an meinen Körper klammerte.
In meiner Gegenübertragung fühlte ich mich sehr traurig
und wie durch ein schweres Gewicht belastet. Das Kind,
das wir hier in der Analyse entdeckten, war nicht nur
durch eine Nabelschnur mit mir verbunden, sondern auch
noch von einer falschen Stelle aus, nämlich von außen. Dieses Kind konnte nie geboren werden, sich nie trennen und
auch niemals erwachsen werden. Sara, die die Bürde in
meinem Herzen zu spüren schien, fügte hinzu:

S: Manchmal frage ich mich, warum Sie so schwierige
Dinge auf sich nehmen, Dinge, die mit Leiden, Tod und
Holocaust zu tun haben. Ich kann mir nicht vorstellen,
mich ohne Sie zusammenzuhalten. Ich kann niemals von

hier weggehen. Mich als Patientin anzunehmen ist im Grunde suizidär.

Wiederum spürte ich, daß Sara ein Gefühl auf mich projizierte, das wohl aus ihrer Kindheit stammen mußte, als sie das Leiden ihrer Mutter auf sich nahm. Meine Gedanken zusammenfassend sagte ich zu ihr:

I: Ich glaube, Sie fragen mich, warum ich Ihr Leiden auf mich nehme. Wie das Mädchen in Ihrer Geschichte vom Holocaust spüren Sie, daß es keinen Ausweg gibt. Wenn ich Sie von mir wegstoße, auf das Leben hin, könnten Sie gefühlsmäßig zerfallen. Wenn ich Sie bei mir behalte, sind Sie dazu verdammt, für immer ein mißhandeltes Kind zu bleiben. Sie sehen dies als eine so hoffnungslose Situation an, daß nur eine Person, die sich nicht an ihr eigenes Leben klammert, um Ihr Leben kämpfen kann.

Das Durcharbeiten unserer Beziehung half Sara, ein gewisses affektives Verständnis zu gewinnen.

S: Es ist seltsam, bis vor kurzem habe ich meine Mutter noch nie als ein Opfer des Holocaust betrachtet. Von mir selbst dachte ich nie, daß ich irgend etwas mit ihrer Vergangenheit zu tun hätte. Meine Mutter schien eine starke Frau zu sein, doch im Grunde ist sie ein Kind. Emotional stand sie mir nie nahe. Vielleicht bin ich ebendeshalb zu diesem Kind geworden.

Durch die Entdeckung des mißhandelten Kindes in der Mutter kamen wir zu einem ungefähren Umriß der Abwesenheit der erwachsenen Mutter. Hinter dem »Bollwerk der Stärke« entdeckte Sara eine »eingeschlossene« Mutter, der sie emotional nie nahekommen konnte, weil ihre Mutter dauernd mit sich selbst beschäftigt war, unerreichbar, ohne Echo, und von einer Trauer erfüllt, die alle Worte überstieg.

An diesem Punkt der Analyse, als Sara verzweifelt nach etwas Konkretem in der Vergangenheit ihrer Mutter forschte, besuchte sie das Haus ihrer Eltern, als die beiden verreist waren. Sie brach das Schloß an dem Schrank auf, wo die Mutter einige Bilder von ihren Eltern sowie ein Tagebuch aufbewahrte, in dem sie ihre Erlebnisse im Holocaust aufgeschrieben hatte.

In der Analyse arbeiteten wir Saras aggressive Handlung durch sowie ihr verzweifeltes Bedürfnis, die Lücke in ihrem Wissen durch ein Stück aus der Lebensgeschichte ihrer Mutter zu füllen, das gefehlt hatte.

Zuerst sprach Sara von der Wirkung, die die Bilder der Großmutter auf sie gehabt hatten. »Großmutter, die so schön aussah, als sie einige Jahre jünger war, sah mit vierundvierzig Jahren alt aus. Es war so, als ob das Leiden der Welt ihrem Gesicht eingeprägt sei.« Der traurige Blick auf dem Bild der Großmutter ließ in Sara Gedanken über die fürchterlichen Greuel aufkommen, die sie vor ihrem Tod erlebt haben mußte: »Können Sie sich vorstellen, wie es für eine Frau gewesen sein muß, die Töchter wegzuschicken und zum Sterben zurückzubleiben? Wie es wohl sein muß, allein zu sterben?« Nach einer kurzen Pause fügte sie hinzu:

Ich habe immer diese Phantasie gehabt, wie meine Großeltern in die Gaskammer gehen. Ich frage mich, wie es dort war. Das Chaos, die Angst, die Schreie... Welch ein Alptraum! Vor einigen Jahren, als wir während des Golfkriegs Gasmasken aufsetzen mußten, dachte ich daran, ich könnte meine Maske einem von ihnen geben... Aber wem? Wen würde ich retten, und wer wäre zum Erstikken verdammt? Ich hatte das Gefühl, daß es unmöglich war, wie bei *Sophies Wahl*[2]...

Während dieser Zeit hatte Sara einen Traum:

In meinem Traum betrat ich ein Bürohaus. Es sah aus wie ein Militärbüro. Die Wände waren gelb angestrichen. Es war die Praxis eines Psychiaters. Ich sah einen Schreibtisch und einen Schrank, der offenstand. Im Inneren des Schranks war eine durchsichtige Schachtel. In der Schachtel konnte ich Flammen sehen. Das Feuer breitete sich aus, und ich wußte nicht, was zu tun war. Als das Feuer gelöscht war, nahm ich einen Müllbeutel, eine dünne Plastiktüte, um die Asche einzusammeln. Die Tüte war jedoch voll von nassem Müll. Sie war so schwer, daß ich sie nicht tragen konnte. Dann lag der Müll plötzlich überall herum.

In den Assoziationen zu diesem Traum sagte Sara:

Der Schrank, den ich in meinem Traum sah, glich dem Schrank, in dem ich die Bilder von Großmutter gefunden habe. Es war Großmutter, die in Flammen aufging. Der Psychiater erinnerte mich an einen jungen Mann, der in der Schule arbeitet, jemanden, den ich mag. Er trug Schuhe [Sara lachte] wie die, die ich Sie im Winter habe tragen sehen. Mutter besitzt ebenfalls solche Schuhe. Wissen Sie, wie wir sie nennen? »Omas Schuhe«.

Ich bat Sara, mir mehr von den Einfällen zu erzählen, die ihr durch den Kopf gingen, wenn sie an »Omas Schuhe« dachte. Eine Kindheitserinnerung fiel ihr ein:

S: Als ich ein Kind war, erzählte meine Mutter mir eine phantastische Geschichte, wie sie von ihrer Mutter eine Postkarte erhielt. Großmutter warf bei der Eisenbahnfahrt eine Postkarte aus dem Fenster, die bei meiner Mutter ankam. Viele Jahre lang glaubte ich, Großmutter sei am Leben.

I: Und woran denken Sie bei dem nassen Müll?

S: Nun, ich dachte, der nasse Müll symbolisiere lebendige Körper, im Gegensatz zur Asche. In meinem Traum konnte ich ihn nicht mehr festhalten, er wurde über den ganzen Platz verstreut.

I: Mir scheint, daß Sie Ihr ganzes Leben lang die toten Menschen, die Eltern Ihrer Mutter, am Leben halten mußten. Es muß für Sie recht schwer gewesen sein, da Sie es nicht länger festhalten konnten. Und ich glaube, Sie schauen auf die Flammen aus meiner Praxis. Haben Sie irgendeine Idee, warum sie wie ein Armeebüro aussieht?

S: Nun, vielleicht hängt es damit zusammen, daß wir heutzutage eine Armee haben, im Unterschied zu damals...

I: Ich glaube, Sie sagen mir damit, daß Sie es sich nicht erlauben, von einem geschützten Ort, von der Analyse aus, den Tod Ihrer Großmutter zu betrachten. Und ich glaube, Sie wollen »die Asche einsammeln«, ihren Tod akzeptieren, obwohl Sie die beiden über so viele Jahre hinweg in Ihrem Inneren am Leben erhalten haben.

Erst nachdem wir Saras Trauer und Schuld im Zusammenhang mit dem Tod ihrer Großeltern durcharbeiten konnten – Gefühle, die vermutlich ihre Mutter unbewußt weitervermittelt hatte –, fand Sara den Mut, ihre Mutter zu den Erlebnissen im Holocaust zu befragen. Wie die unbeschreiblichen Töne der Vergangenheit brachte der Klang der mütterlichen Stimme bei der Antwort auf Saras Fragen Sara vor Kummer zum Weinen. Sie war nun nicht mehr unempfindlich für die Traurigkeit, die die depressive Stimme ihrer Mutter vermittelte. Als sie dies erkannte, schwand bei ihr auch das Bedürfnis, diese Traurigkeit in ihrem eigenen Leben zu agieren.

Saras Erkundungen nach dem Leben der Mutter waren
vermutlich ausschlaggebend dafür, daß die Mutter beschloß,
in Begleitung ihres Mannes nach Polen zu reisen und Auschwitz zu besuchen. Sara entschied sich dafür, ihre Eltern auf
dieser Reise zu begleiten. Sie hatte den Eindruck, daß sie
sich um die Mutter kümmern mußte und sie nicht der Ob-
hut des Vaters überlassen durfte, da er ja nicht mehr jung
war und sie befürchtete, daß es für ihn eine emotionale
Belastung sein könnte.

Bei den Erkundungen nach den unbewußten Motiven
und Wünschen Saras stellte sich heraus, daß diese Reise für
Sara ebenso wichtig war wie für ihre Mutter. Sara wollte
sich der Realität stellen, wollte mit eigenen Augen die Orte
sehen, an denen die Flammen von Auschwitz ihre Großeltern vernichtet hatten.

Nach der Rückkehr vermittelte Sara ihre Eindrücke in
einem von Gefühlen geprägten Tonfall:

Ein riesiger Ort, ein ungeheurer Parkplatz. Niemand sagte einem, wo es hinging. Organisierte. Es gab eine Mau-
er, auf der alle Namen der Menschen aus Rußland ein-
graviert waren. Es bestand eine gewisse Hoffnung, daß
Mutter die Namen ihrer Eltern finden würde. Große Bilder – Unmengen von Bildern, man könnte verrückt werden, wenn man die Namen und die Bilder sieht... Mutter
suchte nach den Namen, sie suchte und suchte. Tonnen
von Schuhen, Tonnen von Haaren, man kann sich das
nicht vorstellen ... Mutter suchte nach etwas, das sie
vielleicht an ihre Eltern erinnern könnte, aber da war
nichts, nichts war da, es war, als ob ihre Eltern vom Erd-
boden getilgt worden wären...

Danach verließen wir Polen, wir reisten zusammen im
Nachtzug. Ich hatte die ganze Nacht Alpträume. Das
winzige Abteil, der Lärm, man muß sich im Bett festbin-
den, um nicht herauszufallen. Es erinnerte mich an die

Nazis. Dauernd kamen sie herein, um nach den Pässen zu fragen, nach dem Visum. Ich blickte auf die Wälder und dachte an die toten Menschen, an die Leichen, die von den Bäumen hingen...

Kurz nach der Rückkehr von ihrer Reise äußerte Sara ein enormes Bedürfnis nach Liebe und Sex. Einige Monate lang war Sara in eine höchst zweideutige Beziehung verwickelt gewesen, die sich nunmehr veränderte. Sie wurde so intensiv und eng wie nie zuvor. Zur Veränderung in ihrer emotionalen Einstellung zu dieser Beziehung bemerkte Sara:

> Es geschieht etwas mit mir, und diese Veränderung ängstigt mich. Ich habe Phantasien, mit diesem Mann das ganze Leben lang zusammenzubleiben, und das ist etwas, woran ich früher nie zu denken wagte; eine Beziehung war immer wie ein Abgrund, eine Stelle, wo ich hineinfallen und ersticken konnte. Dabei ist dieser Mann kein einfacher Mensch, er hat seine eigenen Probleme. Werde ich in der Lage sein, eine tiefe, lange anhaltende Beziehung zu haben, wie normale Menschen sie haben?

Als die Beziehung sich vertiefte, begann Sara über ihr starkes Bedürfnis zu sprechen, ein Kind zu bekommen. Sie war fast dreiundvierzig und spürte, daß dies die letzte Gelegenheit war. Sie zweifelte an ihrer Fähigkeit, Ehefrau und Mutter zu sein. Wenn sie nicht bei ihrem Partner bleiben konnte, würde sie dann fähig sein, ihr Kind zu lieben? Und vielleicht würde sie ihrem Kind das antun, was ihre Mutter ihr angetan hatte – die Fähigkeit zerstören, eine selbständige Person auf der Welt zu sein.

Beim Durcharbeiten ihrer Befürchtungen und Zweifel entschied sich Sara, immer noch sehr ambivalent, zum erstenmal, der Schwangerschaft eine Chance zu geben (»Mir kann das ohnehin nicht passieren«, sagte sie lächelnd).

Einige Monate später wurde Sara schwanger und erschrak über das, was sie jetzt als ihre »irrationale und verantwortungslose Tat« bezeichnete. Ihre erste Reaktion bestand darin, mich zu beschuldigen, sie in etwas hineingedrängt zu haben, das sie im Grunde nie wollte. Auf einmal verschwanden alle zärtlichen Gefühle für ihren Partner, und sie fand ihn nun abstoßend und völlig ungeeignet. In der Übertragung wurde ich zum unzulänglichen Partner, zur schlechten Therapeutin, zu einer Konformistin, die keinerlei Verständnis für ihre echten Wünsche und Bedürfnisse hatte. Sara beschuldigte mich, ihr die Realität vor die Nase zu halten, sie auf ihr biologisches Alter aufmerksam zu machen, statt auf ihre innere Welt zu achten. Sich selbst warf sie vor, es fehle ihr an Kraft, um ihren eigenen Weg zu gehen und anders zu sein. Ihr bisheriges Leben wurde idealisiert, die Zukunft hingegen sah düster aus, beinahe katastrophal.

In dieser Zeit fühlte ich mich oft hilflos und ohnmächtig angesichts des gewaltigen Zorns, den Sara gegen mich richtete. Ich zweifelte an der Wirksamkeit der Analyse, trotz der riesigen Arbeit, die wir beide jahrelang dafür aufgewandt hatten. Außerdem begann ich mich schuldig zu fühlen und mir Fragen zu stellen: Habe ich ihr mit der Analyse wirklich geschadet? War sie emotional so unreif, daß sie gar keine Frau und Mutter werden konnte, auch wenn sie diese Schwangerschaft vielleicht sogar selber wünschte? (Wenn es nicht so wäre, hätte sie es niemals zugelassen, daß sie schwanger wurde.)

Saras Bewußtsein, das sie durch die Analyse erlangt hatte, kein Kind mehr zu sein, war für sie zweifellos schmerzlich. War sie nun aber in der Lage, ihr Kindsein aufzugeben, nachdem sie zu dieser Erkenntnis gelangt war? Konnte sie sich von ihrer Mutter trennen, um erwachsen und reif zu werden?

Eine Beobachtung an Saras nichtsprachlichem Verhalten ermöglichte es mir, die therapeutische Beziehung aus einem ganz anderen Blickwinkel zu sehen. Jedesmal, wenn Sara von der Couch aufstand, sah sie mich eindringlich an und ging scheinbar erleichtert weg. Ich hatte das seltsame Gefühl, daß Sara nachsehen wollte, ob ich ihrem Zorn standhalten könne und noch am Leben sei. Als ich über dieses eigenartige Verhalten eine Bemerkung machte, sagte Sara: »Nun, sehen Sie, ich konnte meiner Mutter gegenüber nie zornig sein. Sie war so zart, sie hätte sterben können, wenn ich sie verletzt hätte.« Dies bestätigte meine Hypothese, daß Saras Zorn zu einem großen Teil darauf zurückzuführen war, daß ihr die Trennung von mir schwerfiel. Wie eine echte Halbwüchsige mußte sie ihre mörderische Wut auf mich zum Ausdruck bringen, um sich trennen zu können. Das Gefühl, daß Sara tief in ihrem Innern dankbar war, daß ich ihren Zorn überlebte, half mir dabei, meinen Glauben an meine analytische Rolle und in ihre Analyse wiederzufinden.

Trotz ihres Zorns zu diesem Zeitpunkt hatte Sara nach wie vor keine Zweifel, was den Fortgang ihrer Schwangerschaft betraf. Zu keinem Zeitpunkt erwog sie die Möglichkeit einer Abtreibung. Nach und nach zeigte sich, daß es Sara wie ein Wunder vorkam, ein Kind zu bekommen. Sara war dem Gedanken, ein Kind zu haben, nicht nur abgeneigt gewesen, sondern hatte es sich zugleich gewünscht. Eine Episode, bei der eine Freundin von ihr eine Fehlgeburt erlitt, zeigte, daß Sara tatsächlich große Angst davor hatte, ihr Kind zu verlieren.

Saras Zorn auf mich ließ nach; von der Beziehung zu ihrem Freund sagte sie, sie habe eine völlig neue Qualität angenommen, wie noch keine andere Beziehung, die sie früher gehabt hatte. Dieser Freund liebte sie, und er ertrug ihre Launen; sie gestand, daß sie innige Gefühle für ihn empfand. Sie schätzte ihn und hielt ihn für einen adäquaten Lebenspartner. Sara war sich nun ihrer Anfälle der Wut und Krittelei gegen ihren Freund besser bewußt, und sie konnte sie gewöhnlich auch besser kontrollieren.

Allmählich erkannte ich, daß die Atmosphäre während
der Sitzungen lockerer geworden war. Das Paar entschied
sich, die Beziehung publik zu machen – ein Schritt in Richtung Ehe. Trotz Saras Ängsten vor einer solchen Ankündi-
gung feierten sie den Anlaß mit einer großen Party, die sie
mir in allen Einzelheiten schilderte. Offenbar hatte es ihr
sogar Spaß gemacht!

In dieser Phase der Analyse arbeiteten wir ihre Ängste
vor der Entbindung und vor dem Verlust der Freiheit durch,
der mit einem Kind verbunden sein würde. Trotz alledem
freute sich Sara über die Aussicht, zu Hause zu bleiben und
für ihr Kind zu sorgen.

Sara bat darum, die Analyse nach der Geburt einige Monate zu unterbrechen; ich stimmte gerne zu: »Ich gehe aber
noch nicht weg«, warnte sie mich, »ich werde wieder zurückkommen...«

Vor kurzem sagte sie mir in einer Sitzung: »Ich glaube,
daß ich in den letzten achtzehn Monaten die Früchte der
Arbeit geerntet habe, die wir in all diesen Jahren zusammen
geleistet haben...«

Trotz ihrer Schwierigkeiten hatte Sara das Gefühl, daß
Liebe und Leben für sie möglich geworden waren. Und wie
Sara hatte ich das Gefühl, daß ihr endloses Trauern sich
dem Ende näherte.

## Diskussion

Ich möchte auf einen zentralen Aspekt meiner Hypothese zu sprechen kommen, nämlich daß Saras Mutter
als Hinterbliebene nicht hatte trauern können und daß, als
Folge davon, auch Sara nicht trauern konnte und somit unfähig war zu lieben.

Dazu werde ich mich mit einigen kritischen Fragen befassen: 1. Warum sollte die Unfähigkeit zu trauern die Unfähigkeit zu lieben nach sich ziehen? 2. Führt das Scheitern

der Trauer bei der Mutter zum Scheitern der Trauer bei der
Tochter, und wenn ja, warum? 3. Gibt es beim Scheitern
der Trauer, erst bei der Mutter und dann bei der Tochter,
etwas, das für Holocaust-Überlebende spezifisch ist? Läßt
dieser Prozeß sich auch bei anderen beobachten?

1. Um zu untersuchen, welche Folgen die Unfähigkeit zu
trauern auf die Liebesfähigkeit hat, möchte ich zunächst
unterscheiden zwischen der »normalen« Trauer, die mit
den verschiedenen Entwicklungsphasen einhergeht, und der
Trauer im Zusammenhang mit dem traumatischen Verlust
wichtiger Objekte. In diesem Kapitel trage ich meine Annahme vor, daß es ein »normales«, mit Wachstum und
Trennung zusammenhängendes Trauern gibt, das uns zur
Liebe befähigt.

Das Wachstum selbst, der Übergang von einer Stufe zur
anderen, schließt den Verlust bestimmter Einstellungen,
Lebensweisen und Beziehungen ein, der auch beim Ersatz
durch andere, höher entwickelte, das Durcharbeiten von
Trauerprozessen erfordert (Grinberg, 1964, 1992; Grinberg
und Grinberg, 1974). In Fällen, bei denen das Durchlaufen
der normalen Trauerprozesse in Verbindung mit den verschiedenen Lebensstufen beeinträchtigt ist, werden die Entwicklung und das Wachstum des Individuums gehemmt.

Die Liebesfähigkeit, die zum Wachstum dazugehört, setzt
eine normale Phase der Symbiose und der Separation – Individuation voraus (Bergmann, 1971; Bak, 1973). Um eine
Liebesbeziehung herstellen zu können, muß das Kind seine
Eltern verlassen und die »normale« Trauer durchlaufen, die
zur Trennung und zum Wachstum gehört. Treten beim
Trennungsvorgang Schwierigkeiten auf, dann wird die
Trauer vermieden, und das Kind bleibt an seine Eltern gebunden, wobei seine Fähigkeit zur Herstellung von Liebesbeziehungen beeinträchtigt wird.

2. Ich möchte damit fortfahren, daß ich die Folgen der
mütterlichen Unfähigkeit zu trauern für die Fähigkeit zu
trauern, mithin für die Fähigkeit zu lieben, bei der Tochter
untersuche. Wir können Saras Mutter als eine »tote Mutter« ansehen (Green, 1986), die aufgrund ihrer traumatischen Verluste unfähig war, mit ihren Gefühlen von Trauer
und Schuld in Berührung zu bleiben. Diese Gefühle, die
sich wegen ihrer Katastropheneigenschaften nicht in ihrem
Inneren zusammenhalten oder mit einem erwachsenen Partner teilen ließen, waren vermutlich schon seit früher Kindheit an auf ihre eigene Tochter projiziert worden. Die Tochter introjizierte diese Gefühle in einem Lebensstadium, als
der Mechanismus der Introjektion–Projektion dominierte
(»die Milch, die wie Asche schmeckte«) und sie die Traumatisierung der Mutter so erlebte, als ob es ihre eigene gewesen wäre (Greenacre, 1967; Kogan, 1987, 1989a, 1991,
1993). Somit wurde die pathologische Trauer der Mutter
(eine verleugnete, mithin niemals aufgelöste Trauer) zu ihrem eigenen Lebensschicksal. Die besondere Beziehung zur
körperlich beeinträchtigten Mutter hinderte Sara daran,
sich von ihr zu trennen und den »normalen« Trauerprozeß
zu durchlaufen, der zur Herstellung einer Liebesbeziehung
notwendig ist.

Sara erlebte die Trennung vom mütterlichen Objekt als
tödlich sowohl für sich als auch für ihre Mutter. Obwohl
Sara in ihren unbewußten Wünschen die Mutter loswerden
und lebendig begraben wollte, hatte sie doch auch Angst
davor, ihr Grab könnte ebenso verschwinden wie das ihrer
Verwandten. Die Trennung machte das Alleinleben für Sara
zu etwas Schrecklichem, als ob sie Gefahr laufen würde,
mit Leib und Seele darin zu versinken. Sobald sie aber ein
Objekt auswählte, das den Platz der Mutter einnehmen
sollte, wurde sie andererseits von ihren eigenen feindseligen
und aggressiven Gefühlen gegen sich selbst bedroht und
wurde somit zur eigenen Mutter und zu ihrer emotionalen

Gefangenen. Auf diese Weise ging Sara der Trennung und
der normalen Trauer aus dem Weg. Die Steigerung ihrer
manischen Abwehr wurde zu einem kraftvollen, ganzheit-
lichen System, das sich gegen die psychische Realität und
die deprimierenden Erfahrungen richtete (Klein, 1940). Saras
Unfähigkeit zu lieben war also nicht nur auf ihre Ambivalenz gegenüber den Liebesobjekten zurückzuführen, wie sie
zu Beginn der Analyse meinte, sondern auch darauf, daß
ihre Liebe nach wie vor ihrer depressiven, um die Hinterbliebenen trauernden Mutter verpfändet war.

Aus einem anderen Blickwinkel kann es auch sein, daß
die Unfähigkeit zu trauern bei Saras Mutter Sara die Möglichkeit nahm, um den Verlust von Liebesobjekten zu trauern, und sie daran hinderte, Trauer, Schuld und mitmensch-
liches Interesse zu empfinden, wodurch ihre Liebesfähigkeit
noch weiter verkümmerte (Josselyn, 1971).

3. Schwierigkeiten im Prozeß der Separation–Individuation
als Ergebnis einer pathologischen Symbiose und einer besonderen Art von Identifizierung sind für die Nachkommen
von Holocaust-Überlebenden typisch (Freyberg, 1980). Die
psychoanalytische Literatur über Kinder von Überlebenden
beschreibt die Mechanismen, die bei der Weitervermittlung
des Holocaust an sie angewandt werden, als frühe, unbewußte Identifizierungen, welche die den Eltern eigentüm-
liche Wahrnehmung einer unaufhörlichen, lebensbedrohlichen inneren und äußeren Realität nach sich zieht (Axelrod
et al., 1978; Barocas und Barocas, 1973; Kestenberg, 1972a;
Klein, 1971; Laufer, 1973; Lipkowitz, 1973; Rakoff, 1966;
Sonnenberg, 1974). Das Kind fühlt sich gezwungen, die
unterdrückten Themen der Eltern nachzuerleben, mithin
nachzuahmen, was in der inneren Welt seiner Eltern vor-
handen ist (Laub und Auerhahn, 1984).

Ich sehe eine Ähnlichkeit zwischen dieser Identifizierung
mit den Eltern und der Identifizierung, die bei der patholo-

gischen Trauer stattfindet. Freud (1917e) beschreibt diese
Identifizierung als einen Prozeß, bei dem die trauernde Person dadurch in den Besitz des Objekts zu gelangen versucht, daß sie sich selbst in das Objekt verwandelt, statt
eine Ähnlichkeit mit ihm zu ertragen. Dies kommt dann
vor, wenn die Person zwar auf das Objekt verzichtet, aber
auf eine kannibalistische Weise an ihm festhält (Grinberg
und Grinberg, 1974; Green, 1986). Dieser Vorgang, der für
Nachkommen von Holocaust-Überlebenden typisch ist und
der als »primitive Identifizierung« bezeichnet wurde (Freyberg, 1980; Grubrich-Simitis, 1984; Kogan, 1990, 1991), versucht die »normale« Trauer, die mit der Trennung einhergeht,
zu vermeiden. In Fällen von Kindern einiger Holocaust-
Überlebender, die ich an anderer Stelle beschrieben habe
(Kogan, 1989a, 1989b), können wir die Schwierigkeit erkennen, eine Liebesbeziehung herzustellen, die auf diese
Unfähigkeit zurückzuführen ist, über die Trennung von primären Objekten zu trauern. Wie in Saras Fall neigen diese
Kinder dazu, die mit der Trennung verbundene Trauer und
den Schmerz dadurch zu vermeiden, daß sie die vorgestell-
ten traumatischen Erlebnisse ihrer Eltern im eigenen Leben
nachzuvollziehen versuchen; ein Phänomen, das als »Konkretisierung« bezeichnet wurde (Bergmann, 1982; Kogan,
1991, 1993) und das als Mechanismus des »Trauerersatzes«
dient.
Sara versuchte ihre Trauer ebenfalls dadurch zu ersetzen,
daß sie ihre Phantasien in einer konkretistischen Weise auslebte.
Indem Sara versuchte, das Drama der mütterlichen Vergangenheit in ihrer eigenen Gegenwart zu inszenieren, ver-
kannte sie die Realität nicht nur, sondern versuchte wie bei
einer Psychose, eine neue Realität an deren Stelle zu setzen
(Freud, 1924e). In dieser neuen Realität erhielten Saras Liebesobjekte nur dann Bedeutung, wenn sie sie in die Lage
versetzten, die Rolle der kastrierenden Frau oder des verlas-

senen Kindes ihrer Phantasien zu spielen. In beiden Fällen konnte sie das Drama der mütterlichen Vergangenheit dadurch agierend nachspielen, daß sie sich einer imaginären Gefahr aussetzte und sich dann durch Flucht oder Promiskuität rettete. Ihre sadomasochistischen Männerbeziehungen dienten als wichtige Abwehr gegen Depression und Trauer.

Die Übertragungsbeziehung war ebenfalls eine Bühne, auf der unbewußt ausgedrückte Themen des Überlebens und des Todes im Zusammenhang mit der mütterlichen Vergangenheit agiert wurden. Da Sara oft den Eindruck hatte, sich in Todesgefahr zu befinden, aber immer bereit war, sich (ihre Mutter/mich) zu retten, fühlte ich mich häufig emotional unter Druck gesetzt. Das Gefühl einer Notsituation, hervorgerufen durch das Bild eines ständig lauernden, unmittelbar bevorstehenden Todes, weckte bei mir urtümliche Gefühle einer Not, die ich überwinden mußte, bevor ich Sara helfen konnte. Das Durcharbeiten meiner eigenen Gefühle führte zu einer Weiterentwicklung der therapeutischen Beziehung und erleichterte das affektive Verstehen. Dadurch gelangte Sara schließlich zu einer besseren Differenzierung, und es verminderte ihr Bedürfnis, die Last der mütterlichen Vergangenheit zu tragen (Klein und Kogan, 1986). Das affektive Verständnis machte Sara auch auf die unbewußte Bedeutung aufmerksam, die in ihren Aktionen enthalten war, und befreite sie damit noch mehr von ihrem Konkretisierungsbedürfnis.

# 7 Im selben Boot[1]

*Psychoanalytische Behandlung während
des Golfkrieges*

»Den psychischen Einstellungen, die uns der Kulturprozeß
aufnötigt, widerspricht nun der Krieg in der grellsten
Weise, darum müssen wir uns gegen ihn empören, wir ver-
tragen ihn einfach nicht mehr, es ist nicht bloß eine intellektuelle und affektive Ablehnung, es ist bei uns Pazifisten
eine konstitutionelle Intoleranz, eine Idiosynkrasie gleichsam in äußerster Vergrößerung.«
Sigmund Freud (1933 b)[2]

## Einleitung

Freud zufolge hängt »Heilung« nicht nur davon
ab, symptomfrei zu sein, sondern auch von der Fähigkeit,
intime Liebesbeziehungen eingehen und produktiv arbeiten
zu können.[3] Um eine »Heilung« zu bewirken, müssen deshalb Patienten in der Therapie dazu gebracht werden, er-
starrte Muster des Denkens, Empfindens und Verhaltens
aufzugeben, die früher vielleicht einmal anpassungsfördernd
waren, in der gegenwärtigen Realität nun aber einschränkend und lähmend wirken. Freud hielt die Einsicht für
einen wichtigen Heilungsfaktor in der Psychoanalyse; gelten
soll: »Wo Es war, soll Ich werden« (Freud, 1933 a, Stud. I,
S. 516).
Die Debatte über den Heilungseffekt von Beziehungsfaktoren (die Interaktion zwischen Patient und Therapeut) im
Gegensatz zur Einsicht geht auf eine frühe Auseinandersetzung zwischen Freud und Ferenczi zurück. Freud defi-

nierte vorsichtig einen neutral-interpretierenden Ansatz,
Ferenczi hingegen ein »aktives«, fürsorgliches Vorgehen,
bei dem der Analytiker emotional zugänglich, gefühlvoll
und empfänglich ist. Der Aspekt des Erzieherisch-Rekonstruktiven sowie andere Aspekte von Ferenczis Denkweise
fanden später ihren Ausdruck im Werk von Alexander, Balint, Fromm-Reichmann, Guntrip, Khan, Kohut, Sechehaye,
Sullivan und Winnicott (Slipp, 1982).

Ich glaube, daß während der Zeit einer existentiellen Bedrohung die heilende Wirkung von Beziehungsfaktoren und
Einsicht eine andere ist als in Friedenszeiten. Ich möchte
hier einige Gedanken über die Anwendung der Psychoanalyse unter solchen bedrohlichen Bedingungen mitteilen.

Zu den Fragen, die israelische Analytiker sich während
des Golfkrieges stellten, gehörten auch die folgenden: Welche Gefühle haben Menschen, die mit der eigenen möglichen
Vernichtung und der ihrer Kinder konfrontiert sind? Welche Bedeutung hat die psychoanalytische Behandlung in
einer solchen Situation? Und welche Aufgabe hat der Analytiker, der sich im selben Boot befindet wie sein Patient?

In allen analytischen *settings* sind sowohl die Einsicht als
auch die Beziehungsfaktoren wichtig, doch nach meiner
Ansicht sollte in Zeiten einer existentiellen Bedrohung die
Einsicht durch Deutung auf später verschoben werden,
während die Beziehungsfaktoren, die zwischen Analytiker
und Patient während dieser Zeit eine Rolle spielen, den Patienten nicht nur »halten«, sondern auch die Grundlage für
eine verbesserte analytische Arbeit bieten können, sobald
die Bedrohung vorüber ist. Diese Auffassung sollte im Zusammenhang mit der folgenden Aussage Freuds gesehen
werden: »Von dem Wirbel dieser Kriegszeit gepackt, einseitig unterrichtet, ohne Distanz von den großen Veränderungen, die sich bereits vollzogen haben oder zu vollziehen beginnen, und ohne Witterung der sich gestaltenden Zukunft,
werden wir selbst irre an der Bedeutung der Eindrücke, die

sich uns aufdrängen, und an dem Werte der Urteile, die wir bilden« (Freud, 1915b, Stud. IX, S. 35).

Im vorliegenden Kapitel werde ich die heilende Wirkung der Einsicht und der Beziehungsfaktoren in den Analysen von Nachkommen von Holocaust-Überlebenden deutlich machen, indem ich Ausschnitte aus den Analysen zweier Patienten präsentiere, die vor und während des Golfkrieges zu mir kamen. Ich werde erörtern, wie Kinder von Holocaust-Überlebenden in dieser Zeit die Realität wahrnahmen, wie das gegenwärtige Trauma auf die Erinnerung an die Vergangenheit einwirkte und wie während der Kriegszeit die Stärkung der Ich-Kräfte zum Brennpunkt der Behandlung wird.

## Rivka

Zuerst werde ich zeigen, wie durch gesteigerte Einsicht die unbewußten Motive im Handeln Rivkas – einer Tochter von Holocaust-Überlebenden – verständlich wurden und wie die weitere Förderung dieser Einsicht ihr halfen, mit der Konkretisierung von Phantasien über die Vergangenheit ihrer Mutter aufzuhören.

Rivka, eine vierzigjährige Frau, verheiratet und Mutter von drei Kindern, ist die älteste Tochter von Holocaust-Überlebenden. Rivkas Mutter und Vater verloren beide ihre Familien in Polen. Der Vater schloß sich einer Gruppe von Partisanen an, die in den Wäldern kämpften. Die Mutter war etwa zwölf Jahre alt, als ihre Eltern und Geschwister von den Deutschen deportiert wurden. Sie wurde von einer nichtjüdischen Frau gerettet, die sie als Christina aufzog. Als sie sechzehn war, wurde sie, auf dem Weg nach Israel, nach Deutschland geschickt, wo sie einen dreiundzwanzig Jahre älteren Mann kennenlernte, den sie heiratete. Ein Jahr nach ihrer Hochzeit im Alter von achtzehn Jahren brachte sie Rivka zur Welt. Von Deutschland aus emigrierte die Familie nach Israel, als Rivka ein Jahr alt war.

Rivka beschrieb ihre Mutter als eine kindliche Person, »die nie fähig war, für sich selbst oder für die Kinder zu sorgen. Sie war sehr hübsch, blond und hatte blaue Augen, doch im Grunde war sie immer ungepflegt und schmutzig.«

Rivka hatte das Gefühl, daß sie in der Schule ehrgeizig gewesen war und daß sie ebenso ehrgeizig in ihrer beruflichen Karriere war, da sie den Erfolg für das einzige Mittel hielt, um den »Schmutz« abzuwaschen, den sie ihrer Herkunft zuschrieb. Im Streben nach materiellem Erfolg spornte sie ihren Ehemann dazu an, ein eigenes Geschäft aufzubauen, mit dem er ungeheuer erfolgreich war. Das Paar baute sich ein luxuriöses Haus in der Vorstadt, doch als sie dort einzogen, wurde Rivka depressiv. Sie haßte die Schönheit und die Eleganz des Hauses und konnte ihr Unglücklichsein weder sich selbst noch anderen erklären. Es folgt ein Ausschnitt aus einer Sitzung, in der es um Rivkas aktuelle Bemühung um ein anderes, besseres Haus ging; eine Bemühung, die mit ihrem unbewußten Versuch zusammenhängt, die Vergangenheit der Mutter im eigenen Leben nachzuvollziehen. Die Episode fand etwa neun Monate vor dem Golfkrieg statt (R: Rivka, I: Ilany):

R: Die letzten fünfzehn Jahre habe ich den ganzen Tag von nichts anderem geträumt, als ein Haus zu besitzen. Ich wollte ein eigenes Haus haben; das würde die Erfüllung meiner Ambitionen sein. Ein Haus ist auch ein Statussymbol, vielleicht auch ein Indikator für einen gewissen Lebensstil. Ich wollte in einem dieser Häuser leben, wie man sie in illustrierten Zeitschriften sieht. Das Problem mit dem Haus, das mein Mann und ich gebaut haben, ist, daß die Umgebung nicht so ist wie in meinen Träumen. Es gibt keinen grünen Wald, keinen See. Ich muß umziehen. Es steht definitiv am falschen Ort. Und wenn ich ausziehe, werde ich es nicht verkaufen, sondern in ein Denkmal verwandeln. Das Haus wird allen Leuten zeigen, was wir zu leisten imstande waren.

I: Warum wollen Sie aus Ihrem Haus ein Denkmal machen?

R: Ich sage Ihnen, warum. Es hängt damit zusammen, daß ich nach Polen reisen will. Ich will einen gelben Stern ausschneiden und zu ihnen sagen: Schaut mich an, mit meinem gelben Stern und meiner israelischen Fahne. Ich bin wieder da! Es ist Ihnen nicht gelungen, mich zu vernichten. Ich bin stolz auf das, was ich bin. Ich schäme mich nicht mehr, auch wenn ich mich viele Jahre geschämt habe.

I: Bei Ihrem Stolz muß es Ihnen schwerfallen, mir alle die Dinge zu zeigen, über die Sie sich geschämt haben.

R: Ja ... ich bin eine komplizierte Person. Gestern sah ich einen unserer Minister im Fernsehen. Er war so vulgär, abstoßend, ungebildet. Diese Regierung, die wir da haben – alles Dummköpfe. Nur wenn ich Konzerte besuche, sehe ich die kultivierte Seite Israels.

I: Ich glaube, Sie sagen mir, wie Sie sich selbst fühlen – Sie haben eine kultivierte Seite, aber auch eine Seite, die Sie für vulgär und dumm halten.

R: Nun, Sie wissen ja, die Häuser hier sind schmutzig. Es gibt hier nicht viel Ästhetisches. Ich persönlich gehe nie ohne lackierte Finger- und Zehennägel aus dem Haus. Meine Wäsche ist immer sehr sauber. Die meiner Mutter ist schmutzig, wissen Sie. Ihr Büstenhalter und ihre Höschen sind schmutzig. Mutters Backofen ist schmutzig, ihre Badewanne ist schmutzig.

I: Es scheint, daß Sie äußerlich eine kultivierte, saubere Seite zeigen müssen, um das zu verdecken, was Sie als die vulgären und schmutzigen Stellen in Ihrem Inneren ansehen.

R: Mutter ist äußerlich eine Dame, innen jedoch alles andere als das. Sie hat die ganze Zeit behauptet, eine Christin zu sein. Aber sie war eine Lügnerin. Trotz ihres ganzen Getues hat sie sich nie für jemand anderen außer für sich selbst interessiert. Das ist schmutzig.

I: Sie scheinen viele Zweifel über meine Gefühle für Sie zu haben, ob sie echt oder falsch sind.

R: Sie sind klug. Das hier ist ein Spiel, das Sie spielen. Sie spielen die Rolle des Arztes. Mutter hat nicht einmal versucht, eine Rolle vorzutäuschen.

In der Gegenübertragung fühlte ich mich zurückgewiesen und spürte gleichzeitig Rivkas Bedürftigkeit.

I: Ich habe das Gefühl, daß Sie mich auf Distanz halten wollen, und gleichzeitig fühlen Sie sich einsam und traurig.

R: Ich bin sehr traurig. Ich will meine Traurigkeit verstecken, doch dann habe ich das Gefühl, nur ein Spiel zu spielen. Ich schäme mich, Ihnen zu sagen, daß ich bis vor kurzem nicht jeden Tag geduscht habe. Ich fühle mich schmutzig. Ich wünschte, ich könnte mein Haus nehmen und irgendwo anders aufstellen. Ich brauche Land um mich herum, Stille, Bäume, einen See.

I: Ist es möglich, daß Sie mir den traurigen, »schmutzigen« Teil von Ihnen zeigen, in der Hoffnung, ich werde Sie an eine andere Stelle in Ihrem Inneren führen, wo Sie sich eher mögen?

R: Damit haben Sie recht, ich mag mich nicht besonders... Wissen Sie... als ich jünger war, habe ich sehr viel gelesen. Ich schrieb sogar Landschaftsschilderungen in

ein Notizbuch ab. Ich mochte es so gern. Ich las über ein
Haus, wo hundert jüdische Kinder gerettet wurden. Jetzt
versinkt alles in der Geschichte. Ich brauche dieses Haus.

Einige Augenblicke saßen wir ruhig da. Mir war Rivkas
Verlangen nach einem emotionalen Zuhause in der Analyse
bewußt; eine Sehnsucht, von der ich genau wußte, daß sie
sie an dieser Stelle gar nicht hätte zugeben können. Ein Gefühl der Enttäuschung überwältigte mich, und mir ging der
Gedanke durch den Kopf, daß ich niemals in der Lage sein
würde, an diese Frau heranzukommen: als wenn ich versuchte, an jemanden heranzukommen, der in einer anderen
Ära lebt, etwas Unrealisierbares...

I: Was Sie mir heute mitzuteilen scheinen, ist Ihr Gefühl
des Verlustes und der starken Sehnsucht nach etwas, das
nie erfüllt werden kann... Erzählen Sie mir mehr über
das Buch, aus dem Sie Beschreibungen abgeschrieben
haben...

R: Ich erinnere mich nicht... ich glaube... jetzt kommt
es wieder... Der Titel des Buches ist *My Hundred Children*. Es handelt von einem Haus in Zakopane, Polen, wo
Kinder vor den Nazis gerettet wurden. Das Land in der
Umgebung des Hauses war schön. Es hatte große Wiesen, einen Wald, einen See. (Sie wirkt verblüfft.) Ist es
möglich, daß es das Haus ist, nach dem ich suche – als
ob ich versuchen würde, mich in meine eigene Mutter zu
verwandeln und ihr Leben in der Gegenwart zu leben?

Diese Vignette zeigt, wie Rivka sich ihres Wunsches bewußt
wurde, auf zwei Realitätsebenen zu existieren. Durch projektive Identifizierung vermittelte sie mir in dieser Sitzung
ihren vergeblichen Versuch, in Vergangenheit und Gegenwart zugleich zu leben. Ich schlug nicht sofort eine direkte
Deutung der Übertragung vor. Vielmehr beruhte meine obi-

ge Deutung auf der Resonanz dieses Affektes in mir selbst – dem Gefühl, daß ich gar nicht an sie herankommen konnte. Das Ergebnis dieser Deutung war, daß Rivka sich gut genug verstanden fühlte, um jenen Aspekt ihrer inneren Welt zu suchen und zu finden, den sie zu entäußern versuchte.

Wir konnten nun Rivkas Gefühle, »schmutzig« zu sein, durcharbeiten. Sie verknüpfte diese Gefühle mit der Geschichte ihrer Mutter, die von einer nichtjüdischen Frau gerettet wurde, in deren »schmutzigem« Haus sie gelebt hatte. Obwohl Rivka den Versuch der Mutter, als Christin zu gelten, für »schmutzig« hielt, beschuldigte Rivka sie außerdem, eine »schmutzige« Jüdin zu sein. Sie haßte ihre Mutter, weil sie unter ihrer arischen Fassade eine schmutzige Jüdin war, und zugleich hatte sie das Gefühl, selbst eine zu sein. Die Phantasie über das »schmutzige« Verhalten ihrer Mutter – sexuell promiskuös zu sein, um ihr Leben zu retten – trat nun trotz massiver Verleugnung zutage. Die analytische Bearbeitung dieser Einsicht ergab einen Rahmen, in dem Rivkas neu erworbenes Wissen über sich selbst die Differenzierung von der Vergangenheit der Mutter erleichterte.

Ich werde nun illustrieren, wie ich mit Rivkas Gefühlen des Zorns, der Ohnmacht und des Schreckens unmittelbar nach Ausbruch des Golfkrieges umzugehen versuchte. Das allgemein anerkannte Verfahren in der Psychoanalyse, nämlich das Verfahren der Deutung, erschien jetzt nicht mehr angemessen, wie im folgenden noch erläutert wird. Andere Faktoren im Zusammenhang mit meiner realen Beziehung zu der Patientin traten in den Vordergrund und gewannen die Oberhand.

R: (lächelnd) Ich habe heute den ganzen Tag das Wort »Massenvernichtung« gehört. Es ging mir die ganze Zeit durch den Kopf. Ich habe keine Ahnung, ob ein hermetisch abgedichteter Bunker genügend Schutz vor der chemischen Kriegführung bietet. Tut er das?

Mir war deutlich, daß Rivka in der Übertragung fragte, ob ich fähig sei, einen Schutzraum zur Verfügung zu stellen und sie vor den schrecklichen Dingen schützen könne, die passieren könnten. Da ich jedoch das Gefühl hatte, daß eine solche Übertragungsdeutung mich in eine omnipotente Rolle versetzen würde, kam ich statt dessen auf den Affekt zu sprechen, der ihre Worte begleitete, und versuchte ihr unangebrachtes Lächeln zu verstehen.

I: Ich wundere mich ... Sie haben die ganze Zeit gelächelt.

R: Darunter weine ich. Ich habe Angst vor einem Gasangriff. Im Film *Shoah* gab es diese Szene mit den Menschen, die in die Gaskammer gehen. Sie waren nackt, sie urinierten und defäzierten – wenn man Angst hat, kommt es aus einem heraus. Wenn ich in den abgedichteten Schutzraum gehe, muß ich die Toilette aufsuchen. Mir geht der Gedanke durch den Kopf, daß ich die Deutschen hasse. Ich habe sie immer gehaßt und zugleich bewundert. Nun aber kommt wieder der Schmutz heraus mit ihrem chemischen Krieg. Ich habe Angst, daß das Gas durch meine Gasmaske dringt. Ich habe eine fürchterliche Angst. Ich glaube, ich werde die Kinder in die USA schicken. Wenn ich hier sitze, mit meiner Gasmaske auf dem Gesicht, schäme ich mich für meine Kinder; daß ich sie auf eine Welt gebracht habe, wo wir Gasmasken tragen müssen. Sie spüren meine Angst. Sie wird durch die Luft vermittelt. Es steht eine Katastrophe am Horizont. Ich bin wie ein Wachhund. Ich kann riechen, woher die Gefahr kommt, und ich habe gesunde Sinnesorgane. Ich will nicht die Erfahrungen meiner Eltern wiederholen.

Mir wurde deutlich, daß Rivka in der Übertragung ihre Zweifel an meiner Fähigkeit äußerte, eine Katastrophe abzuwenden. Erneut hatte ich das Gefühl, daß an dieser Stelle eine Übertragungsdeutung mich in eine unrealistische Rolle versetzen würde. Da ich wußte, daß Rivka und ich wirklich im selben Boot waren, brachte ich meine eigenen Gefühle zum Ausdruck: »Wir sind alle von Tod und Vernichtung bedroht... wir alle wollen leben.«

Rivka reagierte darauf, indem sie von einem realen Ereignis berichtete, das auch ich im Fernsehen gesehen hatte; etwas, das die Herzen aller Israelis in Schrecken versetzte. »Gestern sah ich im Fernsehen ein kleines Mädchen, dessen Haus bombardiert worden war. Es wollte nach Hause gehen, konnte aber nicht, weil das Haus plötzlich nur noch ein Haufen Schutt war.«

In der Übertragung wurde mir wiederum deutlich, daß Rivka befürchtete, ich könnte in meiner Rolle – als ihr emotionales Zuhause in der Analyse – vernichtet werden. Allerdings war dies nicht nur eine bloße Phantasie aus ihrer inneren Realität. Zu diesem Zeitpunkt war es eine höchst plausible Möglichkeit. Ich konnte deshalb angesichts einer Konfrontation mit der möglichen Vernichtung nur unsere gemeinsamen Gefühle des Schreckens eingestehen. Allerdings wies ich Rivka darauf hin, daß ihre Furcht, das eigene Haus könnte sich in einen Haufen Schutt verwandeln, für sie eine besondere Bedeutung hatte, weil sie mit der möglichen Wiederholung der mütterlichen Vergangenheit in ihrer eigenen gegenwärtigen Realität zusammenhing. Rivka, die ihr ganzes Leben lang so verzweifelt nach ihrem Mutterhaus gesucht hatte, das zerstört worden war, stand nun vor der Möglichkeit einer ähnlichen Katastrophe in ihrem eigenen Leben. Erst später in der Analyse konnten wir auf Rivkas Übertragungsgefühle im Zusammenhang mit der Möglichkeit meiner Vernichtung eingehen.

## Hannah

Die folgende klinische Vignette, die sich auf ein Ereignis fünf Jahre vor dem Golfkrieg bezieht, illustriert den Versuch einer Patientin, ihr Bedürfnis nach Konkretisierung mittels Deutung der Rolle, die sie der Therapeutin in der Übertragung zuwies, und der Rollen, die sie agierte, zu verstehen.

Hannah ist die Tochter eines Holocaust-Überlebenden, dessen erste Ehefrau im Holocaust umgekommen war und der einen Großteil des Krieges in einem Versteck zugebracht hatte.

Im ersten Analysejahr, als Hannah zweiunddreißig und alleinstehend war, kamen viele Episoden der Konkretisierung vor, die ihren unbewußten Wunsch zum Ausdruck brachten, das Schicksal der ersten Frau ihres Vaters nachzuvollziehen. Daß sie in Israel lebte, umgeben von arabischer Feindseligkeit, stand in einem engen Zusammenhang mit ihren Phantasien über die Vergangenheit des Vaters.

Von einer Reise nach Europa zurückgekehrt, eilte Hannah in einem Zustand der Panik und einer ungeheuren Angst in die Analyse, um zu berichten, daß sie in großer Gefahr sei, weil »ein Araber hinter mir her ist«.

Es stellte sich heraus, daß Hannah in der Halle ihres Hotels einen elegant gekleideten Mann kennengelernt hatte, der ihr wie ein arabischer Spion vorkam. Trotz ihrer ausländischen Staatsbürgerschaft und der Tatsache, daß sie erst seit wenigen Monaten in Israel lebte, sagte sie ihm sofort, daß sie israelische Staatsbürgerin sei. Nachdem Hannah mit ihm essen gegangen war und einen Film angesehen hatte, ging sie auf sein Zimmer, wo sie Sex hatten, ohne ein einziges Wort zu äußern. Plötzlich fiel Hannah ein, daß sie nicht einmal seinen Namen wußte. Von Panik erfüllt gab sie vor, sie müsse zur Toilette, zog sich hastig an, griff nach ihrer Handtasche und verließ das Zimmer. Zwei Stunden später saß sie im Flugzeug nach Israel.

In Israel angekommen, rief sie im Hotel an, weil sie ein Paar Schuhe vergessen hatte; sie gab ihre Adresse an, damit sie ihr nachgeschickt werden konnten. Unmittelbar danach suchte sie mich verzweifelt auf, überzeugt, der »arabische Spion« sei nun hinter ihr her.

Hannah brachte diese Episode mit dem Film *Der Nachtportier* zusammen, den sie vor vielen Jahren auf einer Europareise gesehen hatte. Ihrer Erzählung zufolge ging es in dem Film um eine Begegnung (einige Jahre nach der Befreiung der Konzentrationslager) zwischen einer Jüdin, die ihre Adoleszenz in einem Konzentrationslager verbracht hatte, und dem Nazilageroffizier, der ihr Peiniger gewesen war. Bei dieser Begegnung herrschte die Vergangenheit über die Gegenwart, und die Protagonisten nahmen, getrieben von einer Kraft, die stärker war als sie beide, ihre KZ-Rollen von Verfolger und Opfer wieder an. Der Mann mißbrauchte die Frau sexuell und tötete sie anschließend, weil er nicht mehr in die Realität zurückzukehren vermochte.

Bei dem Versuch, Hannahs Bedürfnis zu erläutern, ihre unbewußten Wünsche und Phantasien über die erste Frau ihres Vaters zu agieren, machte ich sie darauf aufmerksam, daß sie mir die Rolle ihrer Retterin zuwies und gleichzeitig versuchte, diese Frau wieder lebendig zu machen, indem sie sich selbst in sie verwandelte. Allerdings versuche sie die Frau auch zu töten, indem sie sich der Gefahr aussetze, von dem Araber/Nazi getötet zu werden. Auf diese Deutung hin lieferte Hannah mehr Material, aus dem hervorging, daß hinter ihrem Wunsch, das Opfer zu sein, der unbewußte Wunsch lag, zu meinem Verfolger zu werden. Im Verlauf von fünf Jahren Analyse arbeiteten wir unter anderem die besondere Bindung zwischen ihr und dem Vater durch, die sie veranlaßte, seine Vergangenheit in ihrem eigenen Leben nachzuvollziehen. Wir ergründeten ihre Trauer- und Schuldgefühle, die ihr in der in ihrem Elternhaus vorherrschenden Atmosphäre auf nichtsprachlichem Weg vermittelt worden waren. Damit kam Hannah in die Lage, sich von der Last ihrer Vergangenheit zu befreien und ein eigenes Leben aufzubauen.

Fünf Jahre nach Beginn der Analyse, zur Zeit des Golfkrieges, war Hannah bereits verheiratet und Mutter von zwei Kindern. Die unten wiedergegebene Vignette bezieht sich auf eine Episode in den ersten vier Wochen des Golfkrieges, als Hannah nicht zur Analyse erschien. (Dies war recht ungewöhnlich, weil einige Tage nach Kriegsbeginn fast alle Leute tagsüber wieder zur Arbeit gingen und die meisten Patienten wieder in die Analyse kamen.) An diesem Ausschnitt aus der Analyse können wir sehen, wie Hannah um die wachsende Einsicht kämpft, die es ihr erlauben würde, ihre Phantasien über den Holocaust aus den traumatischen Ereignissen, die in der gegenwärtigen Realität stattfinden, herauszulösen (H: Hannah, I: Ilany).

H: Als ich in der ersten Nacht die Sirene hörte, geriet ich in Panik, ich zitterte am ganzen Körper und konnte nicht atmen. Mein Mann war nicht zu Hause, er war in der Reservearmee. Dany (ihr einjähriges Kind) schrie, das Gesicht gegen das Gasschutzzelt aus Plastik gedrückt. Mir fiel ein, daß wir in wenigen Minuten alle tot sein könnten, auch die Kinder. Haben Sie auch dieses Gefühl gehabt?

I: Fragen Sie, ob Sie das Recht hatten, ein solches Gefühl zu haben? Die erste Nacht war ein schreckliches Erlebnis. Dreieinhalb Stunden lang die Gasmasken auf den Gesichtern, ohne zu wissen, ob etwas geschehen könnte, von der Vernichtung bedroht...

H: Ich schämte mich darüber, wie sehr ich verängstigt war. Ich brauchte einige Zeit, um in die Analyse zurückzukommen. Doch nun ist es wie eine Gewohnheit. Man kann sich an fast alles gewöhnen. Der Scud-Angriff war an einem Freitagabend. Ich war mit den beiden Kleinen allein, hatte meine Kontaktlinsen nicht eingesetzt und konnte durch die Maske hindurch nichts sehen. Ben (ihr Ehemann) war nicht zu Hause, und die Kleinen waren beide hysterisch. Haim (das ältere Kind) wollte die Flasche. Man sagte uns aber, wir sollten die Gasmasken nicht abnehmen, deshalb konnte ich sie ihm nicht geben... Ich weiß, es war ganz gut, daß ich dies alles durchmachen konnte, ohne mit Ihnen reden zu müssen.

I: Jetzt, da Sie stärker sind, erzählen Sie mir von dem Baby-Aspekt bei Ihnen selbst, der meine Pflege und Fürsorge brauchte. Aber vielleicht hatten Sie Angst, diesen Aspekt »hervorzuholen« und mit ihm in Kontakt zu kommen.

H: Das stimmt. Ich hatte das Gefühl, daß ich stark sein müsse, daß ich mir nicht erlauben konnte, ein Baby zu sein, jetzt, da die Kinder sich auf mich verlassen mußten. Ich wollte Ihnen jedoch etwas ganz Wichtiges sagen. Viele Jahre lang war ich in Gedanken mit dem Holocaust beschäftigt. Ich habe das Gefühl, daß es jetzt nicht so ist, wie es damals war. Jetzt haben wir unser eigenes Land... Armee, Regierung. Selbst wenn hier irgend etwas Chemisches niedergeht – alle stellten den Bezug zu Deutschland her –, habe ich nicht den Eindruck, daß wir am Rand eines weiteren Holocausts stehen.

I: Sie kämpfen darum, die Gegenwart von der Vergangenheit abzukoppeln.

H: Ben meinte, wir sollten ins Ausland fahren oder nach Jerusalem. Doch ich sagte nein. Mein Schicksal und das der Kinder ist mit dem Schicksal dieses Landes verbunden. Irgendwo tief in mir wußte ich, daß ich bequem in meinem Haus saß und mit meinen Kindern die Nachrichten des Israelischen Armeesenders hörte. Im Zweiten Weltkrieg kam das nicht vor. Ich vergleiche die beiden Erfahrungen nicht, sondern stelle sie vielmehr einander gegenüber. Wir haben zu essen, unser Haus ist geheizt. Das einzige, was man überwinden muß, ist die Angst. Es ist die Angst vor dem Unbekannten. In der ersten Nacht wußten wir nicht, was wir zu erwarten hatten. Jetzt ist es anders. Ich sprach gestern mit meinem Vater. Er sagte, die Juden hätten Schlimmeres durchgemacht.

Einen Tag nach Kriegsende hatte Hannah eine Sitzung.

H: Es ist schön ohne Gasmasken. Doch es geschah so schnell. Vielleicht hätten wir sie etwas länger tragen sollen, bis man absolut sicher ist. Nun können also die Psychologen Israel unter den Nachwirkungen von Krieg und Gasmaske studieren.

I: Sie meinen, daß Sie jetzt, da keine Gefahr mehr besteht, das Gefühl haben, ich stehe Ihnen nicht mehr so nahe wie vorher? Daß ich zu der distanzierten Psychologin geworden bin, die sich vielleicht aus Forschungsgründen für Ihre Reaktionen interessiert?

H: Ich meine, daß Wirkungen da sein werden. Das Leben kann nicht in den Normalzustand zurückkehren. Als ich am Donnerstag den hermetisch abgedichteten Schutzraum öffnete, spürte ich das Bedürfnis anzurufen und um eine zusätzliche Sitzung am Freitag zu bitten. Ich war wie benommen. Ich weinte. Man muß sich zusammennehmen, aber nachher... Am Tag nach der ersten Scud-Rakete war ich mit den Kindern im Garten. Ich dachte an meinen Vater, der sich während des Krieges wochenlang in einem Keller versteckt hatte und die Sonne nicht sehen konnte. Heute liegt er oft im Garten. Er liebt die

Sonne, seine Familie um ihn herum, sicher und gesund. Ich bin ebensogern im Garten wie mein Vater. Jetzt habe ich das Gefühl, ich muß andere Orte aufsuchen. Man beginnt die Dinge wieder mehr zu schätzen. Ich nahm die Kinder in den Kibbuz mit, auf einen Spielplatz. Allein frei zu sein ist aufregend. Diese Woche will ich nach Jerusalem fahren, ich möchte einige Ausflüge machen.

I: Zur Analyse zurückzukommen, den kindlichen Aspekt in Ihnen auf diesen Spielplatz zu führen, heißt also ins Leben und in die Freiheit zurückzukehren. Sie möchten die Ausflüge in Ihrem Inneren fortsetzen.

H: Gewöhnlich wollte ich mit den Kindern zu Hause bleiben. Jetzt macht es mich krank, zu Hause zu sitzen. Ich möchte, daß die Kinder das Land kennenlernen. Jeder hat das Gefühl, aus einem Versteck herauszukommen.

I: Sie haben sich vier Wochen zu Hause versteckt, bevor Sie sich entschlossen, zur Behandlung zurückzukehren.

H: Ich wußte, daß Vater sich während des Krieges versteckt hielt ... nachdem er hinausgegangen war, um nach Essen zu suchen, waren bei der Rückkehr seine Frau und die Kinder verschwunden. Das war wohl der Grund, warum ich das Haus einen ganzen Monat lang nicht verlassen konnte, obwohl ich sah, wie andere in meiner Umgebung lebten und arbeiteten wie gewöhnlich.

I: Sie scheinen die gegenwärtige Lage mit den Erlebnissen Ihres Vaters in der Vergangenheit zu vergleichen.

H: Es ist sehr schwierig, weil es uns nicht betroffen hat. Sagen wir, wir wurden von jemandem wie Hitler bedroht; für die meisten von uns war es bloß eine Bedrohung. Und sie betrifft einen nur so weit, wie man es zuläßt. Manchmal fühlte ich mich danach, es Ihnen zu sagen – es ist nichts, es ist nur eine Bedrohung. Doch am nächsten Tag hatte ich solche Angst, daß ich mein Kind nicht in den Kindergarten schickte.

I: Sie mußten stark und reif sein, Sie wollten mich und sich selbst beruhigen, doch innerlich hatten Sie Angst und konnten das kleine Mädchen in Ihnen nicht zur Analyse schicken. Sie mußten es in einem Raum Ihres Inneren einschließen. Nun können wir diesen Raum öffnen und uns genauer mit dem befassen, was darin ist.

H: Ich hätte weggehen können. Ich war allein, mein Mann war nicht zu Hause. Es hieß, viele Israelis würden weggehen… Ich konnte nicht gehen. Wäre ich ins Ausland gereist, dann hätte ich dauernd daran denken müssen, was hier geschieht… Die Leute dort würden ihrem Leben nachgehen. Die einzigen Menschen, denen ich mich nahe fühle, sind jene, die sich mir in den letzten Jahren hier genähert haben. Das Schreckliche war die Bedrohung der Kinder. Warum habe ich sie dann nicht ins Ausland gebracht? Weil ich nicht konnte, das ist alles.

I: Sie wollen wohl darauf hinaus, daß einer Ihrer Gründe, weshalb Sie nicht weggefahren sind, der war, daß Sie wußten, daß ich hier war und mich dem bedrohten Kind in Ihnen näherte.

H: Sie riefen mich unmittelbar nach Kriegsausbruch an und fragten mich, ob alles in Ordnung sei. Das war eine sehr persönliche Tat.

Wir können aus diesen Sitzungen Hannahs Widerstand gegen ihren regressiven Drang nach einem Schutzraum und nach persönlichem Schutz zu Beginn des Golfkrieges erkennen, als sie es sich selbst nicht gestattete, in die Analyse zu kommen. Jetzt, am Ende des Krieges, wurde Hannah sich durch meine Deutungen ihrer Angst bewußt, mit ihren

infantilen Sehnsüchten in Berührung zu kommen, die ihr
Funktionieren als reifer Mensch in der angespannten Zeit
des Golfkrieges bedrohte. Mit wachsender Einsicht konnte
sie verstehen, daß sie sich wie ihr Vater gefühlt und verhalten hatte, der sich während des Holocaust in einem Versteck aufhielt und seine Familie verlor, als er einmal kurz
wegging. Hannah, die sich jetzt stärker fühlte und mit der
Realität besser zurechtkam, konnte ihre Anstrengungen
fortsetzen, die gegenwärtige Realität aus der schreckenerre-
genden Vergangenheit ihres Vaters herauszulösen.

## Diskussion und Schlußfolgerungen

Ich werde erstens die heilende Wirkung von Einsicht und Deutung in den Analysen der Nachkommen von
Holocaust-Überlebenden und zweitens die heilende Wirkung der Beziehung von Analytiker und Patient während
einer Zeit der existentiellen Bedrohung erörtern. Ich glaube, daß die durch die Deutungen des Analytikers beförderte
Einsicht bei den Analysen von Kindern der Holocaust-
Überlebenden eine wichtige Rolle spielt. Diese Deutungen
werden zu einem Hauptwerkzeug, wenn es darum geht,
dem Agieren der Patienten Bedeutungen zuzuschreiben und
den Patienten zu helfen, das Agieren in kognitive und
sprachliche Modalitäten umzusetzen. Durch gesteigerte
Einsicht werden die Patienten darauf aufmerksam, daß ihre
verschobenen symbolischen Handlungen unbewußt gegen
betrauerte Hinterbliebene gerichtet sind. Damit gelangen sie
zu der Einsicht, daß sie auf zwei Ebenen leben: auf der ihrer eigenen Gegenwart und auf der einer Phantasiewelt, die
mit der traumatischen Vergangenheit ihrer Eltern zusammenhängt. Werden diese Einsichten im Kontext der Über-
tragungsbeziehungen vertieft, so sind die Patienten schließlich besser in der Lage, zwischen ihrer eigenen Gegenwart
und der Vergangenheit der Eltern zu unterscheiden.

Um die heilende Wirkung der Einsicht und ähnlicher Faktoren während des Golfkrieges einzuschätzen, werde ich zunächst untersuchen, wie die Nachkommen der Holocaust-Überlebenden während dieser Zeit die Realität wahrnahmen. Dazu gehören auch Fragen danach, auf welche Weise das gegenwärtige Trauma die Erinnerung an die Vergangenheit beeinflußt. Im Unbewußten gibt es keine zeitliche Ordnung (Freud, 1915e [Stud. III, S. 145]), nur die Artikulation von Bedeutungen (Schaeffer, 1980). Im Unbewußten verschmelzen Vergangenheit und Gegenwart, so daß die Bedeutungen, die einst da waren, immer noch da sind, und die Bedeutungen, die da sind, die Bedeutungen von einst beeinflussen und verändern (Loftus und Loftus, 1980). Moses (1993b) wies auf die unbewußte Komponente hin, die besonders bei Holocaust-Überlebenden gefunden wird, die eine Wiederholung der früher erlebten Vergangenheit befürchten, auch wenn dies unrealistisch ist.

Das psychoanalytische Modell des Traumas besteht aus zwei Ereignissen: aus einem späteren Ereignis, das zur Wiederbelebung eines früheren Ereignisses führt, welches erst dadurch einen traumatischen Charakter annimmt (Laplanche und Pontalis, 1967). Für die Kinder der Holocaust-Überlebenden reaktivierte die Erfahrung des Golfkrieges das Trauma in der Vergangenheit ihrer Eltern. Durch die Verbindung mit den Schrecken der Vergangenheit nahmen die Golfkriegserlebnisse die Qualität von Kindheitsängsten und Alpträumen an. Dadurch entstand die Gefahr, daß die Grenze zwischen Innen und Außen, zwischen Realität und Phantasie zerstört wurde (Auerhahn und Prelinger, 1983). Viele solcher Nachkommen faßten die Raketenangriffe auf Israel als Vorboten eines neuerlichen Holocaust auf, den sie immer schon voller Schrecken antizipiert hatten. Israels Politik der Nicht-Vergeltung verstärkte dieses Gefühl nur noch und ließ erneut die Angst aufkommen, zum »Lamm« zu werden, »das zur Schlachtbank geführt wird«; unfähig zu sein, eine Wiederholung des Schicksals ihrer Eltern zu verhindern. Die Beteiligung deutscher Firmen bei der Entwicklung der chemischen Waffen des Irak, insbesondere des Gases, rückten den Alptraum der Vergangenheit noch näher an die Gegenwart heran. Anders gesagt, für die Kinder von Holocaust-Überlebenden war der gegenwärtige Terror die erschreckende Verwirklichung von Phantasien über eine traumatische Vergangenheit.

Es gibt keine einfache Antwort auf die Frage, ob diese Anknüpfung der Vergangenheit an die Gegenwart eine Besonderheit lediglich für die »zweite Generation« von Holocaust-Überlebenden war. Ein großer Teil der israelischen Bevölkerung verknüpfte die Drohung des Golfkrieges mit der Holocaust-Geschichte des jüdischen Volkes. Es ist deshalb möglich, daß die kollektive Erinnerung an vergangene Traumen uns gewissermaßen alle in eine »zweite Generation« verwandelte.

Mir gingen einige Gedanken über die Ähnlichkeit zwischen Saddam Husseins Ideologie während des Golfkrieges und der Naziideologie durch den Kopf, die Janine Chasseguet-Smirgel in ihrem Aufsatz »Some reflections of a psychoanalyst on the Nazi biocracy and genocide« (1989) analysiert hatte. Die Autorin stützte ihre Hypothese auf die »archaische Matrix des Ödipuskomplexes« (Chasseguet-Smirgel, 1986): Der Körper des deutschen Volkes, der Arier, muß, um mit dem Körper der Mutter – dem deutschen Heimatland – eins zu werden, alle Hindernisse beseitigen, die dieser Vereinigung entgegenstanden (die Juden). In derselben Weise erklärte Saddam Hussein seinen Wunsch, das Heilige Land von den »amerikanisch-zionistischen Juden« (seine Bezeichnung für das israelische Volk) zu säubern, damit die Vereinigung des palästinensischen Volkes mit seinem Mutterland stattfinden könne. Wir können dies als Saddam Husseins Identifizierung mit seinen palästinensischen Brüdern ansehen, die in eine vereinte islamische

Welt zurückkehren. Ich fragte mich, ob Saddam Hussein diesen Krieg deshalb als »Mutter aller Schlachten« bezeichnet hatte.

Zurück zur Untersuchung der Übertragung und Gegenübertragung sowie zur psychoanalytischen Technik während des Krieges: Ich möchte darauf hinweisen, daß das in der Psychoanalyse allgemein anerkannte Verfahren – die Deutung – nicht immer Gültigkeit hatte. Die Analytiker waren nämlich nicht mehr nur Beobachter, von denen man aufgrund ihrer Ausbildung und ihrer Situation »erwartet«, daß sie auf die inneren Krisen oder äußeren Verhältnisse ihrer Patienten nicht persönlich reagieren. Bereits 1937 schrieb Glover: »Es scheint, daß wir therapeutische Wirkungen nicht allein der Deutung zuzuschreiben haben, sondern auch der Deutung in Konfrontation mit anderen Faktoren (...) nämlich der menschlichen Beziehung in der Übertragung« (Glover, 1937). Mit Spitz läßt sich sagen, daß die Analytiker »den Patienten« hauptsächlich »betreu(t)en und unterstütz(t)en« (Spitz, 1956) und ein Gefühl der Zusammengehörigkeit vermittelten, indem sie angesichts der möglichen Vernichtung ihre eigenen Gefühle eingestanden, statt als leere Projektionsfläche zu dienen.

Das Behandlungsziel bei den Nachkommen von Holocaust-Überlebenden bestand zu dieser Zeit darin, sie bei der Wahrnehmung der Realität der aktuellen Ereignisse zu unterstützen, statt sich darauf zu konzentrieren, was ihrer Vorstellung nach ihren Eltern in der Vergangenheit zugestoßen war. Da die Bewältigung der aktuellen Realität, so bedrohlich sie auch sein mochte, etwas anderes ist als der Umgang mit den Gefühlen des Patienten über die elterliche Vergangenheit, die sie weder beeinflussen noch ungeschehen machen können, schien es mir als Analytikerin wichtig, meine Patienten solide in der Gegenwart zu verankern. Dies erreichte ich, indem ich ihnen gegenüber meine eigenen Gefühle als eine Person bekundete, die dieselbe Reali-

tät mit ihnen teilte, ohne mich dabei durch die Neutrali-
tätsregel (Nacht, 1962) lähmen zu lassen.

Was ich hier als Besonderheit der Analyse in diesem Zeitabschnitt, insbesondere der Analyse von Nachkommen der
Holocaust-Überlebenden zu beschreiben versuchte, fand
hauptsächlich innerhalb der »realen Beziehung« zwischen
Analytiker und Patient statt. Gemessen an der Gesamtdau-
er der Analyse war dieser Abschnitt relativ kurz. Dennoch
war diese Phase der Analyse während des Golfkrieges, als
Analytikerin und Patientin existentiell bedroht waren, von
einer besonderen Beziehung gekennzeichnet, die die spätere
analytische Arbeit förderte. Die Patienten nahmen den
Analytiker als jemanden wahr, der die äußere Realität dadurch in die Gegenwart rückt, daß er seine eigene Gefühls-
reaktion auf sie mit ihnen teilte und somit keine Grenzver-
wischung zwischen heute und damals vornahm, wie es die
Eltern der Patienten getan hatten. Aus dieser Sicht hatte
diese Phase eine gewisse Ähnlichkeit mit dem, was Grubrich-Simitis (1984) als »gemeinsames Akzeptieren der Holocaust-Wirklichkeit« bezeichnete (Bergmann, Jucovy, Kestenberg, Hrsg., S. 376).

Wie viele andere Analytiker stieß ich während des Krieges bei meinen Patienten auf einen größeren Widerstand gegen regressive Bedürfnisse nach einem sicheren Zufluchts-
ort und nach Schutz. Ich stand vor dem Dilemma, wie ich
meine analytische Technik modifizieren sollte, damit sie in
einer lebensbedrohlichen Situation wirksam bleiben konnte. Die auf einer Stärkung des Ichs beruhende Genesung
wird durch wachsende Einsicht herbeigeführt. Die Analysesituation verursacht jedoch eine Regression, die das Ich
schwächt, so daß es immer empfänglicher wird für Angst –
die das Ich noch weiter schwächt. Menschen, die wie die
Nachkommen von Holocaust-Überlebenden unter unschar-
fen Ich-Grenzen leiden, erleben die Einsicht in ihre infantilen Strebungen im Vergleich zu anderen Menschen als eine

noch größere Bedrohung für ihre Leistungsfähigkeit gegenüber der Realität.

Nach meiner Erfahrung muß der Analytiker diesen Widerstand respektieren und das Ich unterstützen, bis diese Patienten sich sicher genug fühlen, die eigenen kindlichen Aspekte aufzudecken und durchzuarbeiten. Wie in den hier präsentierten Vignetten geschildert wird, reagierte ich auf das Leiden meiner Patienten während des Krieges so, daß ich ganz selbstverständlich über unsere gemeinsamen Erlebnisse sprach und mich mit ihren Anliegen und ihren Sorgen auf einer Ebene der Realität und nicht der Phantasie befaßte. Allerdings wies ich auf ihren heimlichen Schrecken im Zusammenhang mit der Holocaust-Vergangenheit ihrer Eltern hin.

Erst gegen Ende des Krieges, als die Patienten sich aufgrund ihrer stabileren Ich-Grenzen sicherer fühlten, versuchte ich ihre regressiven Übertragungen zu deuten. Da sie zu diesem Zeitpunkt mit der angstauslösenden Realität besser umgehen konnten, ließ sich eine gesteigerte Einsicht einsetzen, um ihre infantilen, vom aktuellen Trauma ausgelösten Strebungen ebenso durchzuarbeiten wie ihren Widerstand, der bei Kriegsbeginn aufgetreten war. Wenn dieser Prozeß erfolgreich verläuft, werden die Patienten in die Lage versetzt, beim Umgang mit den Spannungen und der Angst, ausgelöst durch die erschreckende Realität, erst mir zu vertrauen und dann schließlich auch sich selbst.

Ich fand heraus, daß während des Krieges die Beziehungsfaktoren die psychische Organisation der Patienten häufig so weit stärkte, daß sie einen Teil der durch die reale Bedrohung ausgelösten Angst- und Leidensgefühle abtrennen konnten von den Gefühlen, die mit den Phantasien über die Vergangenheit ihrer Eltern verknüpft waren. Dies förderte schließlich die Fähigkeit standzuhalten und in manchen Fällen auch die spätere analytische Arbeit.

# Nachwort

>»Kein einziges Leben
konnte ich retten
keine einzige Kugel
konnte ich aufhalten
und nun wandere ich
über Friedhöfe die es nicht gibt
suche nach Worten
die es nicht gibt
eile zu helfen
wohin niemand mich rief
nachträglich zu retten«
J. Ficowski (1981)

Das vorliegende Buch beruht auf meiner klinischen Erfahrung, die mir bewußtmachte, wie weit die komplexen Muster unbewußter Gedanken, Gefühle, Erwartungen, Ängste und Abwehrformen, die meine Patienten in die Analyse mitbrachten, von der Vorstellungswelt des Holocaust geprägt waren. Vermittelt bekam ich dies sowohl durch die Sprache der Patienten als auch durch ihre Handlungen, die unbewußte symbolische Bedeutungen aus der Vergangenheit ihrer Eltern enthielten. Die Übertragungsbeziehung wurde häufig zu einer Bühne, auf der unbewußt geäußerte Themen von Überleben und Tod nachgespielt wurden. Die Patienten waren die Protagonisten im Drama ihrer Eltern; abwechselnd spielten sie die Rollen der Opfer und der Verfolger und wiesen mir dabei komplementäre Rollen zu. So war die Übertragung nicht nur von »Bedeutung und Geschichte« aus ihrem eigenen Leben »erfüllt« (Joseph, 1989), sondern auch von den Bedeutungen und der

Geschichte der traumatischen Vergangenheit ihrer Eltern. Als ich in der unmittelbaren Übertragungsbeziehung das Bedürfnis meiner Patienten beobachtete, die Vergangenheit ihrer Eltern nachzuerleben, erkannte ich die tiefreichenden psychischen Folgen der massiven Traumatisierung der Eltern für das Selbstgefühl und den Realitätssinn ihrer Nachkommen.

In meiner Arbeit mit Patienten der zweiten Generation fesselten mich vor allem zwei Themen. Das erste ist die Wechselwirkung zwischen Phantasie und Realität in ihrem Leben. Weil ihr Seelenleben von den Spuren der Erlebnisse ihrer Eltern durchdrungen war, lebten sie in einer doppelten Realität: in ihrer eigenen und in der ihrer Eltern. Das zweite Thema ist das Bemühen der Patienten, mittels der therapeutischen Beziehung ein neues, eigenständiges und stimmigeres Selbst aufzubauen. Nach meinem Gefühl konnte die Psychoanalyse den Patienten helfen, den Schaden zu beheben, den ihr Ich ihnen in der Phantasie zugefügt hatte, und ihnen bewußtzumachen, was sie dazu zwang, ihre Phantasien zu agieren, und damit konnte sie ihnen auch zu einem selbständigen Leben verhelfen. Das vorliegende Buch illustriert diese beiden zentralen Themen, die im analytischen Material immer wieder auftauchen.

Um die komplexe Wechselwirkung zwischen Phantasie und Realität im Leben dieser Kinder besser zu verstehen, möchte ich zwei ihrer Kernprozesse genauer betrachten: erstens die Übermittlung des Traumas von einer Generation auf die nächste und zweitens das Bedürfnis nach »Konkretisierung« (Bergmann, 1982; Kogan, 1987, 1989a, 1989b, 1990, 1991, 1993, 1995) – das bezwingende, unbewußte Bedürfnis, die traumatische Vergangenheit der Eltern samt den Begleitaffekten nachzuvollziehen und nachzuerleben, als ob es ihre eigene Lebensgeschichte wäre.

Ich werde diese Prozesse zunächst kurz erläutern und dann zeigen, wie sie sich vor dem Hintergrund der im Buch beschriebenen Fallgeschichten auf den analytischen Prozeß darstellen lassen.

### Die Wechselwirkung zwischen Phantasie und Realität bei Nachkommen von Holocaust-Überlebenden

*Prozeß I – Die Übermittlung des Traumas*

Seit dem Zeitpunkt, als Freud seine Theorie preisgab, die die Ursache der Hysterie auf reale Ereignisse zurückführte, hebt die Psychoanalyse die Reaktion des Ichs auf das hervor, was ihm sowohl in der Realität als auch in der Phantasie angetan wurde. Für die Nachkommen von Holocaust-Überlebenden liegt das Trauma, das ihnen übermittelt wurde, in einem Bereich zwischen Phantasie und Realität. Die Realität des Traumas gehört zur Lebenserfahrung der Eltern; der Nachkomme schreibt es kraft seiner Vorstellung jedoch sich selbst zu. Dieses übermittelte Trauma ist eine phantasierte Gemeinsamkeit des realen Traumas (Oliner, 1982; Kogan, 1989a). Die Phantasie speist sich daraus, wie der Nachkomme die oft unausgesprochene Realität des Traumas, das die Eltern erlitten hatten, und der Ängste, die es erzeugte, wahrnimmt.

Die Wahrnehmung der traumatischen Erfahrung der Eltern tritt schon in sehr frühen Entwicklungsstadien des Kindes auf. Das Kind erlebt das schwere Trauma (als akutes Vorkommnis oder als chronischen Zustand) seiner Mutter oder anderer, die ihm nahestehen, so, als ob es ihm selbst zustoßen würde, auf einer Stufe oder in einem Zustand, wo der Mechanismus der Introjektion–Projektion vorherrscht (Greenacre, 1967).

Bei den im vorliegenden Buch beschriebenen Analysen vollzog sich die Übermittlung des Traumas an die Nachkommen nicht unbedingt als Ergebnis von Situationen, in

denen ein Elternteil in Anwesenheit des Kindes traumatisiert wurde, sondern war vielmehr das Resultat von Situationen, in denen ein Elternteil die unverdaute Erinnerung
an eine frühere schwere Traumatisierung in sich trug.

Die psychoanalytische Literatur über Kinder von Überlebenden beschreibt die bei der Übermittlung des Holocaust
angewandten Mechanismen als frühe, unbewußte Identifizierungen, die die elterliche Wahrnehmung einer unaufhörlichen, lebensbedrohlichen inneren und äußeren Realität
zur Folge haben (Axelrod et al., 1978; Barocas und Barocas, 1973; Kestenberg, 1972; Klein, 1971; Laufer, 1973; Lipkowitz, 1973; Rakoff, 1966; Sonnenberg, 1974). Das Kind
fühlt sich gezwungen, die verdrängten Themen seiner Eltern zu erleben, mithin nachzuvollziehen, was in der inneren Welt seiner Eltern existiert (Laub und Auerhahn, 1984).
Krell (1979) weist darauf hin, daß Kinder von Überlebenden sozusagen selbst Überlebende sind, als ob »angesichts
der Umstände im Grunde weder der Elternteil noch das
Kind leben sollte«.

Levine (1982) meint, das Trauma könne auf drei verschiedene Arten an die Kinder von Überlebenden übermittelt
werden: erstens als Folge des Holocaust-Traumas für die
Fähigkeiten des Kindes zu elterlicher Fürsorge; zweitens
durch Identifizierung mit – oder Ablehnung von – bestimmten Eigenschaften seiner Eltern, die sich mit ihren Holo-
caust-Erlebnissen verbinden lassen; und drittens durch die
phasenspezifische Verarbeitung der elterlichen Erfahrungen. Levine stellt drei Ebenen fest, die er für besonders pro-
blematisch hält: a) Konflikte bei der Entwicklung zur
Autonomie, bei der Entwicklung zur Differenzierung zwischen Selbst und Objekt und bei der Identitätsbildung;
b) Probleme mit Schuld, Aggression und der Überich-Ent-
wicklung; und c) beeinträchtigte Realitätsprüfung, die er
als »eingeschränkte Fähigkeit bei der Einschätzung des
Scheincharakters der Phantasie« auffaßt – eine theoretische

Auffassung, die mit dem Begriff der Konkretisierung verwandt ist, mit dem ich mich weiter unten befassen werde. In ähnlicher Weise macht Phillips darauf aufmerksam, daß Kinder von Überlebenden mit dem Ausdruck negativer Affekte zurückhaltend sind, aus Angst davor, ihre Eltern zu überwältigen oder zu befremden. Deshalb unterdrücken sie ihren Zorn, und ihre »unbewußten Aggressionsphantasien gegen die Eltern steigern sich dermaßen, daß sie sich den realen Schreckenserlebnissen von Folter und Vernichtung annähern, denen ihre Eltern in den Händen der Nazis ausgesetzt waren«.

In diesem Buch untersuche und verdeutliche ich diese frühen Identifizierungen aus der Sicht der Übertragungsbeziehung. Der starke Verschmelzungsprozeß in der Übertragung, bei dem der Patient nicht mehr zwischen sich und mir unterschieden konnte, hinterließ bei mir oft einen tiefen Eindruck. Ebendieser Prozeß versetzte den Patienten und mich in die Lage, der fehlenden Differenzierung zwischen sich und dem beeinträchtigten Elternteil nachzugehen. Ich stellte eine Ähnlichkeit dieses Phänomens mit der Identifizierung fest, die bei der pathologischen Trauer stattfindet. Freud (1917e) beschrieb diese Identifizierung als einen Prozeß, bei dem der Trauernde das Objekt dadurch zu besitzen versucht, daß er selbst zu dem Objekt wird, statt ihm nur ähnlich zu sein. Dieser Vorgang tritt dann auf, wenn die Person auf das Objekt verzichtet und gleichzeitig kannibalistisch daran festhält (Grinberg und Grinberg, 1974; Green, 1986). Dieser Vorgang, in der psychoanalytischen Literatur als typisch für Nachkommen von Holocaust-Überlebenden bezeichnet, heißt »primitive Identifizierung« (Freyberg, 1980; Grubrich-Simitis, 1984). Genau dieser Typus von Identifizierung liegt der Unfähigkeit des Nachkommen zugrunde, zur Selbstdifferenzierung zu gelangen und ein eigenes Leben aufzubauen.

Einige der auf primitiver Identifizierung beruhenden unterschiedlichen Typen der Traumatisierung, die im vorliegenden Buch für das analytische Material wichtig sind, werden weiter unten beschrieben. Diese Modi der Übermittlung können zwar universal sein, doch sie tragen die einmalige Qualität in sich, die die Holocaust-Erfahrung ihnen zuwies.

a) *Traumatisierung des Kindes, weil es als Werkzeug zur Wiederholung des elterlichen Traumas benutzt wird.* Der Elternteil erzeugt eine durchlässige Membran zwischen sich und dem Kind, durch die hindurch er Gefühle der Trauer und der Aggression vermittelt, die er wegen ihrer verheerenden Eigenschaft nicht in sich zurückhalten oder mit anderen erwachsenen Partnern teilen kann. Dieser Vorgang, im Grunde ein Prozeß der projektiven Identifizierung, dient dazu, den enormen Grad an Selbstzerstörung zu mindern, der sich für den betreffenden Elternteil als tödlich erweisen könnte (Gampel, 1986b; Kogan, 1989a).

b) *Traumatisierung aufgrund der emotionalen Unzugänglichkeit des Elternteils.* Das Kind, das den Elternteil zu trösten versucht, indem es dessen Bedürfnis nach vorbehaltloser Empathie nachkommt, klammert sich an einen unzugänglichen Elternteil und verzichtet damit auf die Erfüllung seiner eigenen emotionalen Bedürfnisse. Das Kind leitet eine Art von Vereinigung mit dem bedürftigen Elternteil ein, um diesen zu fördern, während es eigentlich nach elterlicher Fürsorge für sich selber sucht (Auerhahn und Prelinger, 1983).

c) *Traumatisierung in der Phantasie.* Dieser Vorgang tritt dann ein, wenn das Kind in seinen endlosen Bemühungen, den Elternteil zu verstehen und ihm dadurch zu helfen, die Erlebnisse dieses Elternteils mitsamt ihren Begleitaffekten in der Phantasie nachzuerleben versucht (Auerhahn und Prelinger, 1983). Oliner (1982), der hysterische Charaktereigenschaften bei Kindern von Überlebenden untersuchte, fand heraus, daß ein besonderer Aspekt der Hysterie, den

Metcalf (1977) beschrieben hatte, auf sie besonders zutraf: die »elterlichen Erwartungen, das Kind müsse der Protagonist in Szenen aus den unbewußten Phantasien der Eltern sein – Phantasien, die fast immer eine sadistische Verzerrung narzißtischer Überlebenskämpfe mit Objekten aus der elterlichen Vergangenheit sind« (Metcalf, 1977, S. 259). Die Traumatisierung ist die Erfüllung dieser elterlichen Erwartungen.

d) *Traumatisierung durch den Verlust des eigenen Selbst.* Durch symbiotische Bindung an das Kind strebt der Elternteil nach der Wiedergewinnung seiner verlorenen (und häufig idealisierten) Objekte und nach der Wiederherstellung seines beschädigten Selbst. Indem das Kind mit seinen Eltern die Phantasie der Todesverleugnung und der wundersamen Wiedergewinnung verlorener Objekte teilt, opfert es seine eigene Individualität. Wenn wir dies mit der Dynamik der Hysterie vergleichen, stellen wir eine Ähnlichkeit zwischen dem Individualitätsverlust bei Kindern von Überlebenden und dem »Leben aus zweiter Hand« (Racamier, 1952)[1] oder der »Abwesenheit von sich selbst« (Khan, 1974) fest.

*Prozeß II – Das Phänomen der Konkretisierung*

Die Wechselwirkung von Phantasie und Realität im Leben meiner Patienten äußert sich in einem bei den Nachkommen von Überlebenden auffälligen Phänomen, das Bergmann (1982) beschrieben und als »Konkretisierung« bezeichnet hat. Konkretisierung bedeutet, daß diese Kinder in ihrem endlosen Bemühen, ihre traumatisierten Eltern zu verstehen und ihnen zu helfen, ihre Erfahrungen zu wiederholen versuchen, indem sie die elterlichen Erlebnisse samt den Begleitaffekten im eigenen Leben nachzuvollziehen versuchen. Dieses Phänomen zeigt sich in sämtlichen Falldarstellungen des vorliegenden Buches.

Besonders deutlich wird die Konkretisierung in den frühen Phasen der Analyse bei Patienten, deren Eltern eine massive Traumatisierung durchmachten und die dann durch Leugnung ihrer Erlebnisse eine psychische Abwehr aufrichteten. Die unbewußten Phantasien der Kinder über diese Erfahrungen zwangen sie dazu, diese Erfahrungen im eigenen Leben nachzuvollziehen. Dieses Verhaltensphänomen geht auf den oben beschriebenen Prozeß der »primitiven Identifizierung« mit den Eltern zurück.

Ich möchte das Phänomen der Konkretisierung ganz kurz mit dem Phänomen der »Aktualisierung« (Sandler und Sandler, 1978)[2] sowie mit der *pensée opératoire* der französischen Schule vergleichen (Marty und de M'Uzan, 1983), die beide eine gewisse Ähnlichkeit mit der Konkretisierung haben.

Aktualisierung ist ein Prozeß, durch den ein Individuum, statt eine andere Person sprachlich um die Erfüllung eines Wunsches zu bitten, diese Person dazu bringt, auf eine bestimmte Art zu handeln, um diesen Wunsch zu erfüllen.

Die Konkretisierung läßt sich als eine Unterkategorie der Aktualisierung betrachten. Sie ist eine Form der Aktualisierung, bei der ein Individuum ein anderes dazu veranlaßt, ihm gegenüber auf eine bestimmte Weise zu handeln, indem es die Beziehung mit Phantasien überlagert, die mit der traumatischen Vergangenheit der Eltern zusammenhängen. Ein Beispiel dafür unter den Falldarstellungen im vorliegenden Buch ist Saras Benutzung der Liebesobjekte in ihrem Leben: Sie verleitet sie dazu, die Rolle des Opfers/Aggressors zu spielen; Rollen, die mit ihren Phantasien über die Vergangenheit der Mutter zusammenhängen (Kapitel 6).

Die Konkretisierung gleicht der Aktualisierung in ihrem Aspekt der Wunscherfüllung. Mit »Konkretisierung« werden verschobene Handlungen bezeichnet, die zwar mit gegenwärtigen realen Objekten vollzogen werden, unbewußt jedoch auf verlorengegangene Objekte gerichtet sind. Die

Konkretisierung bringt das Bestreben eines Individuums nach der Verwirklichung einer Objektbeziehung mit zugleich realen und phantasierten Objekten zum Ausdruck. Von der Aktualisierung unterscheidet die Konkretisierung sich darin, daß sie sich nur auf traumatische Themen aus der Vergangenheit bezieht, was dem Konkretisierungsbedürfnis eine besondere Dringlichkeit verleiht, während die Aktualisierung sich auf einen umfassenderen Bereich von allgemeinen Themen bezieht, weshalb ihr die Dringlichkeit der Themen um Tod und Überleben fehlt.

Eine wichtige Funktion der Konkretisierung ist die Vermeidung psychischen Leidens. Sie gleicht deshalb dem Phänomen der *pensée opératoire*. Der Ausdruck bezeichnet eine pragmatische Art des Denkens über Menschen und Ereignisse, die einen Mangel an emotionaler Reaktion auf wichtige Lebensmomente oder traumatische Verluste im Leben der betreffenden Personen einschließt. Ein Beispiel dafür ist die Falldarstellung Isaacs (Kapitel 5): Seine Reaktionen auf die katastrophenartigen Ereignisse in seinem Leben sind bar aller Gefühle; seine psychische Verfassung zeigt eine Ähnlichkeit mit dem Phänomen der *pensée opératoire*. Isaac setzt diesen Mechanismus ein, um seine Gefühle der Depression und Schuld zu betäuben, mithin Trauer zu vermeiden.

Konkretisierung hat eine gewisse Ähnlichkeit mit zwei weiteren Konzepten, die in der psychoanalytischen Literatur über die Nachkommen von Holocaust-Überlebenden beschrieben werden: »Konkretismus« und »Transposition«.

Grubrich-Simitis definiert Konkretismus als »Schädigung der Ich-Fähigkeit, Metaphern zu gebrauchen«. Der Autorin zufolge rückt das Leben unter der fortwährenden Bedrohung durch den Tod die Primärbedürfnisse der Selbsterhaltung in den Vordergrund und läßt der Phantasie keinen Raum mehr. Diese Beeinträchtigung der Ich-Fähigkeit, Symbole zu bilden und Metaphern zu gebrauchen, kann

durch Überlebende an die zweite Generation weitervermittelt werden. Da die Überlebenden die realen Ereignisse häufig verwischten, sie nicht in wirklichkeitsbezogene, nicht-
metaphorische Aussagen faßten, waren ihre Kinder oft
nicht in der Lage, die Differenzierung zwischen dem Meta-
phorischen und dem Nichtmetaphorischen, zwischen Realität und Phantasie zu lernen. Ein weiterer Grund für die
Verhinderung oder für die unzulängliche Entwicklung der
Realitätswahrnehmung und -differenzierung bei den Kindern war, auf seiten der Eltern, die unbewußte Ablehnung
der fragmentierten kindlichen Wahrnehmungen durch Leugnung oder Nichtanerkennung.

Die Konkretisierung unterscheidet sich vom Konkretismus
darin, daß sie ein Verhaltensphänomen und kein abstrakter
Begriff ist. Die beeinträchtigte Fähigkeit der Kinder, auf der
Ebene der Phantasie mit den traumatischen Erfahrungen
ihrer Eltern umzugehen, veranlaßt die Kinder dazu, diese
Erfahrungen in der gegenwärtigen Realität zu agieren.

»Transposition« ist ein Begriff, den Kestenberg (1982,
1989) prägte. Er definiert die Phantasievorstellung der
zweiten Generation, in der Zeit des Holocaust zu leben und
die Opfer zu retten, bezieht sich aber nicht unbedingt auf
die Erlebnisse der Eltern.

Konkretisierung tritt bei solchen Patienten auf, die die
traumatischen Aspekte im Leben ihrer Eltern agieren, ohne
zu verstehen, was sie damit tun. Die Konkretisierung hat
ein breiteres Spektrum als die Transposition, da sie ein sym
bolischer Ausdruck dafür ist, jemanden ins Leben zurück-
zurufen oder den Tod von anderen zu verursachen. Sie umfaßt deshalb nicht nur den Versuch der Nachkommen, die
Opfer zu retten, sondern auch den Wunsch, sie aufgrund
der Identifizierung mit dem Aggressor zu vernichten.

Die Themen der »Transposition« oder der »Konkretisierung« machen die allgegenwärtige und dauerhafte Präsenz
des Holocaust deutlich, der die Innenwelt der Kinder von

Überlebenden beherrscht. Beide Themen kommen in der Beschreibung von psychotherapeutischer Arbeit mit Kindern von Überlebenden bei vielen Autoren vor (Wardy, 1992; Laub, 1993; Wilson, 1985; Auerhahn und Prelinger, 1983; Gampel, 1982; Herzog, 1982; Freyberg, 1980; Kestenberg, 1980).

Im Prozeß der Psychoanalyse gelingt es diesen Kindern, die vielfältigen Bedeutungen der elterlichen Vergangenheit und deren tiefreichenden Einfluß auf die eigene psychische Entwicklung zu verstehen. Grubrich-Simitis (1984) beschreibt die Aufgabe des Analytikers bei der Therapie mit Kindern von Überlebenden als Hilfe für den Patienten zu lernen, daß das, was in der Welt vor sich geht, zwar ernst ist, aber nicht todernst; daß Sprechen und Phantasieren nicht mit dem Tun gleichzusetzen sind.

Cahn (1987) formulierte die Hypothese, daß die Unfähigkeit bei Überlebenden des Holocaust, ihre Erlebnisse anzuerkennen oder sprachlich zu fassen, die Symbolbildungsfähigkeit ihrer Kinder beeinflusse und es diesen erschwere, ihre eigenen Erlebnisse mit den Eltern und mit ihren Gefühlen in Worte umzusetzen.

Adelman (1993) schreibt: »(...) überwältigende oder zerfallsfördernde Affektzustände haben einen starken Einfluß auf die Fähigkeit, Erfahrung zu verbalisieren und anzuerkennen«.

Durch meine klinische Erfahrung fand ich heraus, daß die Patienten der »zweiten Generation« ihre Konkretisierungen erst auf weiter fortgeschrittenen Behandlungsstufen in eine kognitive Modalität umzusetzen vermochten. In diesen Phasen konnte ich durch meine Deutungen dem Patienten zur Einsicht in diesen agierenden Nachvollzug verhelfen. Damit beginnt der Patient die unbewußte Bedeutung seiner Handlungen zu verstehen und sie sprachlich zu fassen. In den verschiedenen Analysen, die hier vorgestellt wurden, und besonders im 7. Kapitel, ist die Einsicht ein

Werkzeug, um diesen Patienten zu helfen, sich aus der Konkretisierung zu lösen.

## Die Konstruktion eines neuen, selbständigeren und zusammenhängenden Selbst mit Hilfe der therapeutischen Beziehung

Das zweite in diesem Buch beschriebene Hauptthema in den Analysen von Überlebenden der zweiten Generation ist ihr Kampf um ein eigenes Leben und die daraus hervorgehende Geburt eines neuen, selbständigeren und zusammenhängenden Selbst. Es folgt eine allgemeine Beschreibung der Phasen dieses Prozesses[3], wie sie innerhalb der therapeutischen Beziehung vorkommen. Während der verschiedenen Phasen präsentiere ich meine eigene Art, dem Patienten gegenwärtig zu sein: Zuhören und Deuten als Mittel dafür einzusetzen.

### 1. Phase

Der Patient kommt häufig dann zur Behandlung, wenn er eine zweite Traumatisierung erlebt hat, die ein Wiederauftauchen oder eine Fortsetzung des übermittelten Traumas darstellen kann. Gleichzeitig stellt dies den Patienten vor eine neue Gelegenheit, bei der die vorbestimmte Richtung seines inneren psychischen Lebens geändert und neu bestimmt werden kann.

Die Behandlung nach einer zweiten Traumatisierung beginnt oft mit einer Phase der Unverständlichkeit. Wir sehen, wie ein Bruchstück nach dem anderen agierend nachvollzogen wird; Konkretisierungen ohne Sinn. Das Musterbeispiel für diese Phase ist Isaac (Kapitel 5) mit seinem Versuch, sich selbst zu verletzen – wobei er den Vater verletzt –, und sein späterer psychotischer Zustand.

Mitten in diesem Bedeutungschaos wird ein Signal gesetzt, ein Paßwort gegeben, eine Andeutung gemacht, die es
aufzugreifen gilt. Ein solches Paßwort läßt sich in wirren
Zeichnungen finden (Ruth, 3. Kapitel) oder in Träumen
(Saras Traum, Milch mit Asche zu trinken, 6. Kapitel). Das
Paßwort weist auf das Bestehen eines verschlingenden
»Lochs«, einer Bedrohung oder, um Grossmans (1986)
symbolischen Namen für den Holocaust zu benutzen, auf
eine »Bestie« hin; etwas, womit der Patient nicht fertig
werden kann.

Der Patient erfährt dieses »Loch«, das einen Teil der ver-
schwundenen Geschichte seiner Eltern repräsentiert, als
eine bleibende Wunde in seiner Psyche oder als Kluft in
seinem emotionalen Verstehen. Dieses »psychische Loch«
gehört nicht zu der Kategorie der »Leere«[4] – negative Hal-
luzination, leere Psychose [blank psychosis], leere Trauer
[blank mourning] – im Zusammenhang mit dem, was
Green (1986) als das Problem der Leere oder des Negativen
bezeichnete. Das »psychische Loch«, von dem ich spreche,
gleicht eher dem »schwarzen Loch« in der Welt der Physik;
einem Körper, der mittels der Gravitationskräfte alles in
sich hineinsaugt, was in seine Nähe kommt. Das »psychische Loch« ist ebenfalls ein Körper, die verkapselte Phantasie über die traumatische Vergangenheit der Eltern, die das
gesamte Leben des Patienten beeinflußt.

Die Einzigartigkeit des »psychischen Lochs« bei Patienten der zweiten Generation besteht in der Art und Weise,
wie es entstanden ist und wie es im Unbewußten Spuren
hinterläßt. Im Gegensatz zu dem »psychischen Loch«, das
im Selbst durch Verleugnung oder Verdrängung der eigenen
traumatischen Erfahrungen erzeugt wird, entsteht das »psychische Loch« bei den Nachkommen der Holocaust-Überlebenden dadurch, daß ihre Eltern das Trauma verleugnen
oder verdrängen (ein Trauma, das mittels »primitiver Identifizierung« dann den Nachkommen selbst zugeschrieben

wird) sowie dadurch, daß die Nachkommen die Spuren des Traumas verdrängen. Ich glaube, daß in solchen Fällen, wo es den Eltern gelungen ist, Trauer- und Schuldgefühle über ihre traumatische Vergangenheit durchzuarbeiten und ihre Lebensgeschichte den Kindern auf eine gesundere Weise zu vermitteln, die Kinder viel weniger dazu neigen, in ihrer psychischen Realität ein »psychisches Loch« zu erleben.

Versuchen wir, dieses Phänomen zu verstehen. Selbst in solchen Familien, wo der »Pakt des Schweigens« bestimmend ist, wird das Kind dennoch in der Lage sein, gewisse Einzelheiten der schweren Traumatisierung seiner Eltern zu erahnen. Wenn die kognitive Entwicklung hinreichend fortgeschritten ist, wird das Kind versuchen, die elterliche Vergangenheit zu erforschen. Auf dieser Stufe könnte der Wunsch der Eltern, die traumatischen Ereignisse zu verleugnen oder zu verdrängen, sie gerade dazu nötigen, dem nachforschenden Kind unbewußt zu vermitteln, daß der Gegenstand seiner Nachforschung nicht etwas ist, das in ihrem Leben tatsächlich geschehen ist. Vielmehr ist es ein übler Gedanke des Kindes, ein böser Traum von ihm; etwas, das es vergessen muß (Grubrich-Simitis, 1984). Auf diesem Weg verwandelt sich die elterliche Umdefinition der traumatischen Ereignisse in ihrem Leben zu etwas Schrecklichem, das der inneren Welt des Kindes entstammt; sie verwandelt die Realität des Traumas in Irrealität.

Was gewußt oder beinahe gewußt wurde, wird durch diese Vorgänge »ungewußt«. Das »Ungewußte« oder Nichterinnerbare ist die Quelle für die unbewußten Phantasien des Kindes über die traumatische Vergangenheit der Eltern und auch für sein drängendes Bedürfnis, diese Phantasien in seinem gegenwärtigen Leben zu agieren.

Der an einem »Loch« in seiner psychischen Struktur leidende Patient lebt häufig am Rande einer »undenkbaren Angst« (Winnicott, 1962). Diese Angst nimmt bei den Falldarstellungen im vorliegenden Buch unterschiedliche For-

men an: a) in Stücke zerfallen (Ruths Angst, »auseinander-
zufallen«, 3. Kapitel), b) endloser Sturz (Saras Angst vor
der Ehe als Angst vor dem Sturz in ein »endloses schwarzes
Loch«, 6. Kapitel), c) kein Verhältnis zum Körper (Josefas
Betäubung ihres körperlichen Schmerzes, 4. Kapitel), d) Des-
orientierung (Isaacs psychischer Zustand nach dem Schuß
und der Verletzung seines Vaters, 5. Kapitel).

In solchen Fällen besteht die Aufgabe des Analytikers
darin, als erstes die Angst zu mildern, ihn dann zu unterstützen, wenn es um die Konfrontation mit dem »Loch«
geht, und ihm schließlich dabei zu helfen, es zu »reparieren«. Um Kinston und Cohen (1986) zu zitieren: »Die Re-
paratur von Löchern ist das, worum es bei der psychoanalytischen Therapie eigentlich geht.«

Um die Angst des Patienten abzuschwächen und ihm ein
Gefühl der Sicherheit in seiner Existenz zu geben, muß der
Analytiker eine »haltende Beziehung« herstellen[5] – eine
aufbauende, vertrauensvolle und widerspiegelnde Beziehung,
die sich durch eine starke emotionale Bindung und tief ein-
fühlende Art der Kommunikation auszeichnet.

In der ersten Behandlungsphase findet die Kommunikation häufig auf einer nichtsprachlichen Ebene statt und beruht auf einem überempfindlichen *rapport*: Der Analytiker
muß wissen, wie sich der Patient fühlt und was er denkt,
ohne daß der Patient diese Gefühle und Gedanken verbal
kommuniziert. Dieser überempfindliche *rapport*, diese enge, hochwertige und fördernde Art der Beziehung, ist die
einzige Art von Beziehung, die für den Patienten überhaupt
eine Bedeutung hat. Außerdem festigt sie das therapeutische Arbeitsbündnis.

Wie bei der Mutter, die instinktiv weiß, was ihr Säugling
braucht, ist es auf dieser Stufe lebenswichtig, daß der Analytiker sich ganz in die Lage des Patienten versetzt, damit er
intuitiv erkennen kann, was dieser braucht. Der Analytiker
muß sein normales Verfahren häufig verändern und den Be-

dürfnissen des Patienten nachkommen, ohne dabei jedoch dessen Wünsche zu deuten, die unbewußt zugrunde liegen. Ein Beispiel dafür ist meine Anpassung des analytischen *settings* an die Bedürfnisse der Patienten (zum Beispiel, als ich einwilligte, Josefa nach den von ihr festgelegten Bedingungen nur noch »sporadisch« zu sehen, bis sie wieder regelmäßig in die Analyse kommen konnte, 4. Kapitel; Ruth, die mit mir durch Zeichnungen kommunizierte, 3. Kapitel). Der Aufschub meiner Versuche, die Geschehnisse zu deuten, entspricht der Situation, die Winnicott (1962) in seinem Modell der Fürsorge gegenüber dem Säugling und dem Kleinkind beschreibt: die Mutter, die das Kind, das Ohrenschmerzen hat, auf dem Arm hält, da tröstende Worte hier nutzlos wären.

Ich glaube, die konkretere Form des »Holding« ist bei Patienten der zweiten Generation besonders in der ersten Behandlungsphase notwendig, da sie ihr Leben häufig einer realen oder imaginären Gefahr aussetzen. Allein durch die empathische Kommunikation, die meist auf nichtsprachlicher Ebene abläuft, kann der Analytiker dem Patienten seine Fürsorglichkeit und sein Engagement mitteilen und ihm dadurch eine gewisse Sicherheit sowohl in der Analyse als auch im Leben verschaffen, die dann zur Stärkung seiner psychischen Kräfte führt.

## 2. *Phase*

Nachdem der Patient etwas stärker geworden ist, kann sein Kampf um die »Bestie« zutage treten. Die Analyse durchläuft eine Reihe von Krisen – eine Prüfung, ob der Analytiker tatsächlich »präsent« und stark genug ist, um sich der »Bestie« zu stellen; eine Prüfung, ob das Leben den Tod zu besiegen vermöge. Diese Prüfung besteht aus dem Versuch des Patienten, das Können des Analytikers zu vernichten und ihn in seiner analytischen Rolle zu kastrieren. An diesem Punkt ist die analytische Beziehung oft bis zur Gefahr eines Abbruchs gefährdet.

An den verschiedenen Falldarstellungen können wir meine wiederholten Reaktionen während dieser schwierigen Phase beobachten. Zunächst versuche ich meine Gegenübertragungsgefühle genauer zu betrachten und stelle fest, daß meine narzißtische Kränkung hauptsächlich der Zurückweisung durch den Patienten zuzuschreiben ist, insbesondere deshalb, weil wir beide die Behandlung, die schon eine geraume Zeit in Gang ist, bereits emotional besetzt haben. Im Anschluß daran fühle ich mich oft hilflos, wenn ich dem aggressiven Angriff des Patienten gegenüberstehe. Indem ich meine Gefühle durcharbeite, gelange ich immer wieder zu der Erkenntnis, daß meine Gefühle der Ohnmacht und der Hoffnungslosigkeit in diesem Zeitabschnitt die Gefühle des Patienten selber sind, wenn er sich der »Bestie« stellt: Gefühle, die mit aller Kraft auf mich projiziert werden und mit denen ich mich identifiziere. Wenn ich mir dessen allmählich bewußt werde, kann ich zu dem Schluß gelangen, daß das Überleben des Patientenangriffs (das heißt, die Aufrechterhaltung meiner Funktion als Analytiker, ohne Vergeltung) für das Wohlbefinden des Patienten lebenswichtig ist (Winnicott, 1971). Dies hilft mir dabei, »lebendig und ganz« zu bleiben und die therapeutische Rolle wieder zu übernehmen. Die therapeutische Beziehung wird ausgebessert und verstärkt, und nach einer kürzeren oder längeren Unterbrechung geht die Behandlung weiter.

Ich halte diese Unterbrechung der therapeutischen Beziehung für ein erforschenswertes Phänomen, weil es für viele Patienten der zweiten Generation kennzeichnend ist. Möglicherweise erzeugt die Unterbrechung ein Loch in der Behandlung, das das Loch in der Psyche des Patienten symbolisiert. Der Patient gibt durch sein Agieren unbewußt seine Gefühle einer mangelnden Selbstkohärenz an den Therapeuten weiter. Das Erlebnis des Patienten, eine »Wunde« in

der Psyche zu haben, äußert sich in dieser Phase konkret
darin, daß er die therapeutische Beziehung verwundet. Um
diese Prüfung zu bestehen, braucht der Analytiker eine lange Zeit, damit die nächste, offenere Phase beginnen kann.
Daß der Analytiker diese Prüfung überlebt, ist ein realer
Sieg über den Tod.

Die bisherige analytische Arbeit bahnt den Weg zu der
dritten Phase, in der sich Empathie und Verstehen in einer
reiferen Form – durch Worte – vermitteln lassen.

### 3. Phase

Der besondere Aspekt dieser Phase ist meine eigene Art, die unbewußten Gedanken und Gefühle des Patienten zu deuten. Ich meine, daß meine Deutungen in dem
Sinne verändernd sind, daß sie den Patienten dazu bringen,
Lebenskräfte gegen die »Bestie« zu mobilisieren, und damit
eine Bejahung seines eigenen Lebens bewirken.

Wenn wir beide, Analytiker und Patient, in der Analyse
auf das »Thanatos-Objekt«, auf die »Bestie« stoßen – die
psychische Repräsentanz der Scheußlichkeiten des Holocaust, die oft mit einem wirklichen Trauma im Leben des
Patienten zusammenhängt –, beteilige ich mich am Vertei-
digungskampf des Patienten. Meine Deutungen bringen
nicht nur zum Ausdruck, daß ich die tiefsten Ängste verste-
he, die der Patient in seiner Konfrontation mit der »Bestie«
erlebt, sondern vermitteln auch, wie eine Mutter, die ihr
verängstigtes Kleinkind im Arm hält, eine tröstende, leben-
spendende Umarmung. Mit den Worten Freuds aus einem
Brief an Jung: Die Psychoanalyse ist im Grunde eine Heilung durch Liebe. Es ist Eros, die Lebenskraft, vermittelt in
den Worten des Analytikers, die sich häufig gegen die Flut
des Thanatos, die Todeskraft, stemmt. Meine Kenntnis und
mein Verstehen der Kraft des Thanatos hat mich durch Anwendung verändernder Deutungen in hohem Maße dazu

befähigt, meine Patienten dazu zu bringen, das Leben mehr zu schätzen. Das heißt nicht, daß der Thanatos aus ihrem Leben verschwunden wäre, sondern nur, daß er durch die Lebenskraft bezähmt und unter ihre Kontrolle gebracht wird.

Aus den verschiedenen Falldarstellungen wird ersichtlich, daß diese verändernden Deutungen gewöhnlich den Strom der bruchstückhaften agierenden Nachvollzüge und der Krisen zum Stehen bringen; es entsteht ein Augenblick der Stille, des Nachdenkens und der Entdeckung, der oft von einem Gefühl der Abwesenheit und der Leere erfüllt ist. Der verborgen gebliebene Schrei, der Affekt des Holocaust ist durchgebrochen!

Vom stummen Schrei zu Beginn entwickelt sich im Verlauf des analytischen Prozesses, im fortwährenden intimen Dialog, eine verständliche Erzählung. An den Tag tritt eine Geschichte von realen Ereignissen (zum Beispiel die Geschichte von Isaacs Vater über die Hinrichtung dessen eigenen Vaters, bei der er und seine Mutter Zeugen waren, 5. Kapitel; die Leidensgeschichte von Josefas Mutter, als sie glaubte, ihre Mutter sei von den Nazis getötet worden, 4. Kapitel). Es ist eine Erzählung, die quälend und verfolgend in einer neugefundenen analytischen Beziehung zutage tritt.

In einigen Fällen tritt diese Erzählung keineswegs ohne Umstände zutage, sondern muß aktiv erkundet werden. Die stützende Haltung des Analytikers hilft dem Patienten bei der Suche nach dem »Ungewußten«, das der elterlichen Vergangenheit angehört. Die Integration des »Ungewußten« kann erst jetzt erfolgen, wenn das Ich stark genug ist, um den Schmerz der unterdrückten Affekte zu ertragen, die mit der Geschichte der Eltern verbunden sind. Der Patient wird fähig, jenen Teil der Geschichte zu finden, der das »Loch« ausfüllen wird, indem er nach konkreten Einzelheiten der elterlichen Vergangenheit forscht (Ruth, die ihren

Vater um das Buch mit seinen Erinnerungen bittet, 3. Kapitel; Sara, die den verschlossenen Schrank ihrer Mutter aufbricht, um deren Tagebuch zu entwenden, 6. Kapitel).

Diese Informationssuche, deren Ziel darin besteht, daß der Patient aufhört, mit den Schatten der Vergangenheit zu leben, ist für das Kind von Überlebenden ein schwieriges, von großer Angst begleitetes Erlebnis. Bewußt fürchtet das Kind sich davor, daß seine Fragen die Eltern dazu zwingen werden, schmerzhafte und traumatische Erinnerungen nachzuerleben, die sein eigenes psychisches Überleben bedrohen könnten. Unbewußt erlebt das Kind seinen Wunsch, die Geschichte der Eltern kennenzulernen, als einen Schritt zur Differenzierung und zur Befreiung von der Last der Vergangenheit; etwas, bei dem es das Gefühl hat, es könnte für die Eltern möglicherweise vernichtend sein. Gewöhnlich wird diese Suche durch die haltende Atmosphäre in der Analyse erleichtert sowie dadurch, daß der Patient den Analytiker bei dieser Suche als Verbündeten mitnimmt.

Beide, Patient und Analytiker, warten neugierig auf die Geschichte, die als Ergebnis dieser Suche zutage tritt, und nachdem sie hervorgeholt und durchgearbeitet ist, wird für den Patienten das Leben in einer realen Welt möglich. Das erschreckende »Loch« ist nun durch eine besser verständliche, wenn auch sehr schmerzliche Geschichte ausgefüllt worden, und damit schließt sich der Kreis. Die Behandlung endet hier zwar nicht immer, aber es ist ein besser integriertes und eigenständiges Selbst entstanden.

Die im vorliegenden Buch dargestellte Arbeit ist also ein Fortschreiten von der Deutung bruchstückhafter und abwehrender Nachvollzüge zu einem Bewußtsein der Realität des Traumas, das nun zu einem Bestandteil des Lebensstromes werden kann, mithin das Leben vollständiger macht.

## Nachbemerkung
von Margarete Mitscherlich
und Christian Schneider

»Alles ist in gewissem Sinne unwirklich. Wir sind nicht mehr hier und noch nicht dort«, schreibt der 82jährige Sigmund Freud im Mai 1938, wenige Tage vor seiner Übersiedlung von Wien ins Londoner Exil an seine Schwägerin und faßt in das Gefühl der Irrealität das Dilemma des Emigranten, der hinfort nicht mehr *in einer*, sondern *zwischen zwei* Welten lebt. Jahre vor seiner erzwungenen Emigration hatte sich Freud Gedanken darüber gemacht, welche Bedingungen gegeben sein müssen, um die Pathologie der eigenen Kultur verstehen zu können, und war, aus einem völlig anderen Blickwinkel, auf das Problem des Lebens in zwei Realitäten gestoßen. Wer nicht der notwendigen Blindheit der zwanglos geteilten kulturellen Norm verfallen will, müsse in irgendeiner Weise »darüber hinaus« sein, müsse die eigene Welt vom Standpunkt einer anderen Realität aus beurteilen können: »Den Wahn erkennt natürlich niemals, wer ihn selbst noch teilt.«

Als man in Deutschland daranging, seine Schriften öffentlich zu verbrennen, mag ihm dies Leben in der archimedischen Welt des Kritikers den Sarkasmus ermöglicht haben, darin einen Fortschritt zu sehen: »Im Mittelalter hätten sie mich verbrannt« wird als Kommentar Freuds zur Vernichtung seiner Werke überliefert.

Wenige Jahre nach Freuds Emigration werden seine drei in Wien verbliebenen Schwestern verhaftet, deportiert, ermordet und verbrannt.

Freud ist mit der Realität des Holocaust nicht mehr konfrontiert worden, und die Frage, wie er darauf reagiert hätte,
ist müßig. Nur eines ist klar: Danach war die Psychoanalyse
mit unvorstellbaren Traumatisierungen konfrontiert, mit
deren Folgen umzugehen, sie zu verarbeiten und wissen-
schaftlich einzuordnen eine bisher unerfüllbare Forderung
an sie gewesen ist, obwohl mittlerweile die Geschichte der
Psychoanalyse nach dem Holocaust einen größeren Zeitraum als ihre Gründungsphase umfaßt.

Ilany Kogan legt mit diesem Buch eine Reihe von psychoanalytischen Fallgeschichten vor, die allesamt davon handeln, daß ihre Protagonisten gezwungenermaßen in zwei
Welten, in einer »doppelten Realität« leben. Alle diese Geschichten handeln von der Irrealisierung, vom Verwischen
der Grenze zwischen Realität und Phantasie und der bedrohlichen Existenz eines »psychischen Lochs«; eines Lochs
in der Lebensgeschichte einzelner, offenbar eine psychotische Abwehr der Konfrontation mit der Katastrophenge-
schichte ihrer Eltern und dieses Jahrhunderts. Mit Nachdruck weist die Autorin darauf hin, daß dieses »psychische
Loch« nicht zur Kategorie der Leere gehöre, sondern – wie
das schwarze Loch in der Welt der Physik – »einem Körper
(gleicht), der mittels der Gravitationskräfte alles in sich
hineinsaugt, was in seine Nähe kommt« (S. 252). Die Metaphorik macht deutlich, daß es in diesem Buch um Probleme
geht, die sich nicht ohne weiteres der Logik beugen, die wir
alltäglich anerkennen; und auch nicht jener, die das Leben
der Wissenschaft so souverän in distinkte »Bereiche« auf-
teilt. Dabei betreibt Ilany Kogan im Kern nichts anderes als
das »Handwerk der Psychoanalyse«. Jede psychoanalytische
Fallgeschichte handelt notwendigerweise vom Einbruch der
geschichtlichen Gewalt in die Binnenwelt des einzelnen.
Kogans Falldarstellungen sind Geschichten von den Kindern der Überlebenden des Holocaust: Kinder, die auf-

grund der Geschichte ihrer Eltern selbst Überlebende wurden. Sie sind, sagt die Autorin, »Protagonisten im Drama ihrer Eltern«: »Weil ihr Seelenleben von den Spuren der Erlebnisse ihrer Eltern durchdrungen war, lebten sie in einer doppelten Realität: in ihrer eigenen und in der ihrer Eltern« (S. 241), also in der gegenwärtigen und der vergangenen psychotischen, die sie unbewußt vermischen.

Wenn wir dieser Tage zum wiederholten Male den 100. Geburtstag der Psychoanalyse feiern, sollte man sich vor Augen führen, daß das, was wir als »Zivilisationsbruch« bezeichnen, d. h. das Wirklichwerden psychotischer Katastrophen und Ängste, die Grundlagen ihrer Theoriebildung so sehr affiziert, daß sich ihre Gründungsgeschichte in Gestalt eines Vexierbildes wiederholt hat. Erinnern wir uns: Für den jungen Freud war es die Frage nach der psychischen Realität des Traumas, die gleichermaßen den Ursprung wie den entscheidenden Wendepunkt seiner Theorie bezeichnete. Immer wieder war er bei der Therapie seiner Patientinnen auf das Trauma einer infantilen (sexuellen) Verführung durch die Väter gestoßen. Die Annahme, ein solches Verführungsschicksal sei in der von ihm erforschten Welt gleichsam die Normalbedingung, schien sich aufzudrängen. Was letztlich den Begründer der Psychoanalyse von dieser Vermutung abgebracht hat, ist zahlreichen Kritikern nicht hinreichend geklärt. Nicht wenige Wissenschaftshistoriker sehen die Geburtsstunde der Psychoanalyse in jenem Brief Freuds an Fließ vom 21. September 1897, in dem er ihm schreibt: »Ich glaube an meine Neurotica nicht mehr.«[1] Worauf er eine Reihe von Enttäuschungen in der Analyse anführt, um dann »die Überraschung, daß in sämtlichen Fällen der Vater als pervers beschuldigt werden mußte, mein eigener nicht ausgeschlossen« einzugestehen. Das verstoße gegen die Erwartung, weil »doch solche Verbreitung der Perversion gegen Kinder wenig wahrscheinlich

ist«. Freuds Schlußfolgerung war, daß es sich bei den »Erinnerungen« seiner Patientinnen um Phantasien handele,
denen zwar reale Begebenheiten zugrunde liegen mochten,
die aber erst viel später stattgefunden hatten und nachträglich auf die Kindheit zurückgewendet wurden. Damit war
nicht nur der die Wissenschaft revolutionierende »Einblick
in die spontanen Äußerungen der kindlichen Sexualität«
eröffnet, sondern der Psychoanalyse ihr eigentliches Feld
erschlossen: Ihre Erkenntnis gilt der Bedeutung der Macht
der Phantasie bei der »Konstruktion« der Realität.

Dieser Gedankengang ist oft vorgetragen worden. Weniger Aufmerksamkeit hat man dem komplementären Phänomen gewidmet. Freuds Aufgabe der Verführungstheorie
zeigt nämlich vor allem eins: die Macht des Glaubens an
die Realität; an eine Realität, in der bestimmte Dinge zwar
möglich, aber nicht allgemein sind. Sein Unglauben gegenüber seinen Neurotica beruhte auf einer Korrektur durch
den *common sense* und die in ihm festgelegten Grenzen
zwischen Phantasie und Realität. Um die Macht der Phantasie entdecken und ihre Sprache entschlüsseln zu können,
war es notwendig, die Realität gleichsam auf »Normalmaß« zu bringen; ein Normalmaß, zu dem eine in sich be-
grenzte Menge des Abweichenden, der Perversion oder der
Gewalt dazugehört. Was Freud letztlich zur Aufgabe der
Verführungstheorie brachte, war sein – wenn auch ambiva-
lentes – Vertrauen in den erreichten Stand der Zivilisiert-
heit des Menschen – jedenfalls des europäischen. Obwohl
das den Zusammenbruch seiner ganzen bisherigen Theorie
bedeutete, berichtet der Autor über ein ihn selber verwir-
rendes Gefühl der Erleichterung: »Merkwürdig ist auch,
daß jedes Gefühl von Beschämung ausgeblieben ist, zu dem
doch ein Anlaß sein könnte. Gewiß, ich werde es nicht in
Dan erzählen, nicht davon reden in Askalon, im Lande der
Philister, aber vor Dir und mir habe ich eigentlich mehr das
Gefühl eines Sieges als einer Niederlage (was doch nicht

recht ist).« Steckt darin möglicherweise die Erleichterung
darüber, daß die Realität doch nicht so ubiquitär krank ist,
wie er zeitweise meinte annehmen zu müssen?

Mit dem Holocaust ist vielleicht der letzte Rest eines zivi-
lisatorischen Urvertrauens aufgebraucht. Mit ihm scheint
auch die Grenze zwischen Realität und Phantasie endgültig
zerstört und die für jede psychische Leistung so wesentliche
Regulation ihres Verhältnisses außer Kraft gesetzt worden
zu sein. Die Realität, mit der die Überlebenden der Konzen-
trations- und Vernichtungslager konfrontiert waren, über-
steigt die Phantasie. Sie gleicht einem psychotischen Kos-
mos, in dem ein Großteil der erlernten Ich-Leistungen und
Anpassungsmechanismen hinfällig, ja, wie wir aus vielen
Berichten Überlebender wissen, hinderlich fürs Überleben
werden. Es ist die hier erlittene systematische Irrealisierung,
die gnadenlose Zerstörung des Unterschieds von Realität
und Phantasie, die den Überlebenden kein wirkliches »Entkommen« gestattet. Für ihre Kinder gilt, daß die grenzen-
lose traumatische Erfahrung der Eltern in ihr eigenes Reali-
tätsverhältnis eingreift, psychisch nicht zu verarbeiten ist.

Wie schwer es ist, die Realität des Zivilisationsbruchs
ohne Spaltung oder Diffusion als solche anzuerkennen und
zu begreifen, hat die Psychoanalyse vorbildlich zeigen können. Allerdings hat es eines Zeitraums von nahezu vierzig
Jahren bedurft, bis »das Neue« an den Krankheitsbildern
von Überlebenden und ihren Kindern erkannt und mit dem
offiziellen psychoanalytischen Sprachgebrauch in Einklang
gebracht werden konnte. Dabei spielt Freuds Erkenntnis
über die Eigenständigkeit der »psychischen Realität« gegenüber der historischen eine bedeutende Rolle. Erst spät
ist in der psychoanalytischen Arbeit mit Holocaust-Überlebenden und deren Kindern die Notwendigkeit einer »Phase des gemeinsamen Akzeptierens der Holocaust-Wirklichkeit« als unverzichtbarer Teil der Beziehung von Analytiker

und Analysand verstanden worden. Ilse Grubrich-Simitis,
die diesen Term in die analytische Diskussion eingeführt
hat, beschreibt damit eine spezifische Generationsbezie-
hung der Opfer des Nationalsozialismus: die bei Eltern und
Kindern gleichermaßen konstatierbare Tendenz, dem grau-
enhaften Erleben von Lager, Tod und Verfolgung den Reali-
tätscharakter zu entziehen. Das Eintreten eines Dritten
– des Analytikers – ist nötig, um die historische Realität als
Grundlage der psychischen zu »retten«. Ist es nicht wie das
Vexierbild der »Freudschen Wende« von 1897? Wieder geht
es um die Aufrechterhaltung der Differenz von Phantasie
und Realität, diesmal allerdings mit vertauschten Vorzei-
chen. Die Anerkennung der Holocaust-Wirklichkeit ist kein
Rekurs auf eine Realität als »Normalmaß«, sondern das
Eingeständnis, daß dieses in der Ordnung des Terrors außer
Kraft gesetzt wurde.

Die Realität des Holocaust zwingt dazu, bei zentralen theoretischen Konzepten der Psychoanalyse wie denen des Ichs,
der Realitätsprüfung, der Verdrängung oder des Traumas
die Frage nach ihrer Geltung und Reichweite neu zu stellen.
Sie nötigt aber insbesondere dazu, die Tauglichkeit ihrer
therapeutischen Mittel zu überprüfen. Denn eben das veränderte Verhältnis von Realität und Phantasie rührt an
einige ihrer grundlegenden Annahmen hinsichtlich der
»Methode«. Auf dem Hintergrund ihrer Erfahrungen aus
Analysen mit Angehörigen der zweiten Generation der Opfer
sieht sich Grubrich-Simitis gezwungen, das für die gesamte
Psychoanalyse zentrale Konzept der Gegenübertragung zu
modifizieren: »Das, was ich als für manche Analysen mit
Nachkommen von Überlebenden spezifisch beschrieben habe, spielt sich wahrscheinlich vorwiegend in der sogenannten ›realen Beziehung‹ zwischen Analytiker und Analysand
ab. Insofern sind die Gefühlsantworten des Analytikers in
dieser Phase der Analyse (der des gemeinamen Akzeptie-

rens der historischen Realität, d. Verf.) auch nur bedingt
mit dem Ausdruck ›Gegenübertragung‹ zu fassen, selbst
wenn wir ihn im generalisierenden Sinne Paula Heimanns
(1950) verwenden.«[2] Grubrich-Simitis' Arbeit macht deutlich, daß der Zivilisationsbruch den von der Psychoanalyse
therapeutisch behaupteten Primat der psychischen Realität
im Generationenverhältnis in Frage stellt: Nicht nur wird
die Unterscheidung von Gegenübertragung und Realbeziehung zwangsläufig unscharf, sondern die Realität selber
das Produkt einer nachträglichen Einigung zwischen den
Generationen.

Was das für den therapeutischen Prozeß heißt, stellt Ilany
Kogans Buch eindrucksvoll dar. Alle hier versammelten
Fallgeschichten zeigen, daß ein eigenständiges Leben der
Kinder der Opfer nur möglich wird, wenn es ihnen gelingt,
die aufgezwungene Existenzweise der »doppelten Realität«
zu überwinden; wenn sie durch die Hilfe der Therapeutin
fähig werden, sich von der ihnen auferlegten Geschichte
ihrer Eltern zu trennen, ohne sich deshalb von ihren Eltern
abwenden oder deren Geschichte durchstreichen zu müssen.
Alle Geschichten dieses Buches bewegen sich im Spannungs-
feld dieses unerhörten Separationsversuchs, den die Analytikerin begleitet und befördert – und dabei selber in praxi
immer wieder mit den Grenzen der Einfühlung und den
Grenzen der psychoanalytischen Orthodoxie konfrontiert
wird.

Ilany Kogans Fallgeschichten über die Kinder der Opfer
dokumentieren, was auf dem Hintergrund der Destruk-
tionsgeschichte dieses Jahrhunderts den »Gefühlsantworten
des Analytikers« abverlangt wird. In ihren entscheidenden
Passagen wird deutlich, daß der Versuch einer »klinisch rei-
nen« Trennung von Übertragungs- und Realbeziehung der
Tod beider wäre. Die vielleicht schwierigste Aufgabe des
Analytikers ist es, *diese* »doppelte Realität« anzunehmen,

auszuhalten und zum Bezugspunkt seines therapeutischen Handelns zu machen. Die Reflexion dieses Zusammenhangs verleiht den hier vorgelegten Fallgeschichten, die die Grenzen psychischer Leidensfähigkeit überschreitenden Folgen einer psychotischen äußeren Realität beschreiben, eine andere Lebendigkeit als jene, die einmal das Kennzeichen der psychoanalytischen »Novellistik« war.[3] Sie geben Auskunft darüber, daß sich nach dem Nullpunkt der Geschichte, (Kranken-)Geschichten schreiben lassen, die beides bekunden: die Unhintergehbarkeit und das psychische Weiterleben der Geschichte des Holocausts *und* die Möglichkeit eines (individuellen) Neubeginns.

Ilany Kogans Buch ist nicht das erste Beispiel solcher Novellistik. Aber es ist in seiner nüchternen Kunstfertigkeit und Konsequenz ein überzeugendes Beispiel dafür, am individuellen Fall ein Stück von der Geschichte festzuhalten, die wir »als Ganze« nicht verstehen können. Auch das ist ein Versuch, die Realität zu retten.

# Danksagung

Ich möchte meinen Lehrern und Freunden rund um die Welt danken, die mir in den vergangenen Jahren auf verschiedene Weise geholfen haben.

Yolanda Gampel, die ihr Wissen und ihre Kenntnisse über die Arbeit mit der zweiten Generation mit mir teilte und mir neue Sichtweisen eröffnete, wofür ich ihr Dank schulde.

Dinora Pines, mit der mich aufgrund unseres gemeinsamen Interesses an der Analyse von Überlebenden des Holocaust und ihrer Nachkommen eine dauerhafte Freundschaft verbindet und die mir immer wieder Mut macht.

Martin Wangh, dem hilfreichen Freund und Lehrer.

Dori Laub, dessen Liebe und Freundschaft für Hillel Klein uns zusammenführte und uns bei verschiedenen wissenschaftlichen Projekten zu Partnern machte.

Janine Chasseguet-Smirgel für ihre Loyalität gegenüber den israelischen Zuhörern und für ihre aktive Teilnahme an mehreren Psychoanalyse-Konferenzen, die ich in Israel organisieren durfte. Ich möchte hier besonders ihren mutigen Zugriff auf das Thema »Nazideutschland und der Holocaust« und ihr Engagement bei seiner Erforschung hervorheben.

Judith Kestenberg, meiner verehrten Freundin, für die Lektüre meiner Arbeiten und für ihre Kommentare.

Anne-Marie Sandler für ihre kritische Betrachtung meiner Arbeit, aus der ich manches gelernt habe.

Milton Jucovy für sein Verständnis und seine Unterstützung.

Meinen deutschen Kollegen Gemma Jappe und Carl Nedelmann – enge Freunde von Hillel Klein –, die auch meine Freunde wurden; Hermann Beland, Peter Wegner, Hans Henseler, Dieter Ohlmaier, Sibylle Drews, Cordelia Stillke und Bernward Leineweber für ihre Freundschaft und Wertschätzung meiner Arbeit.

Für ihren Beitrag zur deutschen Ausgabe dieses Buches danke ich Werner Bohleber, Margarete Mitscherlich und Christian Schneider.

Jan Philipp Reemtsma, Hanno Loewy, Rachel Salamander, Christa Rohde-Dachser und Peter Bründl danke ich für ihre Freundschaft und ihre Mithilfe bei der Veröffentlichung des vorliegenden Buches.

Danken möchte ich auch David Tuckett, dem Herausgeber des *International Journal of Psychoanalysis*, für seine unablässige Unterstützung. Die Zeitschrift, die meine Arbeiten veröffentlichte, als ich noch eine völlig unbekannte Analytikerin aus Israel war, hat mir im Laufe der Jahre die wunderbare Möglichkeit geboten, vielen Menschen auf der ganzen Welt meine Arbeiten bekanntzumachen.

Schließlich danke ich auch meinen Patientinnen und Patienten, die mir gestatteten, sie auf ihrem analytischen Weg zu begleiten.

# Anmerkungen

### Eine Reise durch das Eisschloß

1 Teile dieser Fallstudie wurden auf dem 34. Kongreß der IPA in Hamburg 1985 unter dem Titel »Identification and Denial in the shadow of Nazism« vorgetragen. Veröffentlicht in: S. Broser und G. Pagel, Hrsg., *Psychoanalyse im Exil – Texte verfolgter Analytiker.* Würzburg: Königshausen & Neumann, 1987, S. 128–139; *International Journal of Psychoanalysis* (1986), 67, S. 45–52; ferner in *Sigmund Freud House Bulletin* (1989), 13, 2, S. 25–35; unter dem Titel »Vermitteltes und reales Trauma in der Psychoanalyse von Kindern von Holocaust-Überlebenden« in: *Psyche,* 44, 1990, N° 4, S. 533–544 – mit anderem Titel auf dem Umschlag: »Kinder von Holocaust-Überlebenden – vermittelte und reale Traumen«.

2 Der Ausdruck »Überlebensmythos« (Klein, 1981) bezeichnet einen Langzeitprozeß, bei dem eine vom Holocaust traumatisierte Person persönliche Mythen oder Phantasien erzeugt, die sich von anderen Neurosetypen unterscheiden. Diese Mythen enthalten Erinnerungen an die Vergangenheit und haben die Funktion, eine traumatische Projektionsfläche [screen] im Sinne von Kris (1956) aufrechtzuhalten, d.h. bedeutsame Ambivalenzen und Feindseligkeiten zu verbergen, die sich durch Brutalität, Angst oder eine emotionale Pathologie freisetzen lassen. Dieser Prozeß, der während des Holocaust begann, wirkt sich beim Überlebenden auch künftig in verschiedenen Stadien seines Lebenszyklus aus. Er beeinflußt die Wahrnehmung seines eigenen Körperbildes, seiner Objektbeziehungen, seiner politischen Ansichten und die Art seiner Beziehungen zu den Problemen von Leben und Tod. Der »Überlebensmythos« ist die Realisierung widerstreitender Emotionen und unbewußter Wünsche im Hinblick auf Leben und Tod.

3 William Styron, *Sophie's Choice* (1979); deutsch: *Sophies Wahl.* Übersetzt von Willy Thaler. München: Knaur, 1980; Taschenbuchausgabe München: Knaur, 1993. – Nach der Verfilmung mit Meryl Streep als Sophie erhielt das Buch den Titel *Sophies Entscheidung.* [A.d.Ü.]

### Die zweite Haut

1 In *Stud.* wird an dieser Stelle auch die Fußnote in englischer Sprache zitiert, die Freud in der englischen Übersetzung, *The Ego and the Id* (1927), dem zitierten Satz hinzufügte: »I. e. the Ego is ultimately derived from bodily sensations, chiefly from those springing from the surface of the body. It may thus be regarded as a mental projection of the surface of the body, besides, as we have seen above, representing the superficies of the mental apparatus.« [A. d. Ü.]

### Reise zum Schmerz

1 Dieses Kapitel wurde vorgetragen auf der *International Conference of Psychological and Psychiatric Sequelae of Nazi Terror in Aging Survivors and their Offspring*, Hannover 1989; auf dem *5th Annual Meeting of the Society for Traumatic Stress Studies on Learning from Victims/Survivors: Insight, Intervention and Care*, San Francisco 1990. Veröffentlicht in: *International Journal of Psychoanalysis*, 1980, 71, S. 629–640; *Libro Anual de Psicanalisis*, 1990, und in *Zeitschrift für psychoanalytische Theorie und Praxis*, 1991, Jg. VI, 1, S. 62–79.

2 [acting out] Dieses Verhalten läßt sich auch als »acting in« fassen, womit das »acting out« innerhalb der Behandlungssituation gemeint ist (Zeligs, 1967; Rosen, 1965; Eidelberg, 1968).

### Vom Agieren zum Wort und zur Bedeutung

1 Vortrag auf der *4th International Conference on Psychological Stress and Adjustment in Time of War and Peace*, Tel Aviv, 1989; auf der *2nd International Conference of Wartime Medical Services*, Stockholm, 1990; auf der EPF-Konferenz in Stockholm, 1991, und am Michael-Balint-Institut, Hamburg, 1991. Veröffentlicht in: *International Journal of Psychoanalysis* (1992), 73, S. 455–465, und in: *Psychoanalysis in Europe* (1992), 39, S. 3–21.

### Die Liebe und das Erbe der Vergangenheit

1 Eine gekürzte Fassung des vorliegenden Kapitels wurde 1993 auf der EPF-Konferenz in Wien unter dem Titel »Listening to the Sound of Mute Children« vorgetragen sowie am Sigmund-Freud-Institut in Frankfurt, 1993, und auf dem *International Congress on Persecution, War, and Children*, Hamburg, 1993. Die vollständige Fassung wurde auf dem IPA-Kongress in Amsterdam vorgetragen. Veröffentlicht in: *International Journal of Psychoanalysis*, 1995, 76, S. 805–825, unter dem Titel: »Love and the heritage of the past«.

2 William Styron, 1979. [A. d. Ü.]

## Im selben Boot

1  Dieses Kapitel beruht auf einer Arbeit, die anläßlich der alle zwei
Jahre stattfindenden Konferenz der DPV in Wiesbaden im November
1991 vorgetragen wurde, ferner vor der SSP in Paris im Juli 1992.
Veröffentlicht in: *International Journal of Psychoanalysis*, 74, 1993,
S. 803–804, unter dem Titel: »Curative factors in the psychoanalyses
of Holocaust survivors' offspring before and during the Golf War«.

2  *Warum Krieg?*, 1933 b [1932], Stud. IX, S. 286.

3  Es ist darauf hinzuweisen, daß bisher niemand diese Definition in
einer schriftlichen Formulierung Freuds finden konnte. Daß Freud
etwas Ähnliches gesagt haben soll, schreibt Erikson in *Kindheit
und Gesellschaft* (1950, S. 229; deutsche Übersetzung, 1968, S. 259
[»Es ist oft behauptet worden und wird immer weiter kolportiert,
daß die psychoanalytische Behandlung das Ziel habe, dem Patienten beizubringen, er habe vor Gott und den Menschen nur die eine
Pflicht: gute Orgasmen mit einem geeigneten ›Objekt‹ zu haben,
und das regelmäßig. Das ist natürlich nicht wahr. Freud wurde
einst gefragt, was seiner Meinung nach ein normaler Mensch können
müßte. Der Frager erwartete vermutlich eine komplizierte Antwort.
Aber Freud soll kurz angebunden, wie er im Alter war, geantwortet
haben: ›Lieben und arbeiten‹. Es lohnt sich, über diese einfache
Formel nachzudenken: je mehr man es tut, umso tiefer wird sie.
Denn wenn Freud ›lieben‹ sagte, so meinte er ebensosehr *geschlechtliche* Liebe wie geschlechtliche *Liebe*; und wenn er ›lieben
und arbeiten‹ sagte, so meinte er damit eine allgemeine Werkpro-
duktivität, die das Individuum nicht völlig verschlingt und es nicht
seiner Rechte und seiner Kraft, ein Geschlechtswesen und ein Lie-
bender zu sein, beraubt. So können wir bei allem Nachdenken
nichts an dieser Formel verbessern.«]).

## Nachwort

1  [Siehe Bergmann, Jucovy, Kestenberg, Hrsg., 1995, S. 311.]

2  [Siehe Bergmann, Jucovy, Kestenberg, Hrsg., 1995, S. 347.]

3  Diesem Abschnitt liegen teilweise Laubs Ausführungen zu meiner
Arbeit »Love and the heritage of the past« zugrunde, die er auf
dem IPA-Kongreß 1993 in Amsterdam vortrug.

4  Im Original »blankness«, von franz. blanc, weiß: Das *Oxford Eng-
lish Dictionary* von 1971 enthält zu diesem Substantiv nur 3 Eintra-
gungen: »the blankness of the lead«, »Kemp's face fell into final
blankness and silence«, »the blankness and vagueness of Greek tradition«: Weiße, Lücke, Leere, Leerstelle, Öde, Ausdruckslosigkeit,
Nichts, hoffnungsloser Zustand, Niete (Lotterie). [A. d. Ü.]

5 [»holding relationship«] Die »holding«-Funktion des Analytikers (Winnicott, 1965) kommt in der psychoanalytischen Literatur in verschiedenen Formulierungen vor: als »Primärobjekt« (»primary object«) bei Balint, als »durchschnittlich erwartbare Umwelt« (»average expectable environment«) bei Hartmann, als »Container« bei Bion, als »Grundeinheit« (»basic unit«) bei Little, als »Schutzschild« (»protective shield«) bei Khan, als »Vermittler der Umwelt« (»mediator of environment«) bei Spitz, als »extrauterine Matrix« bei Mahler. Um zu beschreiben, wie der Analytiker dem Selbst des Patienten zu wachsen hilft, habe ich Winnicotts Ausdruck »holding« benutzt, weil er der Art, in der die Mutter die Entwicklung des frühkindlichen Selbst zu Beginn des Lebens fördert, am nächsten kommt.

## Nachbemerkung

1 Vgl. Sigmund Freud, *Briefe an Wilhelm Fließ*, Frankfurt a.M.: Fischer, 1986, S. 283 f.

2 Ilse Grubrich-Simitis, »Vom Konkretismus zur Metaphorik«, in: Bergmann, M. S. u.a. (Hrsg.), *Kinder der Opfer, Kinder der Täter*, Frankfurt: Fischer, 1995, S. 375 f. Die Gründe für die späte Anerkennung der Notwendigkeit, das analytische Setting im Fall extremtraumatisierter Holocaust-Überlebender und deren Nachkommen zu ändern, benennt Grubrich-Simitis 1995 in der Vorbemerkung zu ihrem 1984 erstmals erschienenen Aufsatz: Die »Betonung des Gewichts der traumatischen Momente in der Entstehung psychischer Störungen sowie der sogenannten realen Beziehung zwischen Analytiker und Analysand während der klinischen Arbeit« sei noch in den 8oer Jahren nicht mit der psychoanalytischen Orthodoxie vereinbar gewesen, so daß die Autorin ihre Erkenntnisse »damals noch gegen den Vorwurf des Unanalytischen verteidigen zu müssen glaubte«. Für die Skotome in der Wahrnehmung der »spezifischen Züge dieser Patienten« macht Grubrich-Simitis eine »unbewußt sich einstellende Einfühlungsverweigerung bezüglich der mit den Schrecken der Extremtraumatisierung verknüpften Aspekte der Psychopathologie« verantwortlich, die erst bearbeitet werden konnten, »als sich die Abwehr der Psychoanalytiker allmählich lockerte«. (ebd. 358)

3 Vgl. Freuds berühmte Notiz »... und es berührt mich selbst noch eigentümlich, daß die Krankengeschichten, die ich schreibe, wie Novellen zu lesen sind, und daß sie sozusagen des ernsten Gepränges der Wissenschaftlichkeit entbehren«. (Studien über Hysterie [1895], G. W., Bd. 1, S. 227)

# Bibliographie

*: Ergänzungen des Übersetzers.

Adelman, A. (1993): »Representation and remembrance: on retelling inherited narratives of the Holocaust«. Unveröffentlichte Dissertation, City University, New York.

Anthony, E. J. und Koupernik, C., Hrsg. (1973): *The Child in His Family: The Impact of Disease and Death*. New York: John Wiley.

Anzieu, D. (1985): *Le Moi-Peau*. Paris: Dunod; deutsch: *Das Haut-Ich*. Übersetzt von M. Korte und M. H. Lebourdais-Weiss. Frankfurt a. M.: Suhrkamp, 1991.

Auerhahn, N. C. und Prelinger, E. (1983): »Repetition in the concentration camp survivor and her child«. *International Review of Psycho-Analysis*, 10, S. 31−45.

Axelrod, S., Schnipper, O. L. und Rau, J. H. (1978): »Hospitalized offspring of Holocaust survivors: problems and dynamics«. Paper presented at the Annual Meeting of the American Psychiatric Association, Atlanta, May 1978 [*Bulletin of the Menninger Clinic*, 44, 1, S. 1−14].

Axline, V. M. (1969): *Play Therapy*. New York: Ballantine.

Bak, R. C. (1973): »Being in love and object loss«. *International Journal of Psycho-Analysis*, 54, S. 1−8.

Balint, M. (1948): »On genital love«, in: ders., *Primary Love and Psychoanalytic Technique*. London: Tavistock, 1953, S. 109−120; deutsch: »Über genitale Liebe«. Übersetzt von K. Hügel. In: Balint, *Die Urformen der Liebe und die Technik der Psychoanalyse*. Stuttgart: Klett, 1966, S. 136−150.

−, (1952): »New beginning and the paranoid and depressive syndromes«. In: ders., *Primary Love and Psychoanalytic Technique*. London: Hogarth, 1952; deutsch: »Der Neubeginn, das paranoide und das depressive Syndrom«. In: Balint, *Die Urformen der Liebe und die Technik der Psychoanalyse*. Stuttgart: Klett, 1966, S. 280−303.

Barocas, H. A. und Barocas, C. B. (1973): »Manifestations of concentration camp effects on the second generation«. *American Journal of Psychiatry*, 130, S. 820−821.

Bergmann, M. S. (1971): »Psychoanalytic observations on the capacity to love«, in: J. B. McDewitt und C. F. Settlage, Hrsg., *Separation – Individuation*. New York: International Universities Press, S. 15–40.

Bergmann, M. S. und Jucovy, M. E., Hrsg. (1982): *Generations of the Holocaust*. New York: Basic Books; revidierte und erweiterte Fassung, hrsg. von Bergmann, M. S., Jucovy, M. E. und Kestenberg, J. S., 1990, New York und Oxford: Columbia University Press; deutsch (Fassung von 1990): *Kinder der Opfer – Kinder der Täter. Psychoanalyse und Holocaust.* Übersetzt von E. Vorspohl. Frankfurt a. M.: S. Fischer, 1995.

Bergmann, M. S., Jucovy, M. E. und Kestenberg, J. S. (1995): siehe Bergmann, Jucovy (1982), deutsch.

Bergmann, M. S. (1982): »Thoughts on super-ego pathology of survivors and their children«, in: Bergmann und Jucovy, Hrsg., *Generations of the Holocaust*, S. 287–311; deutsch: »Überlegungen zur Über-Ich-Pathologie Überlebender und ihrer Kinder«, in: Bergmann, Jucovy und Kestenberg, Hrsg., 1995, S. 322–356.

Bick, E. (1968): »The experience of the skin in early object-relations«. *International Journal of Psycho-Analysis*, 49, S. 484–486.

Bion, R. (1955): »Language and the schizophrenic«, in: M. Klein, P. Heimann und R. Money-Kyrle, Hrsg., *New Directions in Psycho-Analysis*. London: Tavistock, S. 220–240.

Brody, S. (1973): »The son of a refugee«. *Psychoanalytic Study of the Child*, 28, S. 169–191.

Broser, S. und Pagel, G., Hrsg. (1987): *Psychoanalyse im Exil. Texte verfolgter Analytiker.* Würzburg: Königshausen & Neumann.

Cahn, A. (1987): »The capacity to acknowledge experience in Holocaust survivors and their children«, unveröffentlichte Dissertation, Adelphi University.

Chasseguet-Smirgel, J. (1986): »The archaic matrix of the Oedipus complex«. in: *Sexuality and Mind*. New York/London: Columbia University Press (Vortrag von 1984); deutsch: »Die archaische Matrix des Ödipuskomplexes«, in: dies., *Zwei Bäume im Garten. Zur psychischen Bedeutung der Vater- und Mutterbilder.* Übersetzt von E. Moldenhauer. München/Wien: Verlag Internationale Psychoanalyse.

–, (1989): »Some reflections of a psychoanalyst on the Nazi biocracy and genocide«. *International Review of Psycho-Analysis*, 17, S. 167–172.

Eidelberg, L., Hrsg. (1968): *Encyclopedia of Psychoanalysis.* New York: The Free Press.

Erikson, E. (1950): *Childhood and Society.* New York: Norton; Second Edition: London: Hogarth Press, 1965; Taschenbuchausgabe: Harmondsworth: Penguin (1965); deutsch: (Übersetzung der 2. Auflage) *Kindheit und Gesellschaft.* Übersetzt von M. v. Eckardt-Jaffé. Stuttgart: Klett, 1968.

–, (1956): »The problem of ego identity«. *Journal of the American Psychoanalytic Association,* 4, S. 56–121; deutsch: »Das Problem der Identität«. *Psyche,* 10, 1956–1957, S. 114–176.

Felman, S. und Laub, O. (1992): *Testimony. Crises of Witnessing in Literature, Psychoanalysis and History.* New York/London: Routledge.

Ferenczi, S. (1920): »Weiterer Ausbau der aktiven Technik in der Psychoanalyse«, Vortrag, VI. Int. Psychoanalyt. Kongreß Den Haag, 1920; in: *Schriften zur Psychoanalyse.* Frankfurt a. M.: S. Fischer, 1972, Bd. II, S. 74–91 (englisch: »The further development of the active therapy in psycho-analysis«. In: *Further Contributions to the Theory and Technique of Psychoanalysis.* London: Hogarth, 1926).

Ficowski, J. (1981): *A Reading of Ashes.* Translated by Keith Bosley and Krystyna Wandycz. London: Mermaid P. R., p. 2.

Fogelman, E. (1988): »Intergenerational group therapy: Child survivors of the Holocaust and offspring of survivors«. *Psychoanalytic Review,* 75, 4, S. 619–640.

Fresco, N. (1984): »Remembering the unknown«. *International Review of Psycho-Analysis,* 11, S. 417–427.

Freud, S. (1895): »Entwurf einer Psychologie«, in: Freud, 1950a, S. 297–384.

–, (1912d): »Über die allgemeinste Erniedrigung des Liebeslebens«. *G. W.,* 8, S. 78–91; *Stud. V,* S. 197–209.

–, (1915b): »Zeitgemäßes über Krieg und Tod«. *G. W.,* 10, S. 323–355; *Stud. IX,* S. 33–60.

–, (1915d): »Die Verdrängung«. *G. W.,* 10, S. 247–261; *Stud. III,* S. 103–118.

–, (1915e): »Das Unbewußte«. *G. W.,* 10, S. 263–303; *Stud. III,* S. 119–173.

–, (1917e): »Trauer und Melancholie«. *G. W.,* 10, S. 427–446; *Stud. III,* S. 193–212.

–, (1919e): »Ein Kind wird geschlagen«. *G. W.,* 12, S. 195–226; *Stud. VII,* S. 229–254.

–, (1920g): *Jenseits des Lustprinzips. G. W.,* 13, S. 1–69; *Stud. III,* S. 213–272.

–, (1923b): *Das Ich und das Es. G. W.,* 13, S. 235–289; *Stud. III,* S. 273–330.

–, (1924e): »Der Realitätsverlust bei Neurose und Psychose«. *G. W.,* 13, S. 361–368; *Stud. III,* S. 355–361.

–, (1926d): *Hemmung, Symptom und Angst.* G. W., 14, S. 111–205; *Stud. VI*, S. 227–308.

*–, (1933a): *Neue Folge der Vorlesungen zur Einführung in die Psychoanalyse.* G. W., 15; *Stud. I*, S. 447–608.

*–, (1933b [1932]): *Warum Krieg?* G. W., 16, S. 11–27; *Stud. IX*, S. 271–286.

–, (1950a): *Aus den Anfängen der Psychoanalyse.* Frankfurt a.M.: S. Fischer, 1962, korrigierter Nachdruck 1975.

Freyberg, J. (1989): »The emerging self in the survivor family«, in: Marcus, P. und Rosenberg, A., Hrsg., *Healing their Wounds: Psychotherapy with Holocaust Survivors and their Families.* New York: Praeger.

Freyberg, S. (1980): »Difficulties in separation–individuation, as experienced by offspring of Nazi Holocaust survivors«. *American Journal of Orthopsychiatry*, 5., S. 87–95.

Fromm, E. (1962): *The Art of Loving.* London: Unwin; deutsch: *Die Kunst des Liebens.* Übersetzt von Lieselotte und Ernst Michel. Berlin: Ullstein, 50. Aufl. 1996.

Furman, E. (1973): »The impact of the Nazi concentration camps on the children of survivors«, in: E. J. Anthony und C. Koupernik, Hrsg., *The Child in his Family: The Impact of Disease and Death.* New York: John Wiley, Bd. 2, S. 379–384.

Gampel, Y. (1982): »A daughter of silence«, in: M. S. Bergmann und M. E. Jucovy, Hrsg., *Generations of the Holocaust.* New York: Basic Books, S. 120–136; deutsch: »Eine Tochter des Schweigens«, in: Bergmann, Jucovy, Kestenberg, Hrsg., 1995, S. 147–172.

–, (1986a): »La vie, la mort et le prénom d'un enfant«, in: P. Fedida und J. Guyota, Hrsg., *Actualités Transgénérationnelles en Psychopathologie.* Paris: Echo-Centurion, S. 123–131.

–, (1986b): »L'effrayant et le menaçant: de la transmission à la répétition«. Paris: Psychanalyse à l'Université, N° 2, 11, 41, S. 87–102.

Gebirtig, M. (1992): »Undser schtetl brent«, in: *Mordechaj Gebirtig. Jiddische Lieder.* Bearb. v. Manfred Lemm. Wuppertal: Edition Künstlertreff.

Glover, E. (1937): »Symposium on the theory and the therapeutic results of psychoanalysis«. *International Journal of Psycho-Analysis*, 18, S. 125–189.

–, (1956a): »Development of the body ego«. *Psychoanalytic Study of the Child*, 5., S. 19–23.

–, (1956b): *On the early Development of the Mind.* New York: International Universities Press.

Glover, J., Fenichel, O., Strachey, J., Bergler, E., Nunberg, H. und Bibring, E. (1937): »Symposium on the theory and the therapeutic results of psychoanalysis«. *International Journal of Psycho-Analysis*, 18, S. 125–189.

Green, A. (1986): »The dead mother«, in: ders., *On Private Madness*. London: Hogarth.

Greenacre, P. (1967): »The Influence of infantile trauma on genetic patterns«, in: S. S. Furst, Hrsg., *Psychic Trauma*. New York/London: Basic Books.

Grinberg, L. (1964): »Two kinds of guilt – their relations with normal and pathological aspects of mourning«, *International Journal of Psycho-Analysis*, 45, S. 366–371.

–, (1968): »On acting out and its role in the psychoanalytic process«. *International Journal of Psycho-Analysis*, 49, S. 171–178.

–, (1992): *Guilt and Depression*. London/New York: Karnac.

Grinberg, L. und Grinberg, R. (1974): »The problem of identity and the psychoanalytical process«. *International Journal of Psycho-Analysis*, 1, S. 499–507.

Grossmann, D. (1986): *See under Love*. Tel Aviv: Hakibbutz Hameuchad.

Grubrich-Simitis, I. (1984): »Vom Konkretismus zur Metaphorik. Gedanken zur psychoanalytischen Arbeit mit Nachkommen der Holocaust-Generation«, *Psyche*, 38, 1984, S. 1–28 (»From concretism to metaphor«. *Psychoanalytic Study of the Child*, 39, S. 301–319); veränderte Fassung in: Bergmann, Jucovy, Kestenberg, Hrsg., 1995, S. 357–379.

Guntrip, P. M. (1980): *Schizoid Phenomena, Object Relations and the Self*. London: Hogarth.

Hanly, C. und Lazerowitz, M., Hrsg. (1970): *Psychoanalysis and Philosophy*. New York: International Universities Press.

Hardtmann, G., Hrsg. (1992): *Spuren der Verfolgung. Seelische Auswirkungen des Holocaust auf die Opfer und ihre Kinder*. Gerlingen: Bleicher.

Herzog, J. (1982): »World beyond metaphor: Thoughts on the transmission of trauma«, in: Bergmann, Jucovy, Hrsg., *Generations of the Holocaust*. New York: Basic Books; deutsch: »Welt jenseits von Metaphern: Überlegungen zur Transmission des Traumas«, in: Bergmann, Jucovy, Kestenberg, Hrsg., 1995, S. 127–146.

Hoffer, W. (1950): »Development of the body ego«. *Psychoanalytic Study of the Child*, 5, S. 19–23.

Hoppe, K. (1962): »Persecution, depression and aggression«. *Bulletin Menninger Clinic*, 26, S. 195–203.

Horowitz, M. J., Hrsg. (1977): *Hysterical Personality*. New York: Jason Aronson.

Houzel, D. (1987): »The concept of psychic envelope«, in: Anzieu, D., Hrsg., *Psychic Envelopes*. London: Karnac.

Jacobson, E. (1964): *The Self and the Object World*. New York: International Universities Press; deutsch: *Das Selbst und die Welt der Objekte*. Übersetzt von H. Kennel. Frankfurt a. M.: Suhrkamp, 1978.

Joffe, W. G. und Sandler, J. (1965): »Pain, depression and individuation«, in: Sandler, J., Hrsg., *From Safety to Superego*. London: Karnac, 1987.

Joseph, B. (1989): in Feldman, M. und Bott-Spilius, E., Hrsg., *Psychic Equilibrium and Psychic Change*. London/New York: Tavistock/Routledge (New Library of Psychoanalysis).

Josselyn, I. M. (1971): »The capacity to love – a possible reformulation«. *Journal of American Academy Child Psychiatry*, 10, S. 6–22.

Jucovy, M. E. (1992): »Psychoanalytic contributions to Holocaust studies«. *International Journal of Psycho-Analysis*, 73, S. 267–283.

Kernberg, O. (1974): »Barrier to falling and remaining in love«. *Journal of the American Psychoanalytical Association*, 4, S. 743–768.

–, (1976): »Mature love: prerequisites and characteristics«, in: ders., *Object Relations Theory and Clinical Psychoanalysis*. New York: Jason Aronson, S. 215–241; deutsch: »Reife Liebe: Voraussetzungen und Charakteristika«, in: *Objektbeziehungen und Praxis der Psychoanalyse*. Übersetzt von H. Steinmetz-Schünemann. Stuttgart: Klett-Cotta, 1981, S. 226–255.

–, (1986): »Identification in psychosis«. *International Journal of Psycho-Analysis*, 67, S. 147–159.

Kestenberg, J. S. (1972a): »How children remember and parents forget«. *International Journal of Psychoanalytic Psychotherapy*, 1–2, S. 103–123.

–, (1972b): »Psychoanalytic contributions to the problem of children of survivors from Nazi persecution«. *Israeli Annals of Psychiatry*, 10, S. 311–325.

–, (1980): »Psychoanalyses of children of survivors from the Holocaust: case presentations and assessments«. *Journal of the American Psychoanalytical Association*, 28, S. 775–804.

–, (1982): »A Metapsychological assessment based on an analysis of a survivor's child«, in: Bergmann und Jucovy, Hrsg., *Generations of the Holocaust*. New York: Basic Books, S. 137–158; deutsch: »Die Analyse des Kindes eines Überlebenden. Eine metapsychologische Beurteilung«, in: Bergmann, Jucovy, Kestenberg, Hrsg. (1995), S. 173–206.

–, (1989): »Transposition revisited: clinical, therapeutic and developmental considerations«, in: Marcus, P. und Rosenberg, A., Hrsg.,

*Healing their Wounds: Psychotherapy with Holocaust Survivors.*
New York: Praeger, S. 67–82; deutsch: »Neue Gedanken zur
Transposition. Klinische, therapeutische und entwicklungsbedingte
Betrachtungen«. *Jahrbuch für Psychoanalyse*, 24.

Khan, Masud M. R. (1974): »La rancune de l'hystérique«. *Nouvelle
Revue de Psychanalyse*, 10, S. 151–158; deutsch: »Der Mißmut des
Hysterikers«, in: Khan, M. Masud R., *Erfahrungen im Möglich-
keitsraum. Psychoanalytische Wege zum verborgenen Selbst.* Frankfurt a. M.: Suhrkamp, 1990.

Kinston, W. und Cohen, J. (1986): »Primal repression: clinical and
theoretic aspects«. *International Journal of Psycho-Analysis*, 67,
S. 337–357.

Klein, H. (1971): »Families of Holocaust survivors in the kibbutz:
psychological studies«, in: Krystal, H. und Niederland, W. G.,
Hrsg., *Psychic Traumatisation: After Effects in Individuals and
Communities.* Boston: Little & Brown.

–, (1973 a): »Children of the Holocaust: mourning and bereavement«,
in: Anthony, E. J. und Koupernik, C., Hrsg., *The Child in His
Family: The Impact of Disease and Death.* New York: John Wiley,
S. 393–409.

–, (1973 b): »Delayed effects and after-effects of severe traumatisation«. *Israel Journal of Psychiatry and Related Sciences*, 10, S. 188–
225.

–, (1981): Yale Symposium on the Holocaust. Proceedings, September,
1981.

Klein, H. und Kogan, I. (1986): »Identification and Denial in the shadow of Nazis«. *International Journal of Psycho-Analysis*, 67,
S. 45–52; deutsch: »Identifikationsprozesse und Verleugnung im
Schatten des Nazismus«. Übersetzt von A. Gläser. In: Broser, St.
und Pagel, G., Hrsg., *Psychoanalyse im Exil*, S. 128–138.

Klein, M. (1932): *The Psychoanalysis of Children*, in: *Writings of
Melanie Klein.* London: Hogarth, 1975, Bd. 2; deutsch: *Die Psychoanalyse des Kindes.* Wien: Internationaler Psychoanalytischer
Verlag, 1934, 2. Aufl. München/Basel: Reinhardt, 1971; Taschenbuchausgabe: Frankfurt a. M.: Fischer Taschenbuch Verlag 1987.

–, (1940): »Mourning and its relation to manic-depressive states«.
*International Journal of Psycho-Analysis*, 21; *The Writings of Me-
lanie Klein*, London: Hogarth, 1975; deutsch: »Die Trauer und ihre
Beziehung zu manisch-depressiven Zuständen«. Übersetzt von
H. A. Thorner. In: Klein, M., *Das Seelenleben des Kleinkindes und
andere Beiträge zur Psychoanalyse.* Stuttgart: Klett, 1962; 3. Aufl.
Stuttgart: Klett-Cotta, 1989, S. 94–130.

Kogan, I. (1987): »The second skin«. *International Review of Psycho-Analysis*, 15, S. 251–261; Abdruck in: *Libro Anual de Psicanalisis*, 1988; in Gutwinsky-Jeggle, J. und Rotmann, J. M., Hrsg., *Die klugen Sinne pflegend – Psychoanalytische und kulturkritische Beiträge. Hermann Behland zu Ehren.* Tübingen: Edition Diskord, 1993, S. 309–326.

–, (1989a): »Working through the Vicissitudes of Trauma in the Psychoanalyses of Holocaust survivors' offspring«, *Psychotherapeutisch Passpoort*, 3, 1, S. 53–68; *The Sigmund Freud House Bulletin*, vol. 13 (2), Winter 1989; deutsch: »Vermitteltes und reales Trauma in der Psychoanalyse von Kindern von Holocaust-Überlebenden«, *Psyche*, 44, 6 (1990), S. 533–544.

–, (1989b): »The search for self«, *International Journal of Psycho-Analysis*, 70, S. 661–671.

–, (1990): »A journey to pain«, *International Journal of Psycho-Analysis*, 1, S. 629–640; abgedruckt in: *Libro Anual de Psicanalisis*, 1991; in: *Zeitschrift für psychoanalytische Theorie und Praxis*, Jg. VI, 1, 1991.

–, (1991): »From acting out to words and meaning«, *International Journal of Psycho-Analysis*, 73, S. 455–465; *Psychoanalysis in Europe*, Bulletin 39, Herbst 1992, S. 3–21.

–, (1993): »Curative Factors in the psychoanalyses of Holocaust survivors' offspring before and during the Gulf War«, *International Journal of Psycho-Analysis*, 74, S. 803–815; abgedruckt in: Hardtmann, G., Hrsg., *Spuren der Verfolgung. Seelische Auswirkungen des Holocaust auf die Opfer und ihre Kinder.*

–, (1995): »Love and the heritage of the past«, Vortrag auf dem IPA-Kongreß, Amsterdam 1993; *International Journal of Psychoanalysis* (im Druck).

Krell, R. (1979): »Holocaust families: the survivors and their children«, *Comprehensive Psychiatry*, 20, 6, S. 560–567.

Kris, E. (1956): »The Personal Myth: a problem in psychoanalytic technique«, *Journal of the American Psychoanalytical Association*, 4, S. 653–681; abgedruckt in: *Selected Papers of Ernst Kris*, New Haven: Yale University Press 1975.

Krystal, H., Hrsg. (1968): *Massive Psychic Trauma*. New York: International Universities Press.

Krystal, H. und Niederland, W. G., Hrsg. (1971): *Psychic Traumatisation: After Effects in Individuals and Communities.* Boston: Little & Brown.

Laplanche, J. und Pontalis, J.-B. (1967): *Vocabulaire de la psychanalyse*. Paris: Presses Universitaires de France; deutsch: *Das Vokabular der Psychoanalyse*, Frankfurt a.M.: Suhrkamp, 1972.

Laub, D. (1993): Discussion of Kogan's paper »Love and the heritage of the past«. Presented at the IPA congress, Amsterdam 1993.

–, (1993): »Knowing and not knowing massive psychic trauma: forms of traumatic memory«. *International Journal of Psycho-Analysis*, 74, S. 287–302.

Laub, D. und Auerhahn, N. C. (1984): »Reverberations of genocide: its expression in the conscious and unconscious of post-Holocaust generations«, in: Luel, S. A. und Marcus, P., Hrsg., *Psychoanalytic Reflections on the Holocaust: Selected Essays*. New York: University of Denver and Krav.

Laufer, M. (1973): »The analysis of a child of survivors«. In: Anthony, E. J. und Koupernik, C., Hrsg., *The Child in His Family*, Bd. 2, S. 363–373.

Levine, H. (1982): »Toward a psychanalytic understanding of children of survivors of the Holocaust«. *Psychoanalytic Quarterly*, 51, S. 70–92.

Levine, H. B. (1985): »Psychotherapy as the initial phase of psycho-analysis«. *International Review of Psycho-Analysis*, 12, S. 285–297.

Lifton, R. (1978): »Witnessing survival«. *Transactions*, March–April, S. 40–44.

Lipkowitz, M. H. (1973): »The child of two survivors: the report of an unsuccessful therapy«. *Israeli Annals of Psychiatry and Related Disciplines*, 11, S. 2.

Loftus, E. F. und Loftus, G. R. (1980): »On the permanence of stored information in the human brain«. *American Psychologist*, 5, S. 405–420.

Luel, S. A. und Marcus, P., Hrsg. (1984): *Psychoanalytic Reflections on the Holocaust: Selected Essays*. New York: University of Denver and Krav.

Mahler, M. S. (1968): *On Human Symbiosis and the Vicissitudes of Individuation*. Bd. I.: »Infantile Psychosis«. New York: International Universities Press; deutsch: *Symbiose und Individuation*. Übersetzt von H. Weller. Stuttgart: Klett-Cotta, 1972.

Mahler, M. S., Pine, F. und Bergman, A. (1975): *The Psychological Birth of the Human Infant*. New York: Basic Books; deutsch: *Die psychische Geburt des Menschen. Symbiose und Individuation*. Übersetzt von H. Weller. Frankfurt a. M.: S. Fischer, 1980.

* Marcus, P. und Rosenberg, A., Hrsg. (1989): *Healing their Wounds: Psychotherapy with Holocaust Survivors*. New York: Praeger.

Marty, P. und de M'Uzan, M. (1983): »La pensée opératoire«. *Revue française de psychanalyse*, 27, S. 345–356.

May, R. (1969): *Love and Will*. New York: Norton.

Melzer, D. (1967): *The Psychoanalytic Process.* Perthshire, Scotland: Clunie.

Metcalf, A. (1977): »Childhood: from process to structure«. In: Horowitz, M. J., Hrsg., *Hysterical Personality*, S. 223–281.

Michaux, H. (1944): *L'espace du dedans.* Paris: Gallimard [1927–1959. Pages choisies. Nouvelle édition, revue et corrigé en 1966. Paris: Gallimard].

Milner, M. (1952): »Aspects of symbolism in the comprehension of the not-self«. *International Journal of Psycho-Analysis*, 33, S. 181–195.

–, (1993): in Moses, R., Hrsg., *Persistent Shadows of the Holocaust – The Meaning to Those Not Directly Affected.* New York: International Universities Press; deutsch: *Die Bedeutung des Holocaust für die nicht direkt Betroffenen. Jahrbuch der Psychoanalyse*, 14, 1992.

Moses, R. (1978): »Adult psychic trauma: the question of early predisposition and some detailed mechanisms«. *International Journal of Psycho-Analysis*, 59, S. 353–363.

–, (1993a): *Persistent Shadows of the Holocaust – The Meaning to Those Not Directly Affected.* New York: International Universities Press.

–, (1993b): Discussion of M. Sebaks paper »Aggression on the couch and aggression in the state«, presented at the Annual Conference of the Israel Psychotherapy Association, Tel Aviv, 1993.

Nacht, S. (1962): »The curative factors in psychoanalysis«. *International Journal of Psycho-Analysis*, 43, S. 206–211.

Niederland, W. (1968): »The problem of the survivor«, in: *Journal of the Hillside Hospital*, 10, S. 233–247; und in: Krystal, H., Hrsg., *Massive psychic Trauma.*

Oliner, M. M. (1982): »Hysterical features among children of survivors«, in: Bergman und Jucovy, Hrsg., *Generations of the Holocaust*, S. 266–285; deutsch: »Hysterische Persönlichkeitsmerkmale bei Kindern Überlebender«, in: Bergman, Jucovy, Kestenberg, Hrsg., *Kinder der Täter – Kinder der Opfer*, S. 292–321.

Peskin, H., Auerhahn, N. C. und Laub, D. (1995): »The second Holocaust: therapeutic rescue«. *Psyche*, in Vorb.

Phillips, R. (1978): »Impact of the Nazi Holocaust on children of survivors«. *American Journal of Psychotherapy*, 32, S. 370–377.

Pines, D. (1980): »Skin communication: early skin disorders and their effect on transference and countertransference«. *International Journal of Psycho-Analysis*, 61, S. 315–322, und in: *A Woman's Unconscious Use of Her Body – A Psychoanalytical Perspective.* London: Virago, 1993.

–, (1986): »Working with woman survivors of the Holocaust«, *International Journal of Psycho-Analysis*, 67, S. 295–306, und in: *A Womans's Unconscious Use of Her Body – A psychoanalytical Perspective*. London: Virago, 1993.

–, (1993): »The impact of the Holocaust on the second generation«. In: *A Woman's Unconscious Use of her Body*. London: Virago.

Pontalis, J.-B. (1981): *Frontiers of Psychoanalysis: Between the Dream and Psychic Pain*. New York: International Universities Press.

Racamier, P.-Cl. (1952): »Hystérie et théâtre«. In: *De Psychanalyse en Théâtre*. Paris: Payot, 1979, S. 135–162.

Rakoff, V. (1966): »Long-term effects of the concentration camp experience«. *Viewpoints*, 1, S. 17–21.

–, (1969): »Children and families of concentration camp survivors«. *Canada's Mental Health*, 14, S. 24–26.

Riviere, J. (1955): »The unconscious fantasy of an inner world reflected in examples of literature«. In: Klein, M., Heimann, P. und Money-Kyrle, R., Hrsg., *New Directions in Psycho-Analysis*. London: Tavistock, 1956, S. 346–370.

Rosen, J. (1965): »The concept of ›acting-out‹«. In: Abt, L. und Weissmann, S., Hrsg., *Acting Out*. New York: Grune and Stratton.

Rosenfeld, D. (1986): »Identification and its vicissitudes in relation to the Nazi phenomenon«. *International Journal of Psycho-Analysis*, 67, S. 53–64.

Rosenthal, G., Hrsg. (1997): Der Holocaust im Leben von drei Generationen. Familien von Überlebenden der Shoah und von Nazi-Tätern. Gießen: Psychosozial.

Sandler, A. M. (1977): »Beyond eight month anxiety«. *International Journal of Psycho-Analysis*, 58, S. 195–207.

–, (1985): »The structure of transference interpretation in clinical practice«. Paper presented to a Conference on Varieties of Transference Interpretation, Sigmund Freud Centre, Hebrew University, Jerusalem, 1985.

Sandler, J. und Sandler, A. M. (1978): »On the development of object-relations and affects«. *International Journal of Psycho-Analysis*, 59, S. 285–293.

Schaeffer, S. F. (1980): »The unreality of realism«. *Critical Inquiry*, 6, S. 727–738.

Shoshan, T. (1989): »Mourning and longing from generation to generation«. *American Journal of Psychotherapy*, 43, 2, S. 193–207.

Sigal, J. (1971): »Second generation effects of massive trauma«. *International Psychiatry Clinics*, 8, S. 55–65; auch in: Krystal, H. und Niederland, W. G., Hrsg., *Psychic Traumatization*, S. 55–65.

—, (1973): »Hypotheses and methodology in the study of families of Holocaust survivors«. In: Anthony, E. J. und Koupernik, C., Hrsg., *The Child in His Family*, Bd. 2, S. 411–418.

Slipp, S. (1982): »Introduction«. In: Slipp, S., Hrsg., *Curative Effects in Dynamic Psychotherapy*. New York: McGraw-Hill.

Sonnenberg, S. M. (1974): »Children of survivors: workshop report«. *Journal of the American Psychoanalytic Association*, 22, S. 200–204.

Spitz, R. A. (1956): »Countertransference. Comments on its varying role in the analytic situation«. *Journal of the American Psychoanalytical Association*, 4, S. 256–265.

*Styron, W. (1979): *Sophie's Choice*. Deutsch: *Sophies Wahl*. Übersetzt von W. Thaler. München: Knaur, 1980; Taschenbuchausgabe München: Knaur, 1993 (nach der Verfilmung des Buches, mit Meryl Streep in der Rolle der Sophie, erhielt das Buch den Titel *Sophies Entscheidung*).

Szasz, T. S. (1957): »A contribution to the psychology of bodily feelings«. *Psychoanalytical Quarterly*, 26, S. 25–47.

Trossman, B. (1968): »Adolescent children of concentration camp survivors«. *Canadian Psychiatric Association Journal*, 12, S. 121–123.

Wangh, M. (1968a): *Minutes of Discussion Group 6*: »Children of social catastrophe«. Sequelae in Survivors and the children of survivors. Meeting of the American Psychoanalytic Association, Boston, Mai 1968.

—, (1968b): »A psychogenetic factor in the recurrence of war: Symposium on psychic traumatization through social catastrophe«. *International Journal of Psychoanalysis*, 49, S. 319–323.

Wardy, D. (1992): *Memorial Candles: Children of the Holocaust*. London: Routledge.

Wiesel, E. (1961): *The Accident*. New York: Bantam.

—, (1986): *The Fifth Son*. New York: Warner.

Wilson, A. (1985): »On silence and the Holocaust. A contribution to clinical theory.« *Psychoanalytic Inquiry*, 5, 1, S. 51–62.

Winnicott, D. W. (1958): »The Capacity to be alone«, in: *The Maturational Processes and the Facilitating Environment*. London: Hogarth, 1965; deutsch: »Die Fähigkeit, allein zu sein«. *Psyche*, 12, 1958, S. 344–352 [*Reifungsprozesse und fördernde Umwelt. Studien zur Theorie der emotionalen Entwicklung*. Übersetzt von G. Theusner-Stampa. München: Kindler, 1974].

—, (1962): »Ego integration in child development«, in: Winnicott (1965); deutsch: »Ich-Integration in der Entwicklung des Kindes«, in: Winnicott (1974), S. 72–81.

—, (1964): »Correspondence: ›Love or Skill‹«. *New Society*, Februar.

–, (1965): *The Maturational Processes and the Facilitating Environment.* London: Hogarth; deutsch: *Reifungsprozesse und fördernde Umwelt.* Frankfurt a. M.: S. Fischer, 1984.

–, (1971): »The use of an object and relating through identification«, in: ders., *Playing and Reality.* London: Tavistock; deutsch: »Objektverwendung und Identifizierung«, in: ders., *Vom Spiel zur Kreativität.* Übersetzt von Michael Ermann. Stuttgart: Klett, 1974; 6. Auflage: Stuttgart: Klett-Cotta, 1992, S. 101–110.

Wisdom, J. O. (1970): »Freud and Melanie Klein: psychology, ontology and Weltanschauung«. In: Hanly, C. und Lazerowitz, M., Hrsg., *Psychoanalysis and Philosophy*, S. 327–362.

Zeligs, M. (1967): »Acting in«. *Journal of the American Psychoanalytical Association*, 5, S. 685–706.